区域文化与文学研究集刊

Studies of Regional Culture and Literature

周晓风　朱怀　凌孟华 ◎ 主编

第 12 辑

中国当代文学研究会区域文学委员会
重庆师范大学区域文化与文学研究中心
重庆师范大学文学院
主办

中国社会科学出版社

图书在版编目（CIP）数据

区域文化与文学研究集刊. 第12辑／周晓风等主编. —北京：中国社会科学出版社，2022.12

ISBN 978－7－5227－1131－7

Ⅰ.①区… Ⅱ.①周… Ⅲ.①区域文化—中国—文集②中国文学—文学研究—文集 Ⅳ.①G122-53②I206-53

中国版本图书馆CIP数据核字（2022）第238436号

出 版 人	赵剑英
责任编辑	张　玥
责任校对	王　龙
责任印制	戴　宽
出　　版	中国社会科学出版社
社　　址	北京鼓楼西大街甲158号
邮　　编	100720
网　　址	http://www.csspw.cn
发 行 部	010－84083685
门 市 部	010－84029450
经　　销	新华书店及其他书店
印　　刷	北京明恒达印务有限公司
装　　订	廊坊市广阳区广增装订厂
版　　次	2022年12月第1版
印　　次	2022年12月第1次印刷
开　　本	710×1000　1/16
印　　张	23
插　　页	2
字　　数	343千字
定　　价	119.00元

凡购买中国社会科学出版社图书，如有质量问题请与本社营销中心联系调换
电话：010－84083683
版权所有　侵权必究

本刊学术委员会名单

学术顾问
  杨　义　中国社会科学院文学研究所
  吕　进　西南大学中国新诗研究所
  曹顺庆　四川大学文学与新闻学院
  周　勇　重庆市地方史研究会

学术委员会主任
  杨匡汉　中国社会科学院文学研究所

学术委员会成员（以姓氏拼音为序）
  程光炜　中国人民大学文学院
  靳明全　重庆师范大学文学院
  刘　勇　北京师范大学文学院
  李　怡　四川大学文学与新闻学院
  谭桂林　南京师范大学文学院
  田建民　河北大学文学院
  王本朝　西南大学文学院
  吴进安　（台湾）云林科技大学汉学资料整理研究所
  吴　俊　南京大学文学院
  杨匡汉　中国社会科学院文学研究所
  袁盛勇　陕西师范大学文学院
  张福贵　吉林大学文学院
  张全之　上海交通大学人文学院
  张新科　陕西师范大学文学院
  张中良　上海交通大学人文学院
  张显成　西南大学文献研究所
  朱栋霖　苏州大学文学院
  朱寿桐　澳门大学中文系
  朱晓进　南京师范大学文学院
  赵学勇　陕西师范大学文学院
  周裕锴　四川大学文学与新闻学院
  周晓风　重庆师范大学文学院

本刊编委会人员名单

主　编
　　周晓风　朱　怀　凌孟华

本辑执行主编
　　朱　怀

编委会成员（以姓氏拼音为序）
　　李文平　李祖德　凌孟华　王昌忠
　　熊飞宇　杨华丽　杨　姿　周晓风

编　务
　　范国富　付冬生

目　录

特　稿

湖北黄冈团风方言体貌略说 …………………………… 何洪峰（3）

区域文化与汉语史研究

主持人语 ………………………………………………… 谭代龙（23）
略论汉语史研究中的语料分析
　　——以东汉代词"异质"成分为例 ……………… 葛佳才（25）
近代汉语空－时兼义词考察 …………………………… 何　亮（42）
论汉语的词义泛化与文化动力
　　——以"X奴"古今演变为例 ………… 王玲娟　吴清清（58）
中古墓志铭用韵中的方音现象 ………………………… 邱光华（73）
"英猷"别义小考 ………………………………………… 谭代龙（88）

区域文化与方言研究

主持人语 ………………………………………………… 陈　凌（97）
茂南闽语"做"的多功能用法及语法化 ……… 王春玲　杨春妍（98）
重庆潼南龙形镇湘语的音韵特点 ……………… 孙红举　顾军霞（112）
湖北浠水方言亲属称谓 ………………………… 胡泽超　舒韶雄（130）

论楚语圆唇舌尖化现象 ………………………………… 陈　凌（146）

现代汉语语法研究

主持人语 ……………………………………………… 朱　怀（161）
现代汉语［w［好ΛV单］］结构类型、特性及其形成分析
　　——兼说复杂结构平面化、透明化及其
　　　　定性方式 …………………………… 薛宏武　闫梦月（163）
"千万"与"万万"的平行与对立
　　——来自情态、立场、预期的证据 ………………… 鲁　莹（192）
主观极量构式"是有多X"的多维考察 ………………… 程文文（212）
"管他X（呢）"构式探析 ……………………………… 赵芸芸（233）
汉语多功能伴随类介－连词语义地图研究 ……… 范桂娟　朱　怀（257）

区域文化与语言应用研究

主持人语 ……………………………………………… 张春泉（271）
黑龙江省哈尔滨市A级景区语言景观调查报告
　　——以南岗区、香坊区为调查对象 ………… 殷树林　杨　帅（273）
多语背景作为策略：语言竞争中的非洲
　　中文教育 ……………………………… 曾广煜　官　品（296）
基于认知语境的中国特色经典理论话语
　　——习近平总书记"七一"重要讲话特色语词举隅 …… 张春泉（311）

区域文化与地名用字研究

主持人语 ……………………………………………… 周文德（327）
重庆万州地名特殊用字研究 …………………………… 陈诗雨（328）
方言地名用字"坝"字考 ……………………… 周文德　黄小英（344）

稿 约

《区域文化与文学研究集刊》诚约稿件……………………………………（355）

特　稿

湖北黄冈团风方言体貌略说[*]

何洪峰[**]

内容提要：关于汉语方言动词体貌，湖北黄冈团风方言与普通话相比，有些基本相同，如尝试体、完成体和起始体；但也有一些形式和用法表现不一致，如进行体标记"发在"、持续体标记"倒"、将行体标记"办得"、反复体的重叠形式、经历体标记"趟子"等。这些体标记与周围其他方言相比，具有一致性，但也有差异性。

关键词：体范畴；动词；上巴河；团风话；黄冈市

关于汉语动词"体"（aspect），语法学界尚未取得统一的认识。首先，名称众说纷纭，王力[①]称作"情貌"，吕叔湘[②]称作"动相"，赵元任[③]与张志公[④]称作"动态"，高名凯[⑤]称作"态"，龚千炎[⑥]称作"时

---

[*] ［基金项目］国家社科基金重大项目"600年来赣语与官话互动的历史追踪、现状调查与数据建设"（编号：1820A297）。本文源自何洪峰先生遗作初稿，属于在研项目《团风方言研究》的一部分。

[**] ［作者介绍］何洪峰（1956—2020），男，文学博士，博士生导师，华中科技大学中文系教授，《语言研究》副主编，主要从事现代汉语教学与研究。

① 王力：《中国现代语法》，商务印书馆1985年版，第151—159页。
② 吕叔湘：《中国文法要略》，商务印书馆1982年版，第227—233页。
③ 赵元任：《汉语口语语法》，商务印书馆1979年版，第125—131页。
④ 张志公主编：《现代汉语（中册）》，人民教育出版社1982年版，第208—213页。
⑤ 高名凯：《汉语语法论》，开明书店1948年版，第40页。
⑥ 龚千炎：《汉语的时相 时制 时态》，商务印书馆1995年版，第43—62页。

态"，胡明扬①称作"体貌"。名称的差异，反映了不同学者的认识差异。我们姑且称作"体"。

其次，汉语动词"体"范畴的种类的划分差异很大，最多达十三种②，最少的只有两大类三小类③，一般认为是七八类左右。这就涉及第三个问题：如何确定"体"范畴。有的学者认为只有完全虚化了的语法成分或形态变化形式，如"了/着/过"和重叠形式才能看作"体"标志，也有的学者认为半虚化的成分，如"起来/下去"也可以看作"体"标志，还有的学者认为词汇意义明显的时间副词，如"刚刚/曾经"等也是表示"体"的（龚千炎 1995）④，更有的学者把某些带有时间意义的辅助动词也看作表示"体"⑤。

在方言的动词体研究方面，胡明扬指出："现在什么是动态范畴，汉语方言有哪些动态范畴，有哪些语法形式和相应的语法意义都还没有定论，因此方言动态范畴的研究在一开始不妨把尺度放宽一些，不要轻易放过一些似乎像又似乎不像动态范畴的现象。"⑥我们赞同这一主张，本文把尺度稍放宽，把由词汇意义表达出来的与范畴意义相同的意义也列作范畴意义。

团风方言的动词体范畴中，有几种与普通话相同：尝试体"AA"式，如"你穿一穿就晓得细不细啊"；完成体在动词或形容词后带助词"了"，如"油菜开了花"；起始体在动词或形容词后带虚化的趋向动词"起来"，如"他又说起来了"。

本文以湖北团风方言上巴河话为代表，重点讨论与普通话不同的动词体貌标志。

---

① 参见胡明扬主编《汉语方言体貌论文集》，江苏教育出版社 1996 年版。
② 吕叔湘：《中国文法要略》，商务印书馆 1982 年版，第 227—233 页。
③ 张志公主编：《现代汉语（中册）》，人民教育出版社 1982 年版，第 208—213 页。
④ 龚千炎：《汉语的时相 时制 时态》，商务印书馆 1995 年版，第 43—62 页。
⑤ 吕叔湘：《中国文法要略》，商务印书馆 1982 年版，第 227—233 页。
⑥ 胡明扬主编：《汉语方言体貌论文集》，江苏教育出版社 1996 年版。

壹 先行体

先行体表示动作先行发生,以确定先后顺序。

1. 补语"A 着 [tʂo⁰]"式

(1) 莫说别人,你自己先做着。

(2) 我先喝点水着。

(3) 让他歇下着。

该"A 着"式,意思是先 A 再讲其他的事情。其"着"总是放在句末:或在动词后,如例(1);或在宾语后,如例(2);或在补语后,如例(3)。

2. 补语"A 起 [tɕ'i⁰]"式

"起"在动词后面,表示前面的动作先行发生。

(1) 我先从这儿量起。

(2) 我从这页讲起可以不。

(3) 这么大苹果他不晓得在哪儿吃起。

该"A 起"式,都与"从"字介宾结构连用,且只能用于空间顺序,而不能用于时间顺序,如不能说"这是哪个先打起"。

3. 状语"先 A""带头 A"。"先、带头"在动词前面,表示动作的先后顺序。

(1) 哪个不晓得是你先动手打人啊。

(2) 那一回是老张带头抢粮食。

(3) 你先从那下儿做起。

贰 进行体

进行体,表动作正在进行中。团风方言进行体,可以用"正 A""在 A""正在 A"表示。这些用法如同普通话,本文不做讨论,在此只讨论"发在 A"式。

团风方言在动词前加"发在 [fa²¹² tə⁰]"构成进行体。从来源来看,

《广韵》①"发：发起"，可引申出开始义；"在"又音［tai³¹］，随语法意义虚化而弱化成［tə⁰］，表示时间。"发在"的意义是开始进行，由此语法化成进行体标志。

1. "发在"用在动词前表示动作正在进行。

1）句末不带语气词时，是客观陈述，如：

（1）他发在写？

（2）我发在看。

（3）二伯发在吃烟。

（4）他屋里发在挖麦_{种麦子}。

（5）油菜发在开花。

（6）云头发在朝山里走。

2）句末也可以带上语气词"的"，加强肯定的语气，如：

（1）人家发在洗的。

（2）她发在笑的。

（3）张家的发在割谷的。

（4）水牛发在犁田的。

（5）小麦发在出芎子_{抽穗}的。

（6）屋里发在冒烟儿的。

上例句末都可带可不带"的"，但受事主语句一般要带"的"，如：

（1）对子对联发在写的。

（2）牛发在用的。

（3）书我发在看的。

（4）谷他发在割的。

"发在"还可以用在心理感知义的形容词前，表示某种状态持续，如：

（1）肚子发在痛。

---

① 参见张氏泽存堂本影印《宋本广韵》，中国书店 1982 年版。

（2）背上发在痒。

（3）头上还发在烧的。

（4）心里发在不好过_{难受}的。

2. 有些动词前不能用"发在"，除了非动作动词外，还有如下几类动词及动词结构。

1）一些心理感知动词，例如不能说：

发在爱　发在恨　发在怕　发在烦

发在喜欢　发在嫌弃　发在讨厌　发在心焦

不过，也有些心理活动动词前可以用"发在"，如：

（1）他发在想的。

（2）我正发在着急。

（3）他两个发在呕气的。

（4）张家的发在愁伢儿冒得钱上学。

2）大部分趋向动词，因为这些动词本身含有"进行"义，例如不能说：

发在来　发在上来　发在下来　发在过来　发在出来

发在去　发在上去　发在下去　发在过去　发在出去

然而，"上""下""进""出""过""回"等带上宾语或用于引申义，则可以加"发在"表示动作正在进行，如：

（1）猴子发在上树的。

（2）鸭子发在下水的。

（3）她发在回娘屋的。

（4）太阳发在出山的。

（5）外头发在过军队的。

（6）屋里发在进水的。

3）动词带结果、趋向补语时，不能加"发在"。

在普通话里，表结果、趋向动补结构与进行义的时间副词是相容的，如：正在打破、正在跑来、正在洗干净。然而，在团风方言中，这类动补结构不能加"发在",因为结果补语的语义是已然的,趋向补语本身含有"进行"义,所以不能再加"发在"。如果动词不带补语就可以加了。

试比较:

*发在打破 — 发在打　*发在长大 — 发在长　*发在梳齐整 — 发在梳

*发在跑来 — 发在跑　*发在丢下去 — 发在丢　*发在走进来 — 发在走

上述几类动词及动词结构,同普通话一样,团风方言都是用时间副词"在[tai^{31}/tsai^{31}]/正在"表示动作进行的,而不可用"发在"。

3. "发在"的性质

"发在"是一个副词呢,还是一个构形成分呢?詹伯慧①曾讨论过浠水方言的表示动词进行体的"发得"。浠水县与团风县上巴河仅隔一条巴河,两地"发在"的用法一样。詹先生认为"浠水话的这个'发得',纯粹只是一个属于'构形手段'的词头,而不是一个副词。"是否是"词头"值得商榷,因为"发在 + 动词"并不构成一个词。笔者同意"发在"是表示动词进行体的"构形"成分的说法,因为"发在"的用法还有如下特点:

1)"发在"的意义与普通话的时间副词"在"或"在……着"格式相当,如:

发在说 → 在说 / 在说着　发在打的 → 在打 / 在打着

发在泼菜水 → 在浇菜水 / 在浇着菜水　发在唱戏的 → 在唱戏 / 在唱着戏呐

然而,"发在"前又可以加时间副词"正"和"还"。加"正"强调正在进行,加"还"强调持续进行,如:

(1) 我正发在炒菜,你莫急吵。

---

① 詹伯慧:《浠水话动词"体"的表现形式》,《中国语文》1962年第8期、第9期合刊。

(2) 麦正发在出芛子抽穗。

(3) 你莫催,他还发在吃饭的。

(4) 树还发在开花的,你就想吃桃子。

这说明"发在"不是表时间的,而是表示动作进行体的。

2) 团风方言也经常用"在"表示动作进行,用"在"或用"发在"几乎是任意的,但用法不完全相同。

首先,"发在"不能用在所有的动词前面,"在"的使用面要宽一些。

其次,"发在"与动词间不能插入任何成分,而"在"与动词间还可以再插入状语。例如:

牛发在吃草的。→ *牛发在闷倒一个劲儿地吃草的。

牛在吃草的。→牛在闷倒吃草的。

可见,"发在"不宜看成副词,可以看作构形成分。然而,它跟一般的汉语动词体助词不同,不用在动词后面,而用在动词前。

叁 持续体

动词持续体,是动作进行或持续的状态。团风方言动词后带"倒 [tau⁰/tə⁰]",表示动作行为持续进行,相当于普通话的"着"。

"倒"弱读记作"得",无论弱读记作"倒"还是"得",其实就是"着"的弱读结果①。李蓝②认为"倒"是"到"的弱读形式,但"着"和"到"语义不同,"得"到底是哪个字的弱读得分具体情况。

根据时间与动词之间的关系,持续体可以分为已然持续、未然持续和先然持续三种类型。

1. 已然持续。

已然持续,即动作或状态已经在持续。

1) "倒"可以单独用在动词或形容词后,相当于普通话的体助词"着",如:

---

① 参见罗梓群《现代汉语方言持续标志的比较研究》,中央民族大学出版社2006年版。
② 李蓝:《贵州大方话中的"~c到"和"起"》,《中国语文》1998年第2期。

（1）整天儿在屋里坐倒。

（2）用齐草把种子包倒。

（3）你看他把个脸一红倒，和个$_{像}$要打架样。

（4）屋里冒得人就把地下荒倒了。

句末经常带"的"，构成"倒的"或"倒……的"，加强肯定的语气，相当于普通话的"着的"或"着……的"，如：

（1）屋里家里一直望盼望倒的。

（2）些把子柴在外头堆倒的。

（3）田里插倒茅草人的。

（4）凼儿里沤倒些土粪的。

动词前还可以加时间副词"在"，构成"在 V 倒的"或"在 V 倒……的"格式，强调动作状态正在持续，如：

（1）他在睏倒的。

（2）亮灯在点倒的。

（3）坛子在装倒腌菜的。

（4）院子里在豢倒猪的。

上述两种情况的动词都有"持续"义。

句末还经常带表示正在进行的助词"在"［tai⁰/tə⁰］，强调正在持续，如：

（1）快去快回，我们等倒在。

（2）猪儿一直系倒在。

（3）手上拿倒东西在。

（4）肩臂上挑倒担子在。

句末的"在"与副词"在"的意义相同，很像是由于语用而移位的副词，但我们认为不是，因为在句末带"在"的同时，还可以在动词前再加一个表示正在进行的时间副词"在"，构成"在 V 倒在"。这是一种强调动作正在持续的说法，如：

（1）梯儿我在扶倒在。

（2）水车我在驮倒在。

（3）湾里的人在看电影在。

（4）中儿在挑倒担子在。

"倒"字句的句末的"的"和"在"除表示语法意义之外，都有成句的作用，有不少的句子没有"的/在"就不能成立。

2）已然持续的句子，根据带"倒"的词语表示的语义性质，可以分为三种情况。

第一，静态持续。

"倒"附着在行为动词或终止义动词后，表示动作行为的动态或动作行为终止后的状态持续，如：

（1）一头牛在树脚头睏倒。

（2）你看他把个脸一垮倒，嘴巴一翘倒。

（3）他在门边儿倚倒。

（4）他把衣裳披倒。

（5）明华儿挑倒秧在。

（6）我身上带倒扇子在。

（7）杯子在桌子上搁倒的。

（8）大门敞倒的。

第二，状态持续。

"倒"附着在形容词后，表示性状正在持续，如：

（1）这几天在忙倒在。

（2）衣裳长就长倒吧。

（3）天头（天气）一直阴倒在。

（4）看你脸还红倒的。

第三，存在持续。

"倒"用在存在义的动词后，构成存在句，表示某处所持续地存在着人或事物，如：

（1）坟边下儿长倒一棵柏枝树。

(2)外头坐倒些人乘凉。

(3)大水田里种倒荞麦在。

(4)院子里豢倒猪在。

(5)门上挂倒锁的。

(6)稻场上晒倒谷的。

2. 未然持续。

未然持续,即动作尚未开始,但将要持续,主要用在表肯定的祈使句的动词后。

由于句子中的"动 + 倒"是未然的,所以动词后不能带助词"的/在",动词前也不能加副词"在",如:

(1)你快坐倒,慢慢儿说。

(2)我先去等倒,你快点儿来。

(3)快去把牛牵倒,莫佟它把秧吃了。

(4)叫你哥把锄头带倒。

(5)你走路看倒路晔。

(6)你要记倒这个事啊。

有些句子翻译成普通话的话,"倒"就可以对译成补语,如:

你快坐倒。　　→　　你快坐下。

快去把牛牵倒。　　→　　快去把牛牵住。

叫你哥把锄头带倒。　　→　　叫你哥把锄头带上。

然而,在团风方言里这类句子不能换成补语,都只能说成"倒"。既然如此,那么"倒"是不是动词作补语呢?由于句中动词是未然的,"倒"的确有辅助说明动作的意味。然而,"倒"并不是必备成分,除了"把"字句要用"倒"凑足结构外,其他句子的"倒"都可以省去;其次"倒"都能译成普通话的"着"。因此,这种"倒"仍然是个表持续体的助词。

3. 先然持续。

先然持续,这是从两个动作之间的关系上来说的。前一动词带

"倒",表示持续地发生的动作,一般表示方式;后一个动词表示与之相关的动作,一般用于连谓句,如:

(1) 他总是笑倒说。

(2) 跳倒脚咀骂。

(3) 抱倒瓶子直喝。

(4) 拿倒刀乱剁。

(5) 穿倒胶鞋插秧。

(6) 垮倒脸甩_老着脸批评_人。

这种句子的两个动词之间还有这样一些关系:1)原因与结果,2)先后动作,3)动作与目的,4)正反两方面的行为等,如:

(1) 我坐倒腰痛。

(2) 他瞅倒眼睛放花。

(3) 七月底了,要抢倒插晚稻秧。

(4) 屋里一直忙倒割谷。

(5) 别个说,他也接倒说。

(6) 人家跑,我也跟倒跑。

(7) 拿倒笔直画。

(8) 端倒碗就吃。

(9) 骑倒牛去找牛。

(10) 倚倒门下儿前/边儿等客。

(11) 他躲倒麦田里吃落生_花生_。

(12) 挑倒货郎担儿卖针线糖果儿。

(13) 这伢儿扯倒他舅不要他走。

(14) 睏倒地下放泼不起来。

(15) 你把钱统倒荷包儿里莫落了。

(16) 茶瓶搁倒台子上莫跌摔了。

团风方言的"倒"相当于普通话的体助词"着",但"着"还能表示进行体,这种"着"在团风方言不能用"倒",只能用表示进行体的

"发在"或时间副词"在",如:

树枝摇着。　　＊树枝摇倒。　　树枝发在摇的。　　树枝在摇。
北风吹着。　　＊北风吹倒。　　北风发在吹的。　　北风在吹。
他数着钱。　　＊他数倒钱。　　他发在数钱。　　　他在数钱。
老水牛吃着草。＊老水牛吃倒草。老水牛发在吃草。老水牛在吃草。

因此,团风方言的"倒",只能表示持续体,不能表示进行体。

肆　经历体

经历体,表示经过某历程或通过某行为才能达到目的。

团风方言表经历体,在动词后面或用"趟子"或用"了"或用"过"。

1. "趟子"

团风方言的"趟子 [taŋ⁰tsɿ⁰]",附着在动词后,表示曾经有过此经历,相当于普通话的"过"或"了",如:

(1) 我到街上去趟子。

(2) 这个菜我种趟子。

(3) 文平儿卖趟子小工。

(4) 他十几岁儿就犁趟子田。

(5) 他们商量趟子这个事。

(6) 乡里去年照顾趟子这几个五保户儿。

团风方言里,经历体的肯定式只用"趟子",不用"过"。不过随着普通话的普及,新派口语中也常用"过","过"表经历体的用法正在进入团风方言。

非常有趣的是,经历体的肯定式和疑问式都用"趟子",而否定式却一定不能用"趟子",只能用"过"。例如:

(1) 你到黄州去趟子唄?　→　我冒_{没有}到黄州去过。

(2) 他学趟子砌匠唄?　　→　他总从来冒学过砌匠。

(3) 你吃趟子螺丝肉儿冒?→　我冒吃过螺丝肉儿。

（4）你回趟子娘屋冒？　→　我冒回过娘屋。

为什么经历体的肯定式和疑问式用方言味十足的"趟子"，而否定式却用与普通话相同的"过"呢？我们认为："趟子"意思更接近"了"而非"过"，而"了"又可表完成体；完成体的"了"标志与"没有"相矛盾，因此一般不会出现"没有＋动词＋了"结构。正因为如此，为了避免这类尴尬，"趟子"就不用于经历体的否定式了。

2. "A 了 [liau⁰/lə⁰]"

经历体标志多用"趟子"和"过"，但也可以用标志"了"。

（1）这些东西我早就看了。

（2）前几年我就去了林家大塆。

（3）他们下说过了这种话。

"了"标志，可作完成体标志，也可作经历体标志。当然，"了"与"过"可以同现，如例（2）。

3. "A 过 [ko⁰]"

（1）这件衣服我还冒洗过。

（2）坐过飞机去北京。

（3）几多钱我已经算过了。

作为经历体标志，"过"曾经都用于否定句，但而今可用于肯定句。

伍　终止体

终止体表示动作已经结束，强调最后终止的一刻，其意不在动作的完成。

1. "A 歇 [ɕie²¹²/ɕie⁰]"

（1）落雨落歇了。

（2）他近子吃歇了吧。

（3）麻将打歇了冒。

2. "A 放下来 [faŋ⁰xa⁰lai⁰]"

"A 放下来"式，一般可以与"A 歇"相互替换，如：

（1）做事做放下来了。

（2）他近子吃放下来了吧。

（3）麻将打放下来冒。

然而，"落雨落歇了"不可替换成"落雨落放下来了"。"A 放下来了"式，只用于有自主行为的人之类。

3. 补语"A 住 [tṣu⁰]"。

"住"表终止体，有两层意思：一是与动作的施事者不同，如例（1）（2）（3），二是与动作同属一个施事者，如例（4）（5）：

（1）水挡住了。

（2）些鸡下把人关住了。

（3）她还冒止住血啊。

（4）你把自己卡住了。

（5）你只要管住自己就行。

终止体较少使用"A 住"式，多用"A 歇"或"A 放下来"式。

此外，还有一种稳定体，用"A 稳""A 好""A 牢"等，如：

（1）天总算晴稳了。

（2）他把钱拿好了吧。

（3）你手抓牢冒有。

稳定体貌似终止体，实则不同："A 歇"强调动作停止，而"A 稳"强调稳妥状态，又如：天晴稳了、事情办稳了、他拿好了、他问好了。

陆　周遍体

周遍体表示动作遍及每一个个体，没有遗漏某一部分。

1. 补语"A 遍 [pien⁰]""A 完 [uan⁰]""A 全 [tɕʻien⁰]""A 尽 [tɕin⁰]""A 齐 [tɕʻi⁰]"。

（1）她把所有的菜下吃遍了。

（2）我肯定要把一桌子人下敬完啊。

（3）你把些电影下看全了吧。

（4）他嬷把好话下说尽了。

（5）作业本下收齐冒有。

这些补语式表周遍体，大多与状语"下"连用。补语"遍""完""全"，可以通用，可以相互替换。

2. 状语"下 [xa^{13}] A"。

（1）我把菜下吃了。

（2）这些话下把你说了。

（3）她把村里人下请来了。

团风方言，只能用"下"而不能用"一下"，与湖口方言[①]不同。当然，团风方言也有"一下子"的说法，但那是表迅速的意思，相当于"很快"，如：

（1）他一下子就做完了。

（2）你么一下子就回来了啊。

3. 状语"全（部）A"和"冒（么）A 不/冒$_{没有什么不/没}$"。

"全部 A"和"冒么 A 不/冒没有什么不/没"类似"下"，放在动词前面或把动词嵌在结构中间，如：

（1）这些菜全部拿走了。

（2）衣服全部把风吹跑了。

（3）这些书全部把你拿走了。

（4）世上的事冒得她不会干的。

（5）冒得么事菜他不吃。

（6）冒得么事话她冒说过。

柒 将然体

将然体，表示一种预测或命令，即某种动作应该或必须即将发生。

[①] 参见陈凌《江西省湖口方言研究》，北京师范大学出版社 2019 年版。

1. 状语"办得［pan^{13}tə^0］"。

在动词前加"办得",表示即将进行某种动作。如果动词不带宾语,句末要带语气词"的",如:

(1) 我办得吃的。

(2) 二大二婶办得来的。

(3) 他办得去洗冷水澡儿_{游泳}。

(4) 我办得把秧再耨一道脚_{再耨一遍秧}。

(5) 这个牛办得捞秧吃的,把被我打过来了。

(6) 我看到狗子办得钻到屋里去。

这种句子中的动词有［+可控］义,［—可控］义的动词前不能用"办得",例如不能说:"伢儿办得发烧的""天头办得落雨"。

由此看来,"办得"有"准备""打算"的意义,那么是不是动词呢? 不是。

首先,"办得"有动词的用法,是"准备好了"的意思,例如:"回娘屋的东西办得了冒""我肯定办得了哇"。

然而,用在动词前的"办得"要虚化一些。在团风方言中,"准备"也可以用在动词前,仍然有动词的用法特征,而"办得"则不行,试比较:

准备下秧的→(你)准不准备下秧　我准备了下秧的

办得下秧的→ *(你)办不办得下秧 * 我办得了下秧的

"办得"又没有完全虚化,还有副词的用法,与动词之间可以插入副词,试比较:

办得下秧的→ *我不办得下秧的

办得下秧的→ 我办得不下秧的

办得下秧的→ 我办得明昼下秧的

因此,我们认为"办得"是一个可以表示一定"体"意义的但又没有完全虚化的副词。

2. 补语"去［tɕ'i^0］"和"了去［lə^{0}tɕ'i^0］"。

补语"去"或"了去",相当于普通话的"了",都用于将然体,如:

(1) 你再不来,我吃去啊。

(2) 刮风了,你把这个衣服收了去。

(3) 你快把蛇撂丢了去。

在这些例子中,"去""了去"都可换作"了"。

3. 状语"快(要)〔k'uai^{13} iau^0〕A"和"就(要)〔tɕiəu^{13} iau^0〕A"。

(1) 十一点半,伢儿快要放学了。

(2) 明朝儿就要开业啊。

"快(要)"和"就(要)",都表将然体,但前者不用于出现具体行动时间的句子中。例(2)不能换成"明朝儿快要开业啊",而例(1)的"十一点半",虽然是具体时间,但并非放学的时间。

区域文化与汉语史研究

主持人语

主持人：谭代龙

主持人语：

作为历史语言学的一个分支学科，王力先生曾在其经典著作《汉语史稿》中，对"汉语史"有一个明确的定义："汉语史是关于汉语发展的内部规律的科学。在这一门科学中，我们研究现代汉语是怎样形成的。这就是说，我们研究现代汉语的语音系统、语法结构、词汇、文字是怎样形成的。从商代的'汉语'那种质态，经过了三千多年的演变，产生了现代汉语的这种质态。这种新的质态在历史上是怎样产生的？这就是汉语史所要研究的对象。"汉语作为世界上使用人口最多的语言，其历史之悠久、领域之浩瀚、材料之丰富、影响之深远，远非世界其他语言所能比拟。汉语史学科经过近百年几代学人的努力，取得了丰硕的成果，汉语史的时间和空间观念已经大为拓展，汉语史的材料视野已经更加开阔，汉语史的研究方法推陈出新，汉语史的研究课题日新月异。但与汉语广阔的时空、深远的影响、未来的发展趋势相比，可谓一切才刚刚开始。为此，本辑《区域文化与文学研究集刊》专门设置"区域文化与汉语史研究"栏目，一共登载五篇论文。谭代龙《"英猷"别义小考》讨论了"英猷"一词在历史上的特别用法，葛佳才《略论汉语史研究中的语料分析》关注汉语史材料中的"去驳求纯"工作，何亮《近代汉语空－时兼义词考察》讨论了"词语同时兼表空间概念和时间概念的现象"，王玲娟、吴清清《论汉语的词义泛化与文化动力》关注词义泛化现象背后的"心理与文化的推动作用"，邱光华《中古墓志铭用韵中的方音现象》利用中古墓志铭用韵印证古代学者阐述的"秦陇则去声为入"等语音现象。五篇论文，或者"雕虫"，或者"雕龙"，并皆有理有据，并皆言之有物。或许观点尚可商榷，或许材料还可斟酌，但都无疑会为"汉语史"大厦的建设添砖加瓦、增光添彩。

略论汉语史研究中的语料分析
——以东汉代词"异质"成分为例*

葛佳才**

内容提要：去驳求纯的语料剥离是汉语史研究的基础工作。文章以东汉文献中的代词为例，在举例分析的基础上，尝试性地探讨了仿古、新生、地域、外来、个人5种"异质"成分的种类及其鉴别，以及它们对语料复杂性上的影响、加以定性分析时应注意的问题。

关键词：汉语史；语料分析；东汉；代词；异质成分

引 言

语料是汉语史研究的基础，汉语史研究需要理想的语料。理想的语料既要可靠，又要典型。可靠是就语料的真实性而言的，主要依靠文献整理上的去伪存真；典型是就语料的纯粹性而言的，主要依靠语料分析上的去驳求纯。去伪存真涉及古籍的版本、校勘、辨伪、辑佚等工作，源远流长，经史子集各部典籍大多得以较好整理，汉语史研究有了一批

---

* ［基金项目］2017国家社会科学基金一般项目"基于语体差异的中古汉语语法研究"（17BYY029）。

** ［作者简介］葛佳才（1972— ），男，重庆师范大学文学院教授，主要从事中古汉语法研究。

真实可靠的文献语料；相对而言，去驳求纯的工作起步较晚，任重而道远。①

相当长一段时间，人们在立足文献材料从事汉语史研究时，强调其真实性而忽略其纯粹性，对因历史沉积、方言羼入、语言接触、语体影响、个人创新等因素造成的"异质"成分②不作区分，混为一谈。这显然不利于建构科学的汉语史体系。随着相关研究的深入，语料纯粹的重要性以及去驳求纯的迫切性，逐渐得到越来越多的认同和与日俱增的提倡。在重视文献材料真实可靠的同时，人们也开始有意识地对来源、性质、价值不同的语言成分区别对待，而对所谓的"异质"成分的甄别、分析，也就自然地成为汉语史研究的基本前提和重要内容。

有鉴于此，我们拟以东汉碑刻、《孟子章句》《汉书》《论衡》、东汉诗、《伤寒论》《太平经》、东汉译经等8种文献③中的代词为例，举例性地谈谈汉语史研究中的语料分析问题。具体涉及"异质"成分的举例、鉴别，以及对语料复杂性的影响、加以定性分析时应注意的问题等几个方面。

一 "异质"成分的举例分析

在当前汉语史领域的研究中，语言的时代性、地域性、外来性、语体性已经逐渐成为热点、前沿问题，越来越受到人们的重视。通过对东

---

① 参见蒋绍愚《近十年间近代汉语研究的回顾与前瞻》，《古汉语研究》1998年第4期；汪维辉、胡波《汉语史研究中的语料使用问题——兼论系词"是"发展成熟的时代》，《中国语文》2013年第4期。

② "异质成分"这一提法，是基于一个共时、静态、同质的语言系统而提出的，具体指带有仿古、新生、地域、外来、语体、个人色彩的语言现象。

③ 选取东汉文献，我们尽可能兼顾代表性、广泛性，8种文献的版本依次为：《汉魏六朝碑刻校注》（繁体版，第一、二册），毛远明校注，线装书局2008年版；《十三经注疏·孟子注疏》，《十三经注疏》整理委员会整理，李学勤主编，北京大学出版社1999年版；《汉书》，(汉)班固撰，中华书局1962年版；《论衡》（附刘盼遂集解），黄晖撰，中华书局1990年版；《先秦汉魏晋南北朝诗》，逯钦立辑校，中华书局1983年版；《伤寒论校注》，刘渡舟主编，人民卫生出版社2013年版；《〈太平经〉正读》，俞理明著，巴蜀书社2001年版；日本《大正新修大藏经》。

汉 8 种文献的调查、统计和比较，我们发现，当前研究的热点、前沿问题，与汉语史语料中"异质"成分的性质存在明显的对应关系。具体就东汉文献中的代词而言，所谓"异质"，大致体现在仿古性、新生性、地域性、外来性、个人性等几个方面。

（一）仿古性

语言的时代性不言而喻，具体有仿古、新生两种情况。过往研究比较注重新的语言现象的考察，尤其热衷于新词新义新语法的抉发及其产生、出现时间的不断"刷新"；相对而言，对汉语史不同阶段中"前一时代的遗产"却少有论及。

东汉文献中，代词的仿古比较常见。比如，人称代词中，第一人称以"我""吾"为主，口语中"我"已基本完成对"吾"的替代；除此之外，"余"不见于《太平经》，《论衡》20 例中有 17 例为引文，可以推断口语中已消亡，它在译经中出现 13 例，可以看作东汉译经后期"混杂典型文言成分""译文有文学风格，语言更典雅"①的表现；至于"予"，只见于汉诗，也应该是语言残存现象。第二人称以"汝"为主导，除《论衡》、译经外，"若"尚见于《汉书》，不过既不见于口语性较强的《太平经》，在《论衡》中也仅 3 例，它在译经中出现 139 次，也可能是东汉译经后期对文言词的采用。又如，上古后期（两汉），"随着旧有的疑问代词在实际语言中的逐渐消失，疑问代词系统得到了较大程度的调整和简化"②，"畴"在《汉书》中问人，"曷"在《汉书》中问事、原因、方式情状，"胡"在《汉书》中问事、方式情状、在《论衡》中问事，"焉"在《论衡》中问处所、在碑刻、汉诗中问方式情状、在汉诗中表反问，"奚"在《汉书》中问原因、在《论衡》中问方式情状、在译经中询问事物、在《汉书》、译经中问处所，"奚如""恶"在《论衡》

---

① ［荷兰］许理和：《关于初期汉译佛经的新思考》，顾满林译，《汉语史研究集刊》第四辑，巴蜀书社 2001 年版，第 286—312 页。
② 贝罗贝、吴福祥：《上古汉语疑问代词的发展与演变》，《中国语文》2000 年第 4 期。

中问方式情状,"盍"在《论衡》中问原因,等等,都是明显的文言成分。

(二) 新生性

东汉上承先秦,下启魏晋,不少六朝甚而唐宋的词汇、语法现象都发端于此,新的代词及其用法也不断涌现。

比如,指示代词中,"其"作第三人称在《论衡》、译经中充当宾语,分别出现2次、5次,"或"在《论衡》中充当定语出现5次,是东汉产生的新用法;旁指代词以"他""余"为主,口语性较强的佛道文献也出现了一些新成员以及同义复用现象,"傍""他傍""奇""他奇""余他"等即此例。又如,疑问代词中,"何等"问事比较常用,广泛见于赵注、《汉书》《论衡》《太平经》、译经等东汉文献;相对而言,"何所"在《论衡》《太平经》、译经中、"何等者"在《太平经》中以及"等"在《太平经》中、"为""所"在《汉书》、译经中问事,就少见一些,其中"为""所"问事的用法见于译经,表明译经的口语性与外来性,而它们出现在《汉书》中,足见材料复杂的一面;"云何"在《太平经》、译经中问人,"何方""何所"在赵注、《论衡》、译经中问处所,以及"多少"在《太平经》中、"几许"在汉诗中问数量,也都说明了语言在一个断代中的推陈出新。此外,"若"在《论衡》中、"子"在译经中偶尔用作第三人称,这在理论上有产生的可能,不过似乎还停留在语境义上,并未固定下来并流传开去。

(三) 地域性

在特定的历史时期,一些语言现象只在一定的地域内使用,呈现出一定的空间特征,这就是所谓的地域性。

在东汉文献中,具有地域性特征的代词并不多见,且尚待进一步考证。比如,"畴"问人,商周见用,春秋消失。东汉8种文献中,"畴"只见于《汉书·司马相如传下》,具体出自《封禅文》:"罔若淑而不昌,畴逆失而能存？"由于是史书中典型的原始材料，"畴"的使用仿古性明显。向熹指出："疑问代词'畴'用于问人，做主语和宾语。先秦只在《尚书》里出现，大约是一个古老的方言词。"① 与此类似，"曷""胡"问事在东汉实际语言里可能已趋于消亡。"曷"见于《汉书·王褒传》中王褒对汉宣帝的奏对："其得意若此，则胡禁不止，曷令不行？""胡"见于《汉书·食货志》中贾谊上文帝的《论积贮疏》："即不幸有二三千里之旱，国胡以相恤？卒然边境有急，数十百万之众，国胡以馈之？"二者都是史书的原始材料，"曷""胡"得以残存；"胡"另见于《论衡·雷虚》："罚不善，善者胡为畏？"可见该用语古雅的一面。就先秦文献的总体情况看，"疑问代词'曷'，《诗》《书》《公羊传》常见，《易》《左传》《庄子》仅见，《论语》《孟子》《谷梁传》不用，大约反映了方言的差别"；同样地，"疑问代词'胡'不见于甲骨文、金文、《尚书》、《周易》、《论语》、《孟子》，但《诗经》《左传》以及诸子书、《楚辞》里都比较常见。大约是方言的差别"。② 准此，"曷""胡"可能带有地域性。

又如，第二人称代词"尔"在所调查的 8 种文献中，只是不见于《伤寒论》《太平经》，分布较为广泛，同时在《论衡》中也稳居第二，不过在译经中并不多见。许理和指出，"在东汉佛经译文中，'尔'几乎只用作指示代词"，"'尔'作为人称代词也非常少见，从'尔'和现代汉语中'你'的历史关系来看，这是一件很奇怪的事情"。③ 周俊勋通过比较，发现第二人称代词"尔"不见于高诱注、王逸注而只见于赵岐《孟子章句》，因赵岐为京兆长陵（今陕西咸阳东北）人，据此推测

---

① 向熹：《简明汉语史（修订本）》（下），商务印书馆 2010 年版，第 106 页。
② 向熹：《简明汉语史（修订本）》（下），商务印书馆 2010 年版，第 109、110 页。
③ ［荷兰］许理和：《关于初期汉译佛经的新思考》，顾满林译，《汉语史研究集刊》第四辑，巴蜀书社 2001 年版，第 286—312 页。在脚注中，作者综合了相关研究成果，认为："尔"是一个常见人称代词，可作主语、宾语和定语，在《世说》中常作人称代词，虽比"汝"用得少，但在中古时期的汉语中不会废弃不用。它在佛经译文中完全没有出现是和"此"的极端少见同样使人费解。

"尔"为西北方言，并进而认为"你"最先也是西北方言词，在西北长安一带作为第二人称使用，而在南方的广大地区使用"汝"。①

（四）外来性

汉族与外族接触、交流、融合的历史源远流长，汉语与外族语就不可避免地存在交往接触。语言接触一直是汉语史研究的一个课题，近年来更成为一个研究热点。东汉佛教传入，佛经汉译对汉语的词汇、语法产生了深远的影响。

中指代词"尔"早见于《诗经》，既可近指，也可远指，可以充当定语、宾语、谓语或状语等不同成分。时至东汉，"尔"使用范围较广，《汉书》、汉诗、《伤寒论》、译经都有用例，总体上频率不高，以充当谓语为主。在译经中，"尔"的使用不同寻常：一是频率上，"尔""然"都见于上古，"不过上古'然'比'尔'使用远为普遍"，"佛典大量用'尔'，这在先佛语言中是少见的现象；六朝'尔'的使用越来越多，恐怕与佛典的影响有关"。② 二是功能上，"尔"作定语，既可单用，如"尔人、尔日、尔时、尔三昧"，也可与"所"组成"尔所"，如"尔所劫、尔所魔、尔所子"等。《论衡》不见这种用法，先秦除《诗经》外，其他典籍"尔"作定语的用例非常有限，中古则多承用。③ 所以说，"尔"在东汉的沿用、扩展，应该是受到了佛经汉译的影响。

疑问代词在东汉译经中表现出鲜明的异域色彩。比如，"等"问方式情状、"所"问事、处所、"如"问处乐、方式情状、"若"问处所、"为"问原因目的，是新生的，更是外来的；"用……为、谁、何为所、何以故、所以（已）故、因何等故、用何等故、所因缘……故"等问原因，同样不合汉语习惯，杂糅、自创的痕迹明显，由此形成佛经语言

---

① 周俊勋：《从高诱注看东汉北方代词系统的调整》，《阿坝师范高等专科学校学报》2000年第1期。
② 胡敕瑞：《〈论衡〉与东汉佛典词语比较研究》，巴蜀书社2002年版，第205页。
③ 胡敕瑞：《〈论衡〉与东汉佛典词语比较研究》，巴蜀书社2002年版，第288页。

的区别性特征。值得一提的是，《太平经》中"为"问原因目的、"等"问事、方式情状的用法，可能是佛道接触交融、影响借鉴的结果。

（五）个人性

个人性指的是个人的用语特点。语言的时代性、地域性多少具有一定的社会性，通行于一个时段或地域；相对而言，个人用语特点基本上只出现在某一个人的作品中，有明显的个人创造、使用的痕迹。汉语史研究中，专门讨论个人用语的成果并不多见。

东汉文献中，不少疑问代词的特定用法只见于专人专书中，具有个人特色。比如，"何等""何所""何等所人"问人，不见于中土文献，在译经中偶或一见："何等"见于支谶译经 1 例，见于竺大力共康孟详译《修行本起经》2 例，"何所""何等所人"只见于支谶译经，分别出现 2 例、1 例。高列过认为，常表示事物疑问的"何""何等""何所"表示人物疑问，是译者基于表示人物疑问的"何"类推的结果；"'何等所人'这个杂糅结构的出现可作如下解释：'何'可表示人物疑问，'何'与'人'结合，构成'何人'，也表示人物疑问；'何等'、'何所'表示人物疑问，受'何'的影响，支谶将'何等'、'何所'与'人'结合，'何等人'与'何所人'杂糅形成'何等所人'"①，同样地，"何所处"问处所见于支谶译经，也是"何所""何处"杂糅的结果。他如安世高译经中"那"问方式、支谶译经中"何因""如""等"问方式、情状，也与译经者个人类推、创新有关，具有个人风格。此外，《太平经》中"谁者""何谁""等"问事、"几何者"问数量带有专书色彩，"孰者"在《论衡》中问人、"谁者"在《汉书》《太平经》中问人、"何者"在《论衡》《太平经》中问人，也都限于专书，使用范围相当有限。

---

① 高列过：《东汉佛经的特殊语言现象及成因》，《西域研究》2005 年第 1 期。

二 "异质"成分的种类及其鉴别

以上我们举例性地讨论了东汉文献代词的"异质"成分。从其来源（形成原因）看，包括仿古、新生、地域、外来、个人五类；从其结果看，仿古造就历史词，新生形成新词新义，地域不同产生方言词，语言接触带来外来词，个人创造个人用语。根据使用时间、范围，我们把五种"异质"成分的区别性特征概括如表1所示：

表1　　　　　　　　　五种"异质"成分的特征

	使用时间			使用范围			
	前一时期	某一时期	后一时期	地域语料	外族语料	某类语料	个人语料
仿古	+	+	+				
新生		+	-				
地域		+		+			
外来		+			+		
个人		+					+

从表中可以看出，我们选取了使用时间、使用范围两个指标区别不同性质的"异质"成分。其中时间指标体现了历时观念，也就是说，各种"异质"成分的认定，必须结合汉语史不同时期的使用情况作上溯下探的考察。

一般来说，仿古词是指前期产生、流行，之后实际上已经消亡却被有意起用的一类词。比如，"奚"问事物、方式情状、原因目的、处所，春秋战国时期使用频率较高，到了两汉，《史记》《汉书》《论衡》等文献虽见使用，但频率极低，在当时的实际语言里可能已经不再使用，至于在《中本起经》中询问事物、处所各见1例，也应该只是东汉后期译经混杂典型文言成分的结果。鉴定仿古词，主要是确定其实际使用的时段，同时考察起用文本的属性，并注意与引语、转用等区别开来。① 新生词也主要是时代性问题，是指前期不见、此期产生并流行的一类词，出现范围要有一定广度，使用时间则可长可短。比如，"何所""何等""云何""几所"等是两汉新生的疑问代词双音节形式，前三者在六朝唐宋都有使用，后者却基本上只见于东汉文献，② 并没有沿用下去。

仿古词、新生词在本质上关乎时代性，主要从通行时间着手鉴别，使用范围一般没有局限于特定文献。与此不同，地域、外来、个人性的认定，却是主要依据使用范围区别，使用时间一般也会集中在一个相对确定的时段内。方言词体现了语言的地域性，不过，汉语历史方言分区的研究比较滞后，而通语与方言之间的双向流动也可能促成词汇在产生之初或者说消亡之际表现出地域性，加之"词的通行地域随时在变"且"不宜将古书中的词语和今天的方言词语作机械的对应"，所以，词的地域性比时代性更难以论证。③

比如，"尔"作为人称代词在译经中非常少见，有人推测是西北方言。立足我们的调查，"尔"分布在除《伤寒论》《太平经》以外的 6 种文献，可以从"尔"存在的绝对数量与相对数量两方面来看。一方面，"尔"存在的绝对数量，根据文献分三种情况：其一，赵岐是京兆长陵（今陕西咸阳东北）人，班固是扶风安陵（今陕西咸阳东北）人，《孟子章句》《汉书》带上西北方言色彩自在情理之中，只是"尔"并不多见，如《孟子章句》只有 2 例；相对而言，王充出生于会稽上虞（今浙江上虞县），成年后游学洛阳并师事班彪，《论衡》中"尔"多达 13 例④，似

---

① 孙德金《现代书面汉语中的文言语法成分研究》，商务印书馆 2012 年版，从频度、系统融合度界定现代书面汉语中的文言语法成分，并制定了界定文本属性、调查频度表现、测定系统融合度等级等界定程序。

② 除《汉书》、译经外，《风俗通义·正失》亦见其例："王阳居官食禄，虽为鲜明，车马衣服，亦能几所？"

③ 汪维辉：《论词的时代性和地域性》，《语言研究》2006 年第 2 期。

④ 其中 6 例集中见于《祸虚》之一则："曾子怒曰：'商，汝何无罪也？吾与汝事夫子於洙、泗之间，退而老於西河之上，使西河之民疑汝夫子，尔罪一也。丧尔亲，使民未有异闻，尔罪二也。丧尔子，丧尔明，尔罪三也。而曰汝何无罪欤？'"例中"尔""汝"并用，分工明确："尔"作定语，"汝"作主语、宾语。

乎不能归因于采用西北方言的结果。其二，诗歌6例、碑刻1例，其中诗歌5例的三位作者分别是扶风茂陵人、陇西人、陇西成纪（今甘肃天水市秦安县）人①，可能也是西北方言的反映，只是余下1例是流行于京师洛阳一带的民谣，而碑刻1例墓碑主人孔彪是鲁国曲阜（今山东曲阜）人。其三，早期佛经翻译主要在洛阳，而"东汉佛陀之教，与于吉之经，并行于东海齐楚地域"②，也就是说，"东汉佛教的传播，亦集中于政治经济文化中心地带，即以洛阳、徐州为中心的黄淮中下游地区"③，译经中"尔"零星使用，也未必是吸收了西北方言。另一方面，从"尔"的相对数量也就是"尔""汝"的对比看，"尔""汝"既在《孟子章句》《汉书》中并存，也在《论衡》、诗歌、译经中共现，似乎并不存在南北地域的分工互补。比如，《孟子章句》中，"'尔'出现十次，'汝'出现九次，皆可用于主格、领格、宾格"④；《论衡》中"尔"13例，"汝"23例，也可作主语、宾语或定语，功能区分不明。总而言之，从东汉文献调查来看，"尔"在分布上是否具有地域性，以及是否以此解释汉译佛经中"尔"少见的现象，都还有待更为全面、深入的研究。

外来词是语言接触的结果，是指初期只在具有外族特征的文献中使用的一类词，后来可能进入一般词汇。外来词的确定，一般需要对勘源头语、目的语，尽可能将相关语言现象对应起来，以坐实其来源，并分析其形成、演变。比如"云何"是两汉新兴疑问代词，多问方式情状，也问事物、原因等，可能来自于动宾结构的重新分析。⑤ 除此之外，遇笑容还抉发了"云何"的一种特殊用法：中古译经中"云何"有不表示疑问的用法，可能是受了梵文影响所致，因为"云何"对译的 Kim 在梵文

---

① 据逯钦立考证，题名作者李陵的1例，实际上"即出李陵众作也"，"证明其为后汉末年文士之作"，作者无从得知。

② 汤用彤：《读〈太平经〉书所见》，载《汤用彤选集》，天津人民出版社1995年版，第183—212页。

③ 刘红梅：《东汉佛教传播特点探析》，《合肥学院学报》（社会科学版）2008年第4期。

④ 李智泽：《〈孟子〉与〈孟子章句〉代词比较》，《兰州大学学报》（社会科学版）1986年第4期。

⑤ 贝罗贝、吴福祥：《上古汉语疑问代词的发展与演变》，《中国语文》2000年第4期。

中有不表疑问的用法。① 例如："云何须菩提,其福宁多不? 须菩提言:甚多甚多。"(《道行般若经》卷三)通过梵汉对勘,找到不表疑问的"云何"与 Kim 之间的对应关系,那么这一用法的外来性也就基本上确定了。当然,在探讨一些语言现象的外来性时,我们不要片面夸大源头语或中介语的影响,有的语言现象可能植根于汉语,外族语所起的作用,也许不是创新而只是催化。

在语言的实际应用中,个人的习惯、创造会形成一定的语言特色,产生一些个性化的用语。它们多数情况下只在个人作品中使用,有时也会向同期、后期文献扩散、流播,所以在个人性词语的鉴别中,一定时期、特定文献是两个基本特点。东汉文献中,疑问代词有鲜明的个人特色,《汉书》《论衡》中"孰""谁""何"附加"者"问人,《太平经》尤其是译经中,借助复合或缩略,出现了更为"如""等""何等""何所""何谁""何所处""何等所人"等功能多样、极富个性的疑问代词。它们在东汉以后的发展、演变,将为其个人性的定性分析提供依据。

必须指出的是,以上对"异质"成分的举例、鉴别,分出了仿古、新生、地域、外来、个人等 5 种情况。它们看似泾渭分明,实际上只是在特定的时期内,基于一定角度、依据一定标准划分出来的,有的成分可能"横看成岭侧成峰"——综合多种性质,有的成分在历时发展中也可能发生转换。比如,"曷""胡"在先秦文献中的分布有明显的方言差异,东汉已从实际口语里消失,它们在《汉书》中的使用,既保留了地域性,又新增了仿古性。又如,"何所"问人,东汉只见于支谶译经,可能是译者个人类推,显然也兼有外来性、个人性和新生性。再如,"等、所、如、若、为"等在佛道文献中问事物、处所、原因目的、方式情状等,具有鲜明的异域色彩,它们是新生的,更是外来的。如果跳出共时、静态的观察,在历时、动态的背景中,不同性质的消长以及彼此之间的转换则是十分普遍的。比如"尔"早期可能是一个西北方言词,演变为

---

① 遇笑容:《汉语语法史中的语言接触与语法变化》,《汉语史学报》第四辑,上海教育出版社 2004 年版,第 27—34 页。

"你"后,最初也通行于西北,后来逐渐获得"泛空性"而南北通用,地域性就消失了。又如"等、所、如、若、为"等,开始集中见于东汉译经,[①] 具有新生性、外来性,后沿用于魏晋六朝,并有了由佛教文献向中土文献扩散的趋势,其外来性也就逐渐淡去。

三 从"异质"成分看语料的复杂性

以东汉文献中代词的"异质"成分为参照点,不难看出,语言的继承与发展、通语与方言的渗透、语言的接触与融合以及专书或个人的用语习惯等,使得断代语言呈现出复杂的面貌,并直接以语料的复杂性表现出来。

口语性是对汉语史研究语料的基本要求之一。就我们调查的东汉8种文献的口语性来讲,大致形成了以下三个由弱到强的层次:碑刻、《汉书》、东汉诗 > 《孟子章句》《论衡》《伤寒论》 > 《太平经》、东汉译经。不过从代词的"异质"成分来看,口语性这一标准过于简单笼统,语料实际的复杂程度远大于此。

比如《汉书》、译经,一般以其为"雅""俗"文献的两个代表。然而,一方面,仿古性成分共现其中:人称代词中,第一人称以"我""吾"为主,"余"在当时口语中可能已经消失,不见于《太平经》,《论衡》中20例有17例为引文,却见于《汉书》、译经,译经中至少13例;第二人称以"汝"为主,"若"不见于《太平经》,《论衡》也仅3例,却同样见于《汉书》、译经,译经中多达139例;同样地,疑问代词"焉""胡""奚"在东汉口语中已经不再使用,却也在《汉书》、译经中都能见到。另一方面,新生性的疑问代词"为""所""几所"等,尽管出现频率悬殊较大,却也同时出现在《汉书》、译经中。单单着眼于仿古词,我们看到《汉书》、译经用语典雅、口语性弱;单单着眼于新生词,我们又看到《汉书》、译经用词通俗、口语性强。两相结合,我们才可能比较准确地界

---

① 《太平经》中"为""等"见用,可能是佛道文献用语借鉴的结果,至于《汉书》中"为""所"偶或一见,存疑待考。

定《汉书》就雅而不避俗、译经雅俗相容而偏俗的总体风格。

也就是说，呈现在汉语史研究者面前的语料，往往是一个混合体，复杂而多性，人们认定的典雅、通俗等，是从一定角度、就一定倾向而作出的。比如《汉书》，行文简洁，用词典雅，多袭先秦、西汉语言，"予""焉""奚"等仿古词就带有明显文言色彩，不过，"畴""曷""胡"等方言词、"为""所""几所""何等"等新生词，以及个性化的"谁者"，也赋予了《汉书》更多的语言特色。又如《论衡》，由于作者主张"口则务在明言，笔在务在露文"，"言无不可晓，旨无不可睹"，行文也就"直露其文，集以俗言"，总体上用语浅易，口语成分较多；不过，仅仅从疑问代词来看，"焉"问处所、"盍"问原因目的、"奚""奚如""恶"问方式情状，也足见《论衡》用语典雅的一面。至于译经，由于宣传对象、译者汉语水平、翻译方式等因素的影响，总体上有很强的口语性，不过，随着佛经翻译文言化、文学化的发展，译经既出现了汉语与大量原典语言成分的混合，也出现了文言文与大量口语俗语和不规范成分的混合，最终形成了一种非自然产生的独特变体——佛教混合汉语。① 与此相应，译经的语言，也就必然糅合多种"异质"成分，如仿古性的"余""若""奚"、地域性的"尔"、外来性的"云何""等""所""如""若""为"、个人性的"何等""何所""何等所人"等，从而显得纷繁复杂。

一个语言成分可能有多种性质，一种语料也可能有多种特殊成分。汉语史研究中，纯粹、同质的语料十分少见，"异质"成分尽管多少不一，却复杂多样。任何一种语料都不可能单一定性，从事汉语史研究，首先要做好语料的剥离工作。

四 对"异质"成分定性分析应注意的问题

从总体情况来看，汉语史研究中的失误，由语料本身的客观问题引

---

① 朱庆之：《佛教混合汉语初论》，《语言学论丛》第二十四辑，商务印书馆2001年版，第1—33页。

起的,要远远少于由研究者对语料的主观分析引起的,也就是说,当前汉语史研究中的失误,主要是因为研究者忽略了语料的复杂性——要么对语料"一锅煮"而不加分析,要么对语料"吃不透"而产生误解——没有对材料的正确分析,也就不会有可靠的汉语史研究。只有充分认识到语料的复杂性,并对不同语料有效加以剥离,区别对待,才可能对汉语历史发展的过程、结果、动因、规律等一系列问题作出客观、科学的描写和分析。

重视语料分析,行之有效地剥离、分析"异质"成分,对于汉语史研究意义重大。下面以东汉代词"异质"成分为例,谈谈相应定性分析中应该注意的问题:

一、对于仿古成分,避免以古为今,简单根据仿古词延长代词的使用下限。比如,《孟子·尽心上》:"夫舜恶得禁之?夫有所受之也!"注:"夫舜恶得禁之?夫天下乃受之于尧,当为天理民,王法不曲,岂得禁之哉?"不能根据注中"夫舜恶得禁之"得出《孟子章句》继续使用"恶"的结论,因为该句不过是复述了《孟子》原文。据研究,《孟子》中"恶"共23例,主要指处所,在句中充当宾语,《孟子章句》以"安"对译14例,以"何"对译2例,"恶"在当时应该已经消亡。① 从上古汉语疑问代词的发展和演变看,疑问代词"恶",春秋战国时期可以询问事物、方式情状和处所,到了两汉,不见询问事物的用例,询问方式情状、处所的也只有零星、个别例子,在古注中常被对译或注解为"安""何""何所"等,可见在东汉时期已经不再用于实际语言。② 同样地,我们也不能基于《论衡》、《太平经》、汉译佛经口语性强的一般认识,根据其中出现的仿古用例,就轻易肯定"余""若""焉""盍""奚""胡"等在东汉时期作为人称代词、疑问代词的实际用法。

二、对于新生成分,要全面考察其形成、发展,在新生性的基础上

---

① 李智泽:《〈孟子〉与〈孟子章句〉代词比较》,《兰州大学学报》(社会科学版)1986年第4期。

② 贝罗贝、吴福祥:《上古汉语疑问代词的发展与演变》,《中国语文》2000年第4期。

进一步确定其是纯粹的新生性，还是兼有地域性、外来性、个人性等。比如"其"在《论衡》、译经中充当第三人称代词，充当句子宾语，是纯粹的句法功能一大突破，到魏晋六朝有了进一步发展。① 又如，"若""子"分别在《论衡》、译经中充当第三人称代词，偶或一见，可能是由特定场景中叙述角度的转换造成的。这一新的用法在理论上有产生的可能，不过似乎还停留在语境义上，并未固定下来并流传开去。立足于东汉这一共时平面，我们倾向于认定其个人性，也就不可能构拟"第二人称代词＞第三人称代词"的演变模式。再如，"所""为""如""若""等"等，在汉魏六朝文献尤其是汉译佛经中是一组十分特殊的疑问代词。关于它们的成因，主要有沾染、缩略两种观点。无论是择一而从还是另立新说，都需要考察双音节疑问代词或组合单音化的动因、机制等，而这显然又不能忽略它们的外来性或个人性。

三、对于方言成分，地域性的考察相当困难，至少要注意其产生、发展的三种情况：其一是始终是方言，通行地域随时代不同而不同；其二是早期是方言，有地域性，后经由点到面的扩散，进入通语；其三是早期是通语，后经由面到点的收缩，成为方言，获得地域性。比如"畴""曷""胡"等疑问代词，早期可能带有地域性，要落到实处难度较大。至于"尔"，如前所述，是否为西北方言并与"汝"形成南北互补以解释东汉译经中少见的现象，由于与同期文献的语言事实有出入，则需要更为广泛、深入的考察。

四、对于外来成分，如果调查充分、比较全面，同时不是孤例，只见于非中土文献的，可以初步确定。比如，"用……为""何为所""何以故""所以（已）故""因何等故""用何等故""所因缘……故"等疑问代词结构，东汉时期只见于译经，不合汉语习惯，外来性大体成立，只是尚待通过汉译佛经与原典的对勘（主要是梵汉对勘）、源头语和目的语对比分析来进一步坐实。确定外来性后，还要根据使用范围是个人文

---

① 高育花：《〈论衡〉的人称代词》，《昌吉师专学报》2000 年第 4 期。

献、某种文献还是多种文献，使用时间是限于当时还是沿用后世，厘清外来性与新生性、个人性、语体性之间的关系。以上几个疑问代词结构有明显的杂糅和自创痕迹，个人性也不言而喻，至于是否具有新生性、语体性，必须把调查范围至少扩大到魏晋六朝文献。

　　对于外来成分，定性分析只是工作的第一步，更为关键的是"揭示汉语的这个特殊变体的性质和全貌，进而研究它对汉语发展究竟有哪些影响"。[①] 比如，东汉文献中近指代词以"此""是"为主，中土文献中"此"的使用频率占有优势，而译经中"是"却遥遥领先。高育花指出《论衡》中"是"的近指用法与系词用法有一个此消彼长的变化，随着"是"字判断句的兴起，"此"巩固、拓展了自己由来已久的近指用法的空间。[②] 译经中的情况与此不同："是"不仅近指的用法高居榜首，由代词向系词的虚化也更快更彻底，呈现出齐头并进的特点。这可能是"是"在与"此"竞争近指用法过程中对自身功能作出的调整，而这一调整在译经中得以充分体现："是"的近指用法在东汉口语中获得长足发展，但仍无法与"此"相提并论，在这种情况下，"是"只得另谋出路：其一是在汉译佛经这块异域土壤中迅速发展、强化了指代功能。其二是在指代功能强化的同时，及时完成了由指示代词向系词的蜕变，并最终实现了与"此"的分工合作，并存发展。在这一调整过程中，源头语言的影响不应被片面夸大，佛经汉译只是起到了推波助澜的作用。

　　五、对于个人成分，要把握好"专人专书"这个条件，即出自特定作者笔下，同时基本上只在特定作品中使用。个人性相对比较单纯，不过也会与新生性、外来性、地域性等产生纠葛，需要理顺、分清。比如"何可""何可所"问事物，数量不多，集中见于《太平经·庚部》，是一个个性十足、空前绝后的用词现象。又如，"几所"在《汉书》、《风俗通义》、译经中询问数量，偶或一用，只有新生性而无所谓个人性、外

---

　　① 朱庆之：《佛教混合汉语初论》，《语言学论丛》第二十四辑，商务印书馆2001年版，第1—33页。
　　② 高育花：《〈论衡〉的人称代词》，《昌吉师专学报》2000年第4期。

来性。至于安世高译经中"那"问方式、《太平经》中"谁者""何谁"问事物、《论衡》中"孰者"问人等，在东汉具有个人性，是否沿用下去甚至失去个人性，则需要作进一步的历时考察了。

"异质"成分的剥离，是为汉语史研究提供理想材料的基础工作。不同"异质"成分的判定、鉴别，既有相对独立的条件、方法，也需要联系起来作整体考察。尤值一提的是，要进一步确定"异质"成分的不同性质及其主次、源流，必须把共时研究与历时研究有机结合起来，进行广泛而深入的考察。

五　余论

汉语史研究以语料为基础。对语料的利用可以分为几个步骤：首先是语料选取，要求语料真实可靠，这是研究的客观前提；其次是语料分析，要求剥离语料以保证其典型纯粹，这是研究者科学的主观分析；最后是在前二者的基础上，全面充分地占有真实可靠、典型纯粹语料。然而，汉语的历史文献虽然无比丰富，但是语料性质却十分驳杂，真实可靠、典型纯粹的理想语料只是一些篇章和片断，唯有披沙拣金，日积月累，才可能建成理想材料的语料库。

我们立足于东汉文献中的代词，举例性地讨论了"异质"成分的种类、鉴别及其对语料复杂性、汉语史研究的影响。尽管囿于断代文献的一类虚词，"异质"成分相对单一且不够典型，还是借此显示了语料的复杂性和语料剥离的艰巨性。语料分析的重要性在汉语史研究中日益凸显，而相关研究却远远跟不上要求。目前汉语史研究中对"异质"成分的研究进程，大致如下：新生性素有传统，外来性成一时风尚，地域性、语体性渐受关注，仿古性、个人性少人问津。不同"异质"成分都会不同程度地影响汉语史研究，只有一一地加以剥离，分别定性分析，才可能认识、厘清它们在汉语产生、发展和演变过程中发挥的作用或产生的干扰，从而准确、可靠地推进汉语史研究。

近代汉语空-时兼义词考察

何 亮[*]

内容提要：近代汉语一些词语存在同时兼表空间概念和时间概念的现象。这些词语的构成成分中或者有位移动词，或者有方所成分。这些空-时兼义词在认知层面是空间域到时间域的概念隐喻的反映；从表达形式看，是时空隐喻意象图式表征化的外化体现。"词语模""类化构词""同步构词"的背后，是各类意象图式在语言上的具体反映。

关键词：近代汉语；兼义词；时空隐喻；意象图式

何亮观察到汉语史上一些空间指代词存在空间概念、时间概念的同指现象。[①] 除了空间指代词存在空间-时间兼表现象，近代汉语还存在不少其他词语同时兼表空间概念和时间概念的现象。具体地说，这些词语本身既表示处所方向的空间义，也表示具有空间特性的时间义。这些词语表示空间义与表示时间义时结构相同，词性相同，意义相关。对这类词语，本文称之为"空-时兼义词"。

《近代汉语词典》"是我国第一部'具有汉语词汇史性质'的辞书。

---

[*] [作者简介] 何亮（1970— ），男，重庆师范大学文学院教授，主要从事汉语语法研究。
[①] 何亮：《汉语空间指代词的空-时同指现象》，《汉语史研究集刊》2019年第1辑。

全书以口语词为重点,以常用词为主体,收词51000余条。"① 实际上也可以将之视为近代汉语语料库。本文即以《近代汉语词典》为中心,对近代汉语空-时兼义词进行考察,并且探讨其形成机制。

一 空间-时间兼义词举例

以下各词先列空间方所义,后列时间义。

【在迩】

(1) 师道力陈兵可进不可退,邻敌在迩,退必掩袭。(宋·徐梦莘《三朝北盟会编》卷八)(-空间处所,在近旁)

(2) 因念舅爷圣诞在迩,特设菲筵,预祝千寿。(明·吴承恩《西游记》四三回)

(3) 又兼发引在迩,因此忙的凤姐茶饭也没工夫吃得。(清·曹雪芹《红楼梦》一四回)②(-上两例为时间,相当于"在即")

"在迩"空间义是动宾结构,在附近、在边上;时间义也是动宾结构,在即,在某时边上。空间-时间的对应关系非常明显。

【当头】

(4) 四面宜绨锦,当头称管弦。(唐·薛能《牡丹》)

(5) 弦管当头,偏怜娇凤,夜深簧暖笙清。(宋·周邦彦《庆宫春》)(-前头)

(6) 欲似鸟作群,惊即当头散。(唐·王梵志《天下浮逃人》)

(7) 火落身上当头拨,莫待临时叫菩萨。(五代·何光远《鉴诫录》卷一〇)(-当时、当即)③

【就此】

(8) 与其倩行媒,淹岁月,孰若就此成夫妇哉。(宋·洪迈《夷坚

---

① 中国社会科学院语言研究所:http://ling.cass.cn/bscd/202201/t20220104_5386668.html。
② 白维国、江蓝生、汪维辉:《近代汉语词典》,中华书局2015年版,第2574页。
③ 白维国、江蓝生、汪维辉:《近代汉语词典》,中华书局2015年版,第347页。

志》补卷一〇）

（9）小生不敢久留，就此告辞长行去也。（《元曲选·扬州梦》楔子）①

两例表示就在此时或此地。

【就地】

（10）审明从贼打仗，并未受有伪职，俱就地正法。（清·佚名《平定台湾纪略》卷二九）

（11）刘唐、呼延绰回阵商议，就地扎营。（清·俞万春《荡寇志》一二七回）（-在原地）

（12）心中渐渐昏迷，暗道："这所在那得恁般好酒！且是昏迷神思．其中决有缘故。"就地生出智着来，假做腹痛，吃不下酒。（明·冯梦龙《醒世恒言》卷二一）

（13）那勇汉大恼，唤左右拿去砍了。羊雷就地大喝一声，恰似半空中起个霹雳。（明·方汝浩《禅真后史》四三回）

（14）昨夜二更时分，小人遇一奇兆，本要就地禀公孙军师，因公孙军师吩咐不许惊睡，所以特到这里来禀告。（清·《荡寇志》一三二回）（-当下，立刻）②

【就近】

（15）今后望请诸流人应配者，依所配里数，无要重城镇之处，仍逐罪配之，准得就近。（宋·王溥《唐会要》卷四一）

（16）量散口食，并各于有官场柴炭草处就近支散，救其将死之命。（宋·欧阳修《论救赈雪后饥民札子》）（-择近，在近处）

（17）只须就近择一吉期，请贤昆玉前两日先往小庄暂住，至期就在那边起身。（清·陈朗《雪月梅》四一回）（-在近期）③

---

① 白维国、江蓝生、汪维辉：《近代汉语词典》，中华书局2015年版，第1027页。
② 白维国、江蓝生、汪维辉：《近代汉语词典》，中华书局2015年版，第1027页。
③ 白维国、江蓝生、汪维辉：《近代汉语词典》，中华书局2015年版，第1027页。

【就中】

（18）以胶投漆苦不早，就中相去万里道。（唐·马异《答卢仝结交诗》）（－其间，空间）

（19）白沙翠壁经过好，就中几度曾幽讨。（明·高启《题滕用衡所藏山水图》）（－其间，时间）①

以上五个词语也都是动宾结构，空间义与时间义对应关系明显。例如"就近"空间义为在近处，时间义为在近期；"就中"空间义指空间的距离，时间义之时间的间隔。

【迟速】

（20）志和酒酣，为水戏。铺席于水上，独坐饮酌笑咏。其席来去迟速，如刺舟声。（《太平广记》卷二七引《续仙传》）（－指空间移动迅疾）

（21）盲跛不能耕，死亡在迟速。（宋·梅尧臣《田家语》）

（22）贤乔梓积德累仁，前程自然远大，但在迟速之间耳，何愁此愿不遂？（明·天然痴叟《石点头》卷七）②（－早晚，时间过得快）

【回来】

用于空间概念，表示大致的距离，相当于"左右"。如：

（23）城中官军追赶，约有五六里回来，只听的后军炮响。（元明·施耐庵《水浒传》八〇回）

用于时间概念，表示过一会儿（未然），或过了一会儿（已然）。如：

（24）我妈妈先叫我来请安，陪着老太太说说话儿。妈妈回来就来。（清·曹雪芹《红楼梦》九二回）

（25）问问他，也没有话说，只是淌眼泪。回来紫鹃告诉我说：'姑娘现在病着，要什么自己又不肯要。（清·曹雪芹《红楼梦》八三回）③

以上"迟速""回来"都是并列结构。"迟速"空间义指移动快，时

---

① 白维国、江蓝生、汪维辉：《近代汉语词典》，中华书局2015年版，第1029页。
② 白维国、江蓝生、汪维辉：《近代汉语词典》，中华书局2015年版，第220页。
③ 白维国、江蓝生、汪维辉：《近代汉语词典》，中华书局2015年版，第825—826页。

间义指时间流逝得快,不长的时间。空间义与时间义对应明显。"回来"空间义指一来一回的距离,用于时间义指一来一回的时间量。二者对应关系明显。

【近间】

(26)[豪]近间可有名姬唤来?[保]对门有王大姐,隔壁有刘八儿。(明·汤显祖《紫钗记》四八出)(-空间,附近)

(27)且明经所业,包在诸科,近间应者渐多,其研精者益少。(唐窦仪《条陈贡举事例奏》)

(28)张生近间面颜,瘦得来实难看。(《元曲选外编·西厢记》三本二折)

(29)而近间过之,则野水潆洄,巨石颓仆。(清·宋荦《重修沧浪亭记》)(-时间,近来)①

【近里】

近代汉语中"近里"可表示近处,附近。如:

(30)乃视县前近里之爽垲,心规其制,口划其地。(唐·韦稹《涿州新置文宣王庙碑》)

(31)女长适人止近里,男大为农不出乡。(明·何景明《长歌行赠旺兄》)

(32)访诸近里,此姓绝少。(清·蒲松龄《聊斋志异·花姑子》)

又指内里,内部。如:

(33)于疮晕尽处向两边围绕贴之,候晕渐收近里,即别剪差小者再摊药围贴;晕又收,即又再移近里贴。(宋·吴彦夔《传信适用方》卷下)

(34)较之大青龙之寒热,已向近里一层,故其证不见之表里际,而只见之下际。(清·吴谦《医宗金鉴》卷三二)

以上是空间方所概念。"近里"又可以指时间,指最近的一段时间,

---

① 白维国、江蓝生、汪维辉:《近代汉语词典》,中华书局2015年版,第995页。

当下。如：

（35）近里话也不合题，说着早森森地。（元·王伯成《天宝遗事诸宫调·禄山泣杨妃》）

（36）你跟着您姑强的您娘，娇儿呀！我近里还来走一趟。（清·蒲松龄《聊斋俚曲·慈悲曲》）

（37）你有心不在近里，改日有日子哩。（明末·西周生《醒世姻缘传》三四回）[1]

"近间""近里"表层是偏正结构，但实际上方位词"间""里"以开始虚化。"近间""近里"空间义指附近，边上，时间义指某时边下，当下，空间义与时间义对应明显。

【去】

以下表示处所，犹云"处"。如：

（38）望夫山下乌江渡，是八千子弟思乡去。（元·薛昂夫《塞鸿秋·凌歌台怀古》）

（39）蹇驴破帽登山去，夕阳古寺题诗处。（元·张可久《塞鸿秋·湖上即事》）

（40）我如今回了心，再不敢惹你了，你别去寻个人罢。（《元曲选·东堂老》四折）

以下表示时间，犹云"时"。如：

（41）我做官人奇妙，闲去好掷杯珓。（《元曲选外编·符金锭》楔子）

（42）只因喉咙太响，歌时嘴边起个霹雳；身子又太狼伉，舞去冲翻了御筵桌席。（清洪昇《长生殿》二一出）[2]

【去处】

（43）春已去，花亦不知春去处。（唐·王建《春去曲》）

（44）吾今知去处矣，乃织女皇宫相也。（明·袁中道《游居柿录》

---

[1] 白维国、江蓝生、汪维辉：《近代汉语词典》，中华书局2015年版，第995页。
[2] 白维国、江蓝生、汪维辉：《近代汉语词典》，中华书局2015年版，第1787页。

卷九）（所去的地方；踪迹。-空间）

（45）其年老及疾患，如无近亲收养，散配诸寺安置，待有去处，一任东西。（唐·李亨《放宫人诏》）

（46）雨大的紧，前路又没去处。这馆驿中不问那里，胡乱借我宿一夜。（《元曲选·潇湘雨》四折）（可以去的地方；落脚处。-空间）

（47）兰蕙相随喧妓女，风光去处满笙歌。（唐·李白《少年行》）

（48）谁想他赚我到无人去处，要勒死找。（《元曲选·窦娥冤》一折）（场所；处所。-空间）

以下表示"关头""当口""……时候"，时间标志词。如：

（49）这没头鬼在门外叫声应声，怎么紧要去处，倒不做声？（《元曲选·生金阁》四折）

（50）我枉自做了男子汉，到这般去处，却摆布不开。（元明《水浒传》二五回）

（51）成珪正是厌烦去处，都氏早将酒食送进，随唤都飙陪饮。（明·《醋葫芦》一一回）①

【前半】

空间位置或物体从开头到一半的那一部分。

（52）山门后半已摧，前半初着。（清《野史曝言》四六回）

（53）一间隔做两截，前半做客位，后半做厨房。（《姑妄言》六回）

后接"间、节、截"等词语。

（54）原来是一问六椽楼屋。前半间安一副春台桌凳，后平间铺着卧房。（元明《水浒传》二一回）（-空间或物体部位）

后接"世、年、月、日"等时间词，表示一段时间的前半部分或表示在这一段时间之前。

（55）其当番之人，前半年告报，不得出外。（宋周必大《大兄奏札》）

---

① 白维国、江蓝生、汪维辉：《近代汉语词典》，中华书局2015年版，第1787页。

(56) 前半世服侍了高二，吃些军犯魔头；后半世归依了宋江，落个强徒名望。(清《荡寇志》一三三回)(－时间)①

"前半"为偏正结构，空间指前半部分（位置或物体），时间指一段时间的前半部分。

以下"前边""前面""前头"本是方位词。何亮（2019b：39）指出："在汉语史及汉语方言中，'前/后＋方所成分'大部分都有空间方所和时间意义两种用法，少数只表示空间（如'前方、前部、后方、后部'），或只有时间意义，如'后里、后尾'等。"②

【前边】

据何亮（2019b），"前边"在空间域表示的方向与"前"相同。唐代有用例，后代一直沿用。如：

(57) 钵盂峰下留丹灶，锡杖前边隐圣灯。从此旧庵遗迹畔，月楼霜殿一层层。(缪岛云《仙僧洞》，《全唐诗补逸》卷十二)

(58) 已在前边客楼上住下，故意嫌人嘈杂，移在厢楼上，与寡妇楼相近，故意在那厢唱些私情的歌曲，希图劝他。(《型世言》第六回)

明代有表示顺序的用例，已经带有时间性质，指顺序在前的，前面存在的：

(59) 吴尔辉道："那是你前边令妹夫，他道令妹不孝，在县中告了个执照，得学生七十两银子，把令妹与学生作妾。"(《型世言》第二十六回)

清代有表示以前、过去的用法。如：

(60) 且说他屋里女人，本是海来深仇，又公然娶到家中，每日惹气。这女人短见，一条绳儿吊死了。他娘家告起来……他前边男人，不知听了谁的话，上堂去告，还想要这个女人。(《歧路灯》第十三回)③

---

① 白维国、江蓝生、汪维辉：《近代汉语词典》，中华书局2015年版，第1662页。
② 何亮：《汉语时空隐喻表达式的历时研究》，中国社会科学出版社2019年版，第39页。
③ 何亮：《汉语时空隐喻表达式的历时研究》，中国社会科学出版社2019年版，第33—34页。

【前面】

据何亮考察,作为方所词语的"前面"应是在"面"词缀化之后。唐代已有不少用例,此后一直沿用。如:

(61)牛遂告曰:"可以绳绻系我角上,置于前面,任晓方来。"(义净《根本说一切有部毗奈耶破僧事》卷第十)

(62)欲知前面花多少,直到南山不属人。(韩愈《游太平公主山庄》)

如何亮考察,目前所见,最早的"前面"用于时间概念的用例是在宋代。"前"表示时间概念时,"前面"表示过去、以前,"面"已词缀化。如:

(63)但有今日,都不须问前面事。(《朱子语类辑略》)

(64)侯兴与师父说前面许多事。(《宋四公大闹禁魂张》)①

【前头】

据何亮考察,"前头"在东汉就有表示前部位置的用法,"前头"是空间概念。唐代"前头"的"头"词缀化。如:

(65)不可数千弟子,不可数百千弟子,共会在中央坐说经。与比丘僧相随,最在前头。(《道行般若经·摩诃般若波罗蜜守空品》)

(66)含情欲说宫中事,鹦鹉前头不敢言。(唐·朱庆馀《宫词》)

"前"表示时间概念时,"头"已经词缀化。"前头"表示过去,首见于唐代,后代沿用。如:

(67)前头彼此作家,后头却不作家。(《祖堂集·长庆和尚》)

现代汉语方言"前头"在吴语区的浙江衢州等地表示刚才。②

【前后】

"前后"用于空间,表示事物的前边和后边,早在先秦就有用例。如:

(68)戎人之前遇覆者奔,祝聃逐之。衷戎师,前后击之,尽殪。

---

① 何亮:《汉语时空隐喻表达式的历时研究》,中国社会科学出版社2019年版,第35页。
② 何亮:《汉语时空隐喻表达式的历时研究》,中国社会科学出版社2019年版,第36页。

(《左传·隐公九年》)

何亮（2007）指出，"前后"用作后置时间方位词是中古新兴的用法，但只有"NP时点词＋前后"形式，在南北朝开始出现，用例还不太多。后代的"VP＋前后"表示某一事件稍前到稍后的一段时间的用法，中古尚未见到。①

近代汉语"前后"出现表示附近、一带空间概念的新用法。如：

(69) 可将琵琶觱篥．携着羊酒，一路打围，往阴山前后去。（明·李梅实《精忠旗》二九出）

(70) 却又在乡村前后百姓人家，抢劫些钱米布帛、柴薪酒肉锅灶之类，下船安顿了。（明·方汝浩《禅真逸史》二五回）

近代汉语出现"VP＋前后"表示某一事件稍前到稍后的一段时间的用法。如：

(71) 岁时雨降，即泛溢自满，蒲鱼之利，人实赖焉。自白露应即前后，一夕即一空如扫焉。（唐佚名《大唐传载》）

(72) 我淳于梦人才本领，不让于人。到今三十前后，名不成，婚不就。（明·汤显祖《南柯记》一○出）②

【前向】

(73) 前向南明山，盖王平之旧隐也。（宋·苏舜钦《处州照水堂记》）

(74) 闻前向途稍绝，乃还。（元·吴师道《金华北山游记》）

(75) 渐觉所历事，纵眼快前向。（清查慎行《望岱》）（－空间。前方，前面）

(76) 你前向提了大爷的头出来．我倒正在这门口看见。（清·西周生《醒世姻缘传》二一回）

(77) 前向同张大嫂来庵里与菩萨烧香，好个活动的人。（清·西周

---

① 何亮：《中古汉语时点时段表达研究》，巴蜀书社2007年版，第246—247页。
② 白维国、江蓝生、汪维辉：《近代汉语词典》，中华书局2015年版，第1664页。

生《醒世姻缘传》六四回）（-时间。以前，前次）①

【随事】

（78）谈笑逐身来，管弦随事有。（唐·白居易《游坊口县泉偶题石上》）

（79）田园虽不广，幽兴随事有（宋·晁补之《和十二兄》之五）

（80）身闲随事取称意，林叟重招石碾东。（清·施闰章《望北郭一带桃花率尔步屧》）（-空间。随处，处处）

（81）饥寒困弊，不能自存者，所在官司，随事赈给。（唐·李渊《赦逃亡募人诏》）

（82）稍未允可，则应声而愠，不逊之语随事辄发。（《旧五代史·周书·王峻》）

（83）天子喜怒不常，随事可以问罪。（清《飞龙全传》五二回）（-时间。随时）②

"随事"是介宾结构。空间表示处处，时间表示时时。

【以来】

"以来"很早就用来表示从过去某时直到说话时，这一用法沿用至今。近代汉语中又可指某一段时期（时间范围）。如：

（84）四者虽异，先王因俗设法，使出于一……魏晋以来出于九品中正，隋唐至今出于科举。（宋·苏轼《东坡志林·游士失职之祸》）（-时间，一段时间）

例（84）中"魏晋以来"实指魏晋那一段时间。

近代汉语"以来"用在处所词后表示范围，相当于"附近，一带"。

（85）青州以来诸处，近三四年有蝗虫灾，吃却谷稻。（唐［日］圆仁《入唐求法巡礼行记》卷二）

（86）今已进发往郴州桂阳监以来驻泊。（宋·李纲《乞令韩世忠相度入广西招捕曹成奏状》）

---

① 白维国、江蓝生、汪维辉：《近代汉语词典》，中华书局2015年版，第1667页。
② 白维国、江蓝生、汪维辉：《近代汉语词典》，中华书局2015年版，第2036页。

（87）又令宋公达引马兵二万，离中寨正西北里以来雁门曲河岸，暗军二万。（元·佚名《前汉书平话》卷上）（－空间，附近，一带）①

【所】

"所"表示处所、地方，早在《诗经》就有用例。近代汉语书面语沿用。例如：

（88）早日羁游所，春风送客归。（唐·韩愈《送李六协律归荆南》）

（89）〔尤二姐〕倒也安心乐业的，自为得所。（《红楼梦》第六八回）

近代汉语"所"有相当于"……时"的用法。例如：

（90）隶捉石以投，骤如急雨，中杨腕，不能握刃。方危急所，遥见一人，腰矢野射。审视之，王生也。（清·蒲松龄《聊斋志异·连琐》）

上述空-时间兼义词的方所义与时间义有直接的对应关系

二 空-时间兼义词的形成机制

我们将从两个维度来讨论空-时兼义词的形成机制。

1. 空-时兼义词在认知层面是空间域到时间域的概念隐喻的反映

考察上述空-时兼义词，可以发现这些词语的内部构成有以下特点：

一是构成成分中或者有位移动词，如"在""当""就""去""回""来"等。二是往往有方所成分，如"迨""地""近""处""所""中""间""里""前""边""面""前后""以来"等。

何亮（2019b）全面考察了汉语空间位移的空-时隐喻表达的发展，重点考察了汉语全部位移动词，根据运动事件中与位移有关的方位、路径、主体、背景，以及国内对位移动词分类的相关研究成果，把发生过空-时间隐喻的九十多个位移动词分为定位、达至、经由、来往、进退、出入、升降、迎送、方式九类。例如定位类位移动词"在""当"等；到达类位移动词"抵""薄""逼""侵""向""擦""傍""迟"

---

① 白维国、江蓝生、汪维辉：《近代汉语词典》，中华书局2015年版，第2476页。

"际""挨""捱"等；来往类位移动词"来""还""回""去"等；经由、经过类位移动词"阅""凌"等。这些位移动词都经历了由表示空间概念到表示时间概念的发展。①

据何亮（2019b）研究，汉语位移动词涉及的空－时隐喻主要有以下几种类型：

（1）时间是静止的处所，不直接涉及观察者。这主要体现在"定位"类和"达至"类位移动词两类。

（2）时间是运动的主体，观察者为参照点且处于静止状态。"来去""迎送""方式"类多采用这种方式。少数"经历""出入"类也采用这种时间认知方式。

（3）时间是静止的有跨度的区域，观察者穿越该区域。"经由""升降"类全部采用这种时间认知方式；"来去"类在"（自）x 以来/来（以去/以往）"格式中采用这种方式；"方式"类多数可以用于这种时间认知方式。

（4）时间是运动的主体，观察者仅为旁观者。"定位"类位移动词中的"停止"小类、"来去"类中表示时间序列采用这种时间认知方式。

（5）时间是静止的容器，其他主体进出该容器。"出入"类位移动词主要采取这种时间认知方式。②

上述空－时兼义词"在""当"属于定位类位移动词，"在迩""当头"的时间意义就是由空间隐喻而来，例如把隐喻后的"迩"看作静止的处所；"就"属于到达类位移动词，"就此""就地""就近""就中"的"此、地、近、中"均由静止的处所隐喻为时间；"回""来""去"属于来往类位移动词，"回来""以来""去处"等把时间隐喻为运动的主体，观察者为参照点且处于静止状态，因而可以包含一定的数量或者

---

① 何亮：《汉语时空隐喻表达式的历时研究》，中国社会科学出版社 2019 年版，第 135—218 页。

② 何亮：《汉语时空隐喻表达式的历时研究》，中国社会科学出版社 2019 年版，第 222—223 页。

一个区域;"随"属于经由类位移词语,时间看作静止的有跨度的区域,观察者穿越该区域,"随事"由"处处"隐喻为"时时"。

汉语的空间方所词语往往也经隐喻而用于时间表达。何亮(2019)考察过方所表达式由空间域进入时间域的历时发展。"间、里、边、面、头、前、后"都由空间概念到时间概念的发展。因此"去处""近间""近里""前半""前边""前面""前头""前向""以来""前后"等也都体现了空间域到时间域的概念隐喻。

何亮(2019a)曾讨论过指示代词"兹""此""此间""是""是中""这""这儿""这下""这些""这其间""这程子""这疙疸""今""彼""其间""何许""何处"的时空同指现象,认为这些指代词语都发生了空间>时间的语义演变。指出这种语义演变由隐喻机制引起。① 隐喻的基本条件是语义冲突。语义冲突也可称为语义偏离(deviation),指的是在语言意义组合中违反语义选择和常理的现象。② 因为空间和时间在许多方面都存在相似性,例如都有存在性,可以定位,当人们指代空间某事某物时,在心理上认为二者是相近的,因而使得二者发生互动产生空-时隐喻。③ 这一分析同样可以用在空间-时间兼义词上面。

2. 时空隐喻意象图式表征为空-时兼义词的词语槽

何亮(2019b)考察了与空间位移有关的主谓式、偏正式、动宾式、缩略式、并列式表时短语的词汇化。其中位移动词参与构成的动宾式短语的词汇化非常普遍,例如汉语史上曾出现过的动宾式时间词语("位移动词+时间成分")很多,例如:抵暮、抵夜、抵晓、薄暮、薄晚、薄夜、薄暝、逼暮、逼夜、逼岁、逼曙、侵早、侵晓、侵夜、侵晚、侵黑、傍晚、傍黑、傍明、傍晌、向夕、向晚、向晨、向晓、迟明、迟旦、迟暮、迟日、际晚、际昏、际晓等,挨夜、挨晚、挨黑、擦黑、捱夜、阅

---

① 何亮:《汉语空间指代词的空-时同指现象》,《汉语史研究集刊》2019年第1期。
② 束定芳《认知语义学》,上海外语教育出版社2008年版,第158页。
③ 何亮:《汉语空间指代词的空-时同指现象》,《汉语史研究集刊》2019年第1期。

时、阅日、阅月、阅年、凌旦、凌晨、凌晓等。①

李宇明指出:"大多数新产生的词语,都有一个现成的框架背景,这一框架就像是造词模子(简称'词语模')一样,能批量生产新词语,并使其所生产的新词语形成词语簇。"②

本文所考察的空-时兼义词"当头、在迩、就中、就近、就地、就此"及上述这些时间词语的共同特点是他们由"位移动词+方所成分/时间成分"构成。结合已有的研究,说明在汉语史上"位移动词+方所/时间"是一种能产性极高的结构形式。动宾结构本来就是汉语中的强势结构,同样是动宾结构的"位移动词+方所/时间"成为一个词语模也就是一个顺理成章的事。

江蓝生曾提出"类化构词"的概念:"汉语在构词法上有一种类化构词的现象。所谓类化构词,是指甲、乙两个语素以某一结构方式组合为合成词,那么跟甲或乙词性、意义相同的语素,可以替换甲或乙进入这一结构,构成两个或两个以上跟原合成词同义的词。"③ 王云路(2021)提出"同步构词":"所谓'同步构词',就是指一组词在构词形态和表义上完全一致。即两个或多个同义词用同样的构词方式,创造了一系列同义词。"④

李宇明、江蓝生、王云路三位先生的观点能说明空-时兼义词的产生机制。但是更深层次来说,词语模也好,类化构词也好,同步构词也好,空-时兼义词都是时空隐喻意象图式表征的外在形式。

何亮讨论过汉语空-时概念隐喻系统的意象图式表征系统,指出汉语时空隐喻系统由十一种意象图式表征。汉语时空隐喻的意象图式表征系统构成相对稳定的语义框架,从而形成一个稳定但不断发展演化的表

---

① 何亮:《汉语时空隐喻表达式的历时研究》,中国社会科学出版社 2019 年版,第 135—218 页。
② 李宇明:《词语模》,《语法研究录》,商务印书馆 2002 年版,第 1 页。
③ 江蓝生:《语词探源的路径——以"埋单"为例》,《中国语文》2010 年第 4 期。
④ 王云路:《从"凌晨"谈汉语时间词的同步构词》,《浙江大学学报》(人文社会科学版)2021 年第 5 期。

达体系。这十一种意象图式分别是整体－部分图式、容器图式、中心－边缘图式、远－近图式、前－后图式、上下图式、路径图式、线性序列图式、叠加图式、事件行为图式、位置图式。

"整体－部分"图式从空间通过隐喻扩展到时间，我们可以对时间进行切分。如上文的"前半"。"路径图式"要素包含起点、终点、路径、位移、方向。上文提到的位移动词在此图式中都有体现。例如汉语史上出现的终点标志词"犁、迟、比、暨、至、迄、于、及、比、方、当、逮、暨、会"等，位移动词"经、过、逾、移、历、入、侵、越、投、向、望、薄、靠近"等表示位移的词语等。[①]

三　结语

本文对近代汉语空－时兼义词的使用情况进行了考察，并从空－时隐喻认知的维度和时空隐喻意象图式表征的角度对空－时兼义词的形成机制进行了探讨。"词语模""类化构词""同步构词"背后的认知心理基础是空间域的意象图式。时空隐喻意象图式表征为不同结构的具体语言形式。例如路径图式中位移动词参与表达，形成动宾式词语；容器图式、中心－边缘图式、前后图式、上下图式使得方位词参与时间表达，形成空－时兼义词的偏正结构（如近里、近间）、并列结构（如回来、迟速）。

---

① 何亮：《汉语时空隐喻的意象图式表征系统及其表达体系》，《北方论丛》2015 年第 2 期。

论汉语的词义泛化与文化动力
——以"X奴"古今演变为例

王玲娟　吴清清[*]

内容提要：词义泛化是语言发展的一种普遍规律，往往在一个较长的历史过程中通过扩大、缩小、转移等方式循环推进而成，与此同时，文化背景下的隐喻思维也促进了词义的丰富与发展。本文以汉语"X奴"为例，结合BCC语料库，对"奴"的语义发展作了历时考察，并分别对古代汉语中的31个、现代汉语中的16个"X奴"词语进行了共时分析，挖掘词义演变泛化的规律，以及处于伴随状态的"奴"语素所蕴含的情感变化，探索汉语词义泛化过程中隐喻、拟人等修辞思维以及文化因素的助推作用。

关键词：词义泛化；修辞思维；文化动力；"X奴"

汉语中，一个词往往有多个意义。当一个词有几个意义时，按照其常用程度，可以分为中心词义和一般词义。词义的演变，实际上主要是围绕中心词义所发生的变化，或者是由于中心词义的变化而导致的整个词义发生的变化[①]。蒋绍愚先生总结了7种词义发展的途径，第一种为词

---

[*]［作者简介］王玲娟（1970—），女，博士，重庆师范大学文学院教授、硕士生导师，主要研究汉语词汇与汉语文化等；吴清清（1997—），女，重庆师范大学硕士研究生，主要从事汉语言文字学研究。

[①] 参见赵克勤《古代汉语词汇学》，商务印书馆2017年版。

义的引申。引申是基于联想作用而产生的一种词义发展,两个意义之间必然有某种联系,或者说意义有相关的部分,就词义产生的结果而言,有扩大、缩小、转移三种情况①。词义扩大是词义泛化的结果,所谓词义泛化,指的是词语在保持越来越少原有词义特征的趋势下,不断地产生新的组合及使用方式,将越来越多的对象纳入到自己的指称范围中来②。

另外,语言的产生与发展,除了自身演变的规律以外,也往往受到文化的制约与影响。语言不能与文化剥离,文化包含的一些观念与习惯,往往是我们更完整地理解语言的前提。罗常培先生认为:"从许多语言的习用词或俚语里,我们往往可以窥探造词的心理过程和那个民族的文化程度。"③ 因此,语言承载的其实是文化,而语言与文化的相互作用,在历史的长河中留下了深深的印迹。这对于理解语言发展变化的外部动因,有着极为重要的意义。

本文所选取的"X 奴"系列词语,具有一定的典型性和代表性。一方面,"奴"在发展的历史中,词义较全面地经历了缩小、转移与扩大三个过程;在"X 奴"词语中,语素"奴"逐渐泛化,从而使"X 奴"的义域实现了扩大化;另一方面,"X 奴"所指从人到物再到人,体现了明显的文化隐喻推动作用。因此,对此系列词语进行历时和共时两方面的研究,对于进一步深入理解汉语词义泛化的过程机制,以及语言与文化的相互作用,具有一定的研究价值。

本文所用语料,均来自北京语言大学语料库中心 BCC 语料库。

一 "奴"词义的历时考察

"奴"最早见于西周时期,表示"有罪之人",目前的研究在早期"奴"所表示的性别方面有所分歧。笔者赞同刘晓洲和亓金凤(2015)的观点,认为早期的"奴"是不分性别的,男女罪人均可称之为"奴",因

---

① 参见蒋绍愚《古汉语词汇纲要》,商务印书馆 2019 年版。
② 参见侯昌硕《新时期旧词新义现象研究》,暨南大学出版社 2012 年版。
③ 罗常培:《语言与文化》,北京出版社 2016 版,第 26 页。

《周礼·秋官司寇》中提到："其奴，男子入于罪隶，女子入于舂藁。"①许慎在《说文解字·女部》中提到"古文奴从人"②。

"奴"发展到春秋时期，原有词义所指的范围缩小，具有区别性别的功用，专指男罪犯。上古时期"奴"使用的多为表"奴隶"的本义，但这一时期，"奴"的词义扩大了，不仅指奴隶，还可指奴仆。③如：

（1）宾则入门而呼**奴**，主则望客而唤狗。（《抱朴子·外篇》）

例（1）中，"奴"由专指"有罪之人"发展为"服务、依附于他人之人"，中心词义所指称的范围扩大了，发生了特殊到一般或由局部到整体的变化。④这一变化是后世出现大量"X 奴"词语的前提。"奴"的词义由"奴隶"扩大到"奴仆"，反映了词义的链条式发展。

魏晋南北朝时期，随着反映口语的作品增多，语言逐渐形成或生动直白、或俚俗浅露的语言特色⑤。此时的"奴"在口语中出现了表"对称"的用法，可视为第二人称用法，多用于尊长对卑幼者及夫妻间的爱称，常与"阿"连用⑥。如：

（2）王敬豫有美形，问讯王公。王公抚其肩曰："**阿奴**恨才不称！"又云："敬豫事事似王公。"（《世说新语·容止第十四》）

在例（2）中，"阿奴"为父亲王导对儿子王恬的称呼，与"汝"同义，是当时尊长对卑幼的称呼。据张福英对《世说新语》中"阿"的用法的梳理，我们发现刘孝标对《世说新语》"阿奴"一词的注解存在偏误，刘孝标将"奴"认定为周谟与王濛二人的小字，但在《世说新语》中共出现 7 次"阿奴"⑦，其中 2 次为同僚、朋友之间的称呼，5 次为尊长

---

① 崔高维校点：《周礼·仪礼》，辽宁教育出版社 2000 年版，第 82 页。
② （东汉）许慎：《说文解字》，中华书局 2013 年版，第 260 页。
③ 参见刘晓洲、亓金凤《称谓词"奴"的历时考察》，《现代语文》（语言研究版）2015 年第 8 期。
④ 参见赵克勤《古代汉语词汇学》，商务印书馆 2017 年版。
⑤ 参见方一新《从中古词汇的特点看汉语史的分期》，《汉语史学报》2004 年第 1 期。
⑥ 参见刘晓洲、亓金凤《称谓词"奴"的历时考察》，《现代语文》（语言研究版）2015 年第 8 期。
⑦ 张福英：《〈世说新语〉"阿"用法探析》，《甘肃广播电视大学学报》2020 年第 5 期。

对卑幼者的称呼，说明"阿奴"并非任何人专属的称呼，而是在魏晋南北朝时期出现的类似于第二人称的用法。这一用法应是"奴"作为名称在使用过程中逐渐演变为尊者对奴仆的鄙称发展而来，只是其所蕴含的感情色彩出现了中性化。

"奴"在中古时期新出现的类似于第二人称代词"汝"的用法，与上古时期"奴"所指称的意义范围相比，显然是发生了转移。

唐五代时，"奴"又被引申为自称谦称，男女尊卑皆可用①。此时的"奴"为类似于第一人称的用法。蒋礼鸿先生也认为在《敦煌变文集》中提及的"奴"为第一人称代词，和"我"相同，男女尊卑均可使用②。真大成认为"奴"的自称用法源于北方游牧民族语言系统，作自称的"奴"最初流行于北朝，继而扩散开来，至唐代中晚期成为全民用语，不限性别与身份③。

宋代时，类似于自称的"奴"使用范围缩小，仅由女性自称。如：

（3）异方歌乐，不解**奴**愁；别域之欢，不令人爱。（《敦煌变文集·王昭君变文》）

例（3）中"奴"是女性的自谦之称，相当于"我"。

至此，在指人方面，"奴"除了指称"奴仆"外，还衍生出表对称（鄙称、美称）和自称（谦称）的用法。

发展至现代汉语中，"奴"的自称用法已经消失，对称用法还保存在少数方言中，如潮汕方言中仍存留着尊长对卑幼者的指称用法。现代汉语通用语中"奴"的意义逐渐泛化为"自愿或被迫受到束缚、控制的人"。

由上可知，"奴"作为名词性指称人的本义其实一直存在，即"有罪之人"，只是在发展过程中，其意义涵盖的范围有所变化，由男女罪人皆

---

① 参见李琴《浅议潮汕方言词"奴"》，《文学教育》2021年第1期。
② 参见蒋礼鸿《敦煌变文字义通释》，浙江大学出版社2016年版。
③ 参见真大成《"奴"作自称称谓词小考——兼谈〈撰集百缘经〉的译成时地》，《汉字汉语研究》2020年第4期。

可，缩小为专指男性罪犯，也由专指"有罪之人"扩大到指"服务、依附他人的人"。而对称与自称，笔者以为是基于委婉修辞的表达，现代汉语中，则是典型的泛化。

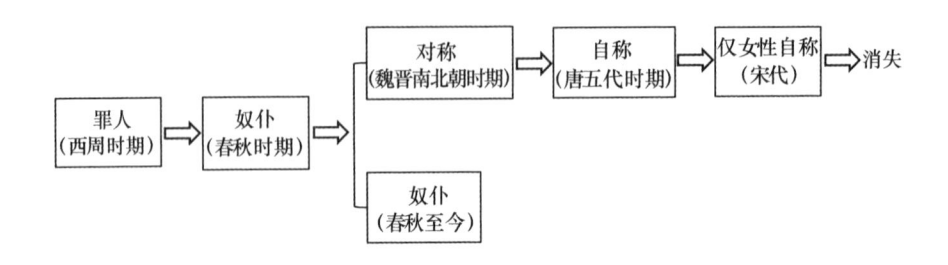

```
罪人         奴仆          对称              自称           仅女性自称      消失
(西周时期) → (春秋时期) → (魏晋南北朝时期) → (唐五代时期) → (宋代)      →
                     ↘
                       奴仆
                       (春秋至今)
```

图1　"奴"词义历时发展示意图

二　"奴"作为语素参与构词的古今概貌

如上所述，"奴"作为词的所指的总体变化，是适用范围即义域的扩大，这是词义泛化的语义和语用基础。

笔者又对"奴"作为语素参与构词的古今情况作了具体分析。通过检索BCC语料库，搜集到古代汉语31个、现代汉语有代表性的16个，以"奴"作为语素而构成的词。

（一）古代汉语"X奴"的构词概貌

排除"奴"单用以及类似于第一人称自称与第二人称（鄙称、美称）的用法，整理出31个由"奴"作为语素参与构成的词语，发现这些词语中的"奴"并非其本义所指的"有罪之人"。详情参见下表：

表1　　　　　　古代汉语"X奴"词语分类

所指为人	个人	猴奴（丰臣秀吉）；鹿奴（鹿生）；髯奴（南朝孝武帝）；
	群体	倭奴（对日本人的古称）；昆奴（唐代指来自东南亚地区的深色人种）；念奴（歌女）；玉奴（美女）；矮奴（侏儒之奴）；鬼奴（清末对谄媚外国人的蔑称）；石奴（迷信服石药可成仙之人）；官奴（官妓）

续表

所指为物	动物类	狸奴、花奴（猫）；飞奴（信鸽）；黄奴（黄犬）；蟹奴（寄生于螃蟹的藤壶生物）；雁奴（雁之最小者）
	植物类	桃奴（干桃子）；木奴（柑橘，后泛指果树）；酪奴（茗茶）；荔枝奴（龙眼）；大麦奴（寄生于大麦的孢子堆）
	器物类	引光奴（类似火柴）；治书奴（裁纸刀）；金奴（烛台）；烛奴（烛台）；竹奴、青奴（取凉用具）；锡奴（取暖用具）

从表1可知，31个古汉语"X奴"的词大致分为两类：所指为人与所指为物。例如：

（4）鹿生，夏文庄家奴，人恶其贪忍，故斥其为"**鹿奴**"。（沈括《梦溪笔谈》）

（5）食果，则女子切片置盘内，**鬼奴**递送客前，取客前之盘返于主人，别置他果，往复传送。（姚元之《竹叶亭杂记》）

例（4）的"鹿奴"指的是"鹿生"这一个体，因其姓氏、身份及品行被称为"鹿奴"；例（5）的"鬼奴"代表的则是清末时期谄媚洋人的这一团体。此类所指为人。

（6）张九龄以鸽传书，目为**飞奴**。（李时珍《本草纲目》）

（7）"为卿设郱莒之食，亦有**酪奴**。"因此复号茗饮为酪奴。（杨衒之《洛阳伽蓝记》）

（8）夜中有急，苦于作灯之缓，批杉条，染硫黄，置之待用，一与火遇，得焰穗然，呼**引光奴**。（陶谷《清异录》）

例（6）"飞奴"指的是"鸽子"；例（7）"酪奴"指的是"茗茶"；例（8）反映了"引光奴"指的是"照明用具"。此类所指为物。

上述例子表明，"X奴"中的"奴"的语义总体范围扩大，由原来专指"人"扩展为动物、植物、器物等。单从指人到指物，则属于语义范围的转移。

在对古汉语中"X奴"系列词语进行分析时，发现有一条内在的衍生规律，即在由"有罪之人"引申为"服务于他人之人"后，"奴"代表的始终是地位低人一等、须依附于他人之人；而那些所指的动物、植物、器物，也均被拟人化为"奴"，即提供服务之物，从等级地位来说，与提供服务之人类同。

如此来看，31个词语中"奴"的语素义是由单音词"奴"的语义泛化而来，其构词能力十分强大，故而可能有演变成准词缀的倾向①。吕叔湘先生认为："汉语里地道的词缀不多，有不少语素差不多可以算是前缀或后缀，然而还是差点儿，只可以称为类前缀和类后缀。"② 笔者以为，"X奴"词中"奴"的语义虚化程度不够，在组成一系列新词的时候仍然保留了其本义或引申义，可看成介于词根与词缀之间的"类词缀"。

综合上述例子可知，古代汉语中一部分词中"奴"所隐含的"人"，逐渐由中心义素转变为非中心义素，以至于有时脱落，从而使"为他人服务，依附于他人"成为中心义素而占据了构词的重要地位，因而可以转为指物。

除了"奴"语素理性意义的转变，其附加意义，主要表现为感情色彩也发生了一些变化。

在"所指为人"中，包含了两种情感，一种以"奴"为鄙称，表达了对所指人物鄙夷的心理，如"鹿奴"一词来于沈括《梦溪笔谈》的《鹿奴诗》，当地人因鹿生贪利恶毒，故称其为"鹿奴"，以表达对鹿生的憎恶与贬斥。另一种则采用了"奴"美称的用法，表达对所指称赞、喜爱的心理，如"玉奴"指"美女"。

"所指为物"则是使用者将主奴意识投射至外物的结果。因物与"奴"具有相似的"为人服务"的属性，而将其称为"奴"，在上述器物类"X奴"词语中得到了很好的体现，如类似火柴为人照亮的"引光奴"，用来裁纸的"治书奴"等，在使用中没有褒贬色彩，可视为中性词语。

---

① 参见雷冬平、胡丽珍《汉语词汇化的多维探析》，学林出版社2016年版，第197页。
② 吕叔湘：《汉语语法分析问题》，商务印书馆1979年版，第139页。

(二) 现代汉语"X 奴"的构词概貌

现代汉语中构词语素"奴"有很强的活跃性。通过语料库检索,发现"X 奴"词语所指均为人,并有进一步泛化蔓延的趋势,网络是其主要的传播推广渠道。

网络流行语"X 奴"的使用最早可追溯到 2005 年台湾出现的"卡奴",其形象生动的表达性使得一大批"X 奴"词语通过网络而广泛流传。

本文选取 16 个目前仍在大量使用的具有代表性的"X 奴"词,根据所搭配的"X"的属性,将其分为物质资料类、爱好欲望类、服务对象类。

表2   现代汉语"X 奴"词语分类

视人为奴	"X"为物质资料	房奴;车奴;油奴;券奴;股奴
	"X"为爱好欲望	卡奴;赌奴;衣奴;网奴;权奴;猫奴
	"X"为服务对象	上班奴;群奴;老婆奴;女儿奴;孩奴

从表 2 和表 1 的对比可以发现,"奴"的意义进一步泛化,社会阶级和等级意识相关的语义脱落,存留的是"被束缚、被控制"的核心语义。

第一类"X"为物质资料,是主体为满足一定的生活需求而受到影响或束缚,这类"X"可归为"生活困扰源"的语义范畴。如:

(9) 少数年轻人为购买一套房不惜倾其所有、掏空"6 个钱包",还要背负巨额房贷,有当"**房奴**"的危险,这对年轻人的身心健康也构成很大威胁。(《中国青年报》2021 - 09 - 25)

第二类"X"为爱好欲望,是主体对某物有强烈的依赖或渴望,为满足这种需求而受其控制。如:

(10) 青少年假期用网安全值得关注,合理规划不做"**网奴**"。(《法

制日报》2019-08-04)

第三类"X"为服务对象,包含工作、朋友、家庭成员等。如:

(11) 谁还不知道周董是**女儿奴**,四手联弹太温馨,还给女儿写歌。(新浪微博 2022-03-26)

纵观"X奴"由古至今的组合情况,"奴"的语义愈发虚化,不断产生新的用法。由社会阶级中受控制、为他人服务的"奴"扩展到一切自愿或被迫受到束缚、控制的人,阶级性等义素逐渐脱落。

表3　　　　　　　　　　"奴"古今义素变化示例

		阶级性	被控制、束缚	为他人服务	人
古代汉语	奴	+	+	+	+
	玉奴	+	+	−	+
	引光奴	+	+	+	−
现代汉语	房奴	−	+	−	+
	孩奴	−	+	−	+

结合表3来看,对比古代汉语,现代汉语中"X奴"的"奴"已脱离阶级性,仅有"被控制、束缚"的义素从古至今都存留,限制"奴"的一些义素逐步脱落,语义由实逐渐变虚,在指人的范围上逐渐扩大,更多的对象可进入其指称范围,成为那个"X"。

(三)"X奴"词语感情色彩的历时演变

词的感情色彩属于词的附加义,也是词义的有机组成部分,它表现为词义中所蕴含的某些独特的情调、倾向、韵味、气息等,相对空灵而又独具特色,与词汇意义、语法意义一起,共同形成词义的整体内容[1]。词的感情色彩反映了同一社群共同的情感评判标准,具有一定的稳固性。但是,一个词的感情色彩并非一成不变,时代发展及认知不同可能造成

---

[1] 参见杨振兰《动态词彩研究》,山东人民出版社2003年版。

人们的情感评判标准发生变化,从而影响词义的感情色彩。

通过上文对"奴"词义及语素义的分析发现,在西周至魏晋南北朝时期,"奴"主要处于"社会阶级"语义场中,核心义素为[＋被控制、束缚][＋为他人服务],其感情色彩附加义为贬义,如在表1中所提及的"倭奴""昆奴""鬼奴"等,均是古代先民对外国人、外族人的鄙称。魏晋南北朝开始,"奴"发展出类似于第一人称和第二人称的用法,用于自称或尊长对卑幼或夫妻间的爱称,这一用法表示"奴"的感情色彩发生了变化,由贬义转为了中性和褒义,脱离"社会阶级"语义场,进入了"称谓"语义场。

现代汉语中,随着"奴"语义的泛化,所表达的感情色彩也再次发生变化,饱含了现代人自嘲、无奈等复杂心理,形成了自成一体的"被控"语义场。

三 "X 奴"词义泛化中的修辞思维及文化助推作用

从许多语言的习用语或俚语里,我们往往可以窥探造词的心理过程和那个民族文化程度①。

"奴"从专指奴隶、奴仆扩展到其他概念域,其背后蕴含着中华民族一贯的造词心理与文化隐喻,较为典型地体现了修辞思维对汉语词义泛化的文化推动作用。

(一) 隐喻思维的助推作用

认知语言学认为,词义发展和变化的内因源于语言使用者的认知思维,变化的主要机制是隐喻和转喻、主观化以及图形－背景的转换②。

隐喻存在于我们生活的各个方面,融汇于我们的语言及思维之中,是一种深层的认知机制,是跨概念域的系统映射。隐喻的本质是通过另

---

① 参见罗常培《语言与文化》,北京出版社 2016 年版。
② 参见孔蕾、秦洪武《语义演变的制约机制》,《解放军外国语学院学报》2017 年第 40 期。

一种事物来理解和体验当前的事物①。两种不同类型的事物，通过找到其相似性，建立起联系，人们就可以通过其中与自己较为熟知的事物而快捷地认识另一个较陌生的事物。

空间隐喻作为隐喻的一种，多与空间方位有关，不通过另一种概念来构建，而是组织一个互相关联的概念的完整系统②。以空间概念来理解非空间概念及事物间的关系，空间方位隐喻所代表的意义以该语言使用者的自然及文化背景为基础。

汉语中的"上"概念和"下"概念在最初形成阶段都是纯空间概念，经过几千年的使用和发展，都从原有的空间意义中拓展出丰富的隐喻义③。其中"下"概念拓展出的隐喻义便有"社会地位较低为下"。中国历经了几千年等级森严的封建社会，在社会生活中，"奴"最初所表示的意义"罪人"，是一个被控制住、失去权力与自由之人，地位等级低，是典型的方位"下"概念拓展出的隐喻下位概念。在封建大家庭内部，也有严格的等级区分，"奴"从"罪犯"发展为家庭中尊长对卑幼的爱称，两个义项的共同点其实都是等级地位较低。

"奴"所表示的"下"概念在表1"所指为人"与"所指为物"中均得到了很好的体现，如因个头矮而受到歧视的"矮奴"；需要寄生于大麦的孢子堆被称为"大麦奴"；成熟时间晚于荔枝的龙眼被称为"荔枝奴"等。

现代汉语中大量的"X奴"词也体现了隐喻思维的特点，如"房奴"，即"努力挣房子的人"或"为还房贷而拼命努力的人"，这样的人承受着沉重的经济压力，生活开销方面往往束手束脚，将这类人与受到控制的"奴隶""奴仆"联系在一起，委婉地反映了其生活的窘迫，也是

---

① 参见［美］乔治·莱考夫、马克·约翰逊《我们赖以生存的隐喻》，何文忠译，浙江大学出版社2015年版，第3页。

② 参见［美］乔治·莱考夫、马克·约翰逊《我们赖以生存的隐喻》，何文忠译，浙江大学出版社2015年版，第14页。

③ 参见蓝纯《从认知角度看汉语的空间隐喻》，载束定芳主编《隐喻与转喻研究》，上海外语教育出版社2011年版。

社会经济地位低下的一种隐喻。

(二) 拟人思维的助推作用

任学良率先提出"修辞学造词法",并将其定义为:"运用修辞手法来创造新词的,就叫修辞学造词法。"① 修辞对词汇发展的影响主要有二,其一便是修辞手法介入造词过程,组织语素造出新词②。修辞学造词法造出的词多为双音节词,形象、具体,便于人们理解。本文所及的"X奴"所指为物即"视物为奴",就属于修辞造词中的拟人造词,这也是拟人化思维的突出表现。

拟人,即将物当作人,赋予人类的特征,属于"近取诸身"之法,是以人类自身的特点去认识外在世界的一种手段。"视物为奴"器物一类,将为人类服务的物品拟人化为"奴",如,大约北宋时期出现的以杉条染硫黄制成的遇火则染的引火物,因其可满足人们在夜里照明之功用,故被称作"引光奴",而用于裁纸的刀具被称为"治书奴"等。这类事物的特点是,被视为有生命的"奴仆",为人提供服务。

(三) 文化因素的助推作用

在以人为中心的文化视野下,人们自认为能够控制动物、植物以及周围的环境。正是这种中心论心理,使得"上""下"空间概念所衍生出来的社会等级概念,一步步形成一整套社会的秩序与制度。而这种社会等级概念,具有明显的文化属性。人们凌驾于其他动物之上,并对他们进行掌控③。

以宋朝为例,在笔记随笔中出现了大量的"X奴"词,如"引光奴""桃奴""飞奴"等。虽然宋朝积文废武,军事实力较弱,但自认为经济

---

① 任学良:《汉语造词法》,中华书局1981年版,第202页。
② 参见王鑫《现代汉语修辞造词研究》,硕士学位论文,西北师范大学,2008年,第11页。
③ 参见[美]乔治·莱考夫、马克·约翰逊《我们赖以生存的隐喻》,何文忠译,浙江大学出版社2015年版,第16页。

实力强悍,如从《清明上河图》可见一斑,其制瓷业、冶矿业、纺织业等手工业,在当时的世界上也确实算是发达。在国家层面上,还是一以贯之地认为他国实力弱于本国,地位低下;在社会层面上,认为他人低于自己。这样的心理,推动出现了一大批"X奴"词。

表1的第一类,所指为人,或曰"视人为奴",包含将个人或群体视为"奴","X"或为其面部特征(猴奴、魖奴),或为其姓氏(鹿奴),又或为其特性(矮奴)等,这些词大多含有鄙夷之义。其中较为特别的是"玉奴"一词。

"玉奴"一词最早见于南朝,用玉之美好比喻女子容貌与仪态之美,是二者相似性的体现。共有三种释义,一是特指南朝齐东昏侯的宠妃,诗词中多称其为"玉奴",如:"月地云阶漫一樽,玉奴终不负东昏。"(苏轼《次韵杨公济奉议梅花》之四)二是特指唐玄宗的宠妃杨玉环。三是泛指美女。

"X奴"指个人或群体时,多带有贬义,而"玉奴"却含有赞美义,这是由于"玉"所蕴含的文化意义起了主导作用。

如,宗白华认为:"平淡并不是枯淡,中国向来把'玉'作为美的理想。玉的美,即'绚烂之极归于平淡'的美。可以说,一切艺术的美,以至于人格的美,都趋于玉的美:内部有光彩,但是含蓄的光彩,这种光彩是极绚烂,又极平淡。"[①] 玉不仅有祭祀与区别等级的功用,还是一种"美的理想"。玉温润圆熟、色泽透亮、声音舒扬,被人们视作天地之精华,人们赋予其特殊文化内涵的同时,也将中华民族独特的审美融入其中,形成了独特的"以玉比德"的审美观念,以玉之温润比君子之美德,以玉之透亮比君子之纯洁。

当"玉"的所指对象扩大到女性身上时,更多的是看到了我国古代女性与玉的共性:温婉美丽。结合上文对"奴"词义的梳理,可知此时"奴"出现了类似于第二人称的用法,表示长幼、夫妻间的亲昵。"玉奴"

---

① 宗白华:《美学散步》,上海人民出版社1981年版,第31页。

由东昏侯对其宠妃的爱称发展为对美女的泛称，也体现了文化因素在词的发展演变中的重要意义。

另一个有趣的问题，是在现代社会中被称作"猫主子"的"猫"在古代被称为"狸奴"，其中所蕴含的造词心理与文化隐喻值得一探，而古今不同的名称也显示出不同历史时期文化的潜移默化的影响。

《说文解字》对"狸"的解释为"伏兽，似貙。从豸、里声。"[①] 仅"伏兽"二字未能解释清楚"狸"这种动物，需从"貙"入手。《说文解字》对"貙"的解释为"貙獌，似狸者。从豸区声。"[②] "獌"的释义为"狼属"[③]。《尔雅译注》对"貙獌"的解释为"狼类猛兽"[④]。可知，貙獌是狼类的一种猛兽，狼是一种凶残的动物，与其相似的狸也应是如此。为何"猫"被称为"狸奴"呢？

"狸"是中国本土的一种野性极强、难以驯化、喜捕食家禽胜于捕鼠的动物，而憨态可掬、与狸外形相似的"猫"则是外来品种，但何时传入中国尚无定论。人们发现这种外来的猫比较容易被驯化，捕鼠能力也较强，故将这种出现时间较晚的"形似狸"、可为人们服务的猫称为"狸奴"。"狸奴"成为"猫"的别称，不仅包含着其为人们解决鼠患的职能，还隐含人们对这种动物的喜爱之情。在这里，"奴"的等级语义消失了。

从对猫的喜爱，程度最高的当属宋朝，上至达官贵族、下至平民人家均喜欢养猫。

宋代的文人为猫写了许多诗句，其中写得最多的便是陆游，曾写道："裹盐迎得小狸奴，尽护山房万卷书。"（陆游《赠猫》）黄庭坚的《乞猫》也写道："秋来鼠辈欺猫死，窥瓮翻盘搅夜眠。闻道狸奴将数子，买鱼穿柳聘衔蝉。""裹盐迎狸奴"与"穿鱼聘狸奴"皆源于古代的习俗，

[①] （东汉）许慎：《说文解字》，中华书局2013年版，第196页。
[②] （东汉）许慎：《说文解字》，中华书局2013年版，第196页。
[③] （东汉）许慎：《说文解字》，中华书局2013年版，第205页。
[④] 胡奇光、方环海：《尔雅译注》，上海古籍出版社2004年版，第389页。

"迎"与"聘"可看出宋朝人对接猫回家的重视,也体现了"狸奴"的褒义色彩。

由此可见,文化因素的推动作用,不仅体现在"X奴"构词要素上,也突出地表现在词义的泛化与感情色彩上。

结　语

语言是文化的载体与容器,文化是语言的根基与推动力,语言与文化密不可分割。从词汇入手,探索其中的语义演变规律、造词心理与文化动因,有利于更立体、更全面地理解词汇系统及其内在的规律。

以"X奴"为例,在古代汉语中,"奴"作为词和作为构词语素,经历了语义范围的扩大、转移、缩小等较长的历史过程,总的发展趋势是义域的扩大,"X奴"词语包括"所指为人"(个体、群体)和"所指为物"(动物、植物、器物)两个大类,主流感情色彩由贬义逐渐中性化,如对称与自称的出现,甚至还出现了"玉奴""狸奴"等褒义用法。在现代汉语中,"X奴"指物一类消失,主要为指人,阶级性义素逐渐脱落,"X奴"中根据"X"的属性可分为三类,分别是物质资料类、爱好欲望类及服务对象类,所含感情色彩大多无关褒贬,是一种自谦、自嘲的表达,并且随着网络的传播,有进一步泛化的趋势。

通过分析,发现"X奴"语言现象的背后,有着一定的心理与文化的推动作用,主要表现为修辞思维如隐喻、拟人的关联性作用,以及不同时代社会文化因素的深层次影响。

笔者以为,从汉语词汇史的角度来看,词、语素的理性义在某一阶段可能表现为扩大、缩小或转移,但总的大趋势是义域扩大和词义泛化,感情色彩也会随之而逐渐淡化。

中古墓志铭用韵中的方音现象

邱光华*

内容提要：现已出土的中古时期的墓志铭用韵印证了"秦陇则去声为入""年寿之字，北人读作受音""北人以庶为戍""古谓州为朱""谓扛为刚"等方音现象及"元魂痕同用"不唯南方所独有等语音现象。

关键词：中古；墓志铭；方音

中古时期的文献资料，如《颜氏家训》《匡谬正俗》《资暇集》等，散见着当时的一些方俗读音的材料，吉光片羽、弥足珍贵。现代的许多学者曾对这些方俗读音的材料进行整理和解读。例如，罗常培先生解读《切韵序》"鱼、虞共为一韵"、《颜氏家训》"北人以庶为戍"，著《〈切韵〉鱼虞的音值及其所据方音考》[①]，赵振铎先生归纳排比唐人笔记中的近百条方俗读音的材料，著《唐人笔记里面的方俗读音》[②]。还有一些学者根据中古时期不同区域的诗歌的用韵探讨当时当地的方音特色。如居思信先生《元魂痕诸韵的历史考察》[③]、史存直先生《关于"该死十三

---

* [作者简介] 邱光华（1978— ），男，博士，重庆师范大学副教授，主要从事古代汉语的教学与研究。

① 罗常培：《罗常培语言学论文集》，商务印书馆2004年版，第1页。
② 赵振铎：《辞书学论文集》，商务印书馆2006年版，第325页。
③ 居思信：《元魂痕诸韵的历史考察》，《齐鲁学刊》1985年第4期。

元"》① 等。而今我们发现，中古时期的某些墓志铭的用韵可以与当时传世文献所载的某些方俗读音的材料相互发明、与前人研究的相关成果相互参照，进而考察当时的方音特色。

我们所用的墓志铭等材料主要出自《新中国出土墓志》（中国文物研究所，文物出版社1994—2003年版）《隋唐五代墓志汇编》（《隋唐五代墓志汇编》编委会，天津古籍出版社1991—1992年版）《北京图书馆藏中国历代石刻拓本汇编》（北京图书馆金石组，中州古籍出版社1989年版）《隋代墓志铭汇考》（王其祎等，线装书局2007年版）《南北朝墓志汇编》（赵超，天津古籍出版社1992年版）《新出魏晋南北朝墓志疏证》（罗新等，中华书局2005年版）《全上古三代秦汉三国六朝文》（严可均，商务印书馆1999年版）等。限于篇幅，我们不开列具体出处。

现将中古墓志铭用韵中体现的方音现象，分述于下。

一 "秦陇则去声为入"

陆法言《切韵序》："吴楚则时伤轻浅，燕赵则多涉重浊，秦陇则去声为入，梁益则平声似去。"其中"秦陇则去声为入"意思是说秦陇地区的人说去声听起来像正音的入声，也就是说带有塞音韵尾辅音。根据王力先生的看法，上古汉语去声有塞音韵尾辅音②，秦陇地区的这种现象是保存了古读。

我们在中古墓志铭用韵中发现了秦陇及其附近地区的有些墓志铭的用韵的确是"去、入"异调通押，如表1所示：

表1　秦陇及其附近地区墓志铭用韵"去、入"通押韵段韵字地域

墓志铭题名及撰作年份	韵段韵字	地域
侯明墓志铭（586）	阙入月入绝入薛入闑入屑岁去祭	韦曲

---

① 史存直：《汉语音韵学论文集》，华东师范大学出版社1997年版，第211页。
② 王力：《汉语史稿》，中华书局1980年版，第102页。

续表

墓志铭题名及撰作年份	韵段韵字	地域
杨操墓志铭（574）	卫_去祭设_入薛垶_入薛折_入薛	华阴
李叔兰墓志铭（607）	室_入质弼_入质一_入质馈_去至	华阴
杨播墓志铭（516）	雪_入薛穴_入屑世_去祭灭_入薛	华阴
王真保墓志铭（529）	月_入月憩_去祭骨_入没别_入薛	秦州
高阿难墓志铭（558）	迥_入薛咽_入屑閟_入屑世_去祭	肆州
袁亮墓志铭（614）	灭_入薛绝_入薛茷_入月憩_去祭设_入薛别_入薛	洛阳
穆玉容墓志铭（519）	瞹_去代骨_入没发_入月歇_入月忽_入没月_入月	洛阳
元寿安墓志铭（526）	囚_入曷葛_入曷达_入曷蔼_去泰	洛阳
杨舒墓志铭（517）	绝_入薛裔_去祭世_去祭列_入薛洁_入屑厉_去祭	洛阳
元周安墓志铭（528）	烈_入薛哲_入薛洁_入屑际_去祭节_入屑	洛阳
寇凭墓志铭（519）	逝_去祭绝_入薛雪_入薛杰_入薛	洛阳
元斌墓志铭（523）	别_入薛列_入薛岁_去祭绝_入薛	洛阳
于纂墓志铭（527）	绝_入薛烈_入薛辙_入薛裔_去祭	洛阳
元天穆墓志铭（531）	哲_入薛汭_去祭烈_入薛	洛阳
王普贤墓志铭（513）	结_入屑灭_入薛翳_去霁烈_入薛	洛阳
王绍墓志铭（515）	绝_入薛棣_去霁慧_去霁洁_入屑	洛阳
秦洪墓志铭（526）	洁_入屑炭_去霁雪_入薛悦_入薛绝_入薛	洛阳
卢令媛墓志铭（522）	烈_入薛殿_去霁迭_入屑世_去祭	洛阳
元扬妻王氏墓志铭（513）	节_入屑介_去怪桀_入薛折_入薛逝_去祭蕙_去祭桂_去祭	洛阳
元液墓志铭（530）	届_去怪列_入薛血_入屑诀_入屑	洛阳
元悦墓志铭（511）	烈_入薛辙_入薛逝_去祭世_去祭灭_入薛缺_入屑	温县
石信墓志铭（561）	臂_去寘日_入质室_入质	邺城
间叱地连墓志（550）	列_入薛悦_入薛世_去祭折_入薛	邺城
李云墓志铭（576）	哲_入薛世_去祭烈_入薛洁_入屑	卫国
傅华墓志铭（576）	烈_入薛竭_入薛艺_去祭晰_入薛	历城

表中墓志铭所出之地韦曲、华阴、秦州（今天水）都是秦陇关中地区所在。表中所列洛阳，虽在秦陇地区东界函谷关之东，然而距离秦陇中心地区长安并不算远。洛阳和长安本应属同一方言区。对此，学术界早有共识。潘悟云先生在其《汉语历史音韵学》中总结说："在历史上，

长安和洛阳的关系本来就很密切。西周建都丰、镐，周公于洛邑营王城，立东都，有大道与镐京相通。公元前770年，东周平王迁都洛邑。此后二千多年的历史上，西汉、新、东汉（献帝初）、西晋（愍帝）、前赵、前秦、后秦、西魏、北周、隋、唐俱定都于长安，东汉、曹魏也以长安为陪都；而东汉、曹魏、西晋、北魏（孝文帝后）、隋（炀帝）、武周全定都于洛阳，而新莽和唐又以此为陪都。两都漕运、驿道相通，居民往来频繁，两处方言的一致性也就是很自然的事。"① 表中所列温县处在洛阳附近，邺城（卫国，靠近邺城）作为当时的一个军事、政治、文化中心与洛阳也有紧密的联系，表中所列的肆州靠近陇地。《傅华墓志铭》虽葬于历城，然志主傅华为宜阳国太妃，长期生活在邺城，是去世后归葬历城的。《傅华墓志铭》很可能是邺城人士所为。

然而，南方人士所作的墓志铭及其他韵文用韵也存在着"去、入"通押的现象，如表2所示：

表2　　　　南朝墓志铭等韵文用韵"去、入"通押韵段韵字表

作者	韵文题名	韵段韵字
任昉	萧融墓志铭	哲$_{入薛}$税$_{去祭}$际$_{去祭}$艺$_{去祭}$烈$_{入薛}$挚$_{入薛}$逝$_{去祭}$灭$_{入薛}$卫$_{去祭}$说$_{入薛}$憩$_{去祭}$裔$_{去祭}$
任昉	赠徐征君	别$_{入薛}$月$_{入月}$悦$_{入薛}$绝$_{入薛}$缺$_{入屑}$阅$_{入薛}$辍$_{去祭}$节$_{入屑}$
萧绎	漏刻铭	竭$_{入月}$绝$_{入薛}$裂$_{入薛}$辍$_{去祭}$
萧绎	玄览赋	节$_{入屑}$辙$_{入薛}$咽$_{去霁}$切$_{入屑}$别$_{入薛}$
萧绎	飞流私碑	彻$_{入薛}$雪$_{入薛}$遰$_{去祭}$
萧洽	侍祭奠会	絜$_{入月}$缀$_{去祭}$悦$_{入薛}$劣$_{入薛}$
沈约	黑帝	节$_{入屑}$闭$_{去祭}$
江淹	伤友人赋	绝$_{入薛}$结$_{入屑}$逝$_{去祭}$折$_{入薛}$烈$_{入薛}$
江淹	齐萧道成诔	筮$_{去祭}$撤$_{入薛}$结$_{入屑}$绝$_{入薛}$
江淹	孙缅墓志铭	卫$_{去祭}$世$_{去祭}$烈$_{入薛}$节$_{入屑}$艺$_{去祭}$辙$_{入薛}$缺$_{入屑}$哲$_{入薛}$结$_{入屑}$闭$_{去祭}$岁$_{去祭}$

---

① 潘悟云：《汉语历史音韵学》，上海教育出版社2000年版，第6页。

续表

作者	韵文题名	韵段韵字
江淹	萧骠骑祭石头战亡友	节入屑烈入薛折入薛辙入薛锐去祭雪入薛
江淹	谢灵运游山	缺入屑设入薛绝入薛彻入薛晰入薛沴入屑蔽去祭汭去祭逝去祭雪入薛穴入屑灭入薛濊去祭说入薛
荀济	赠阴梁州	契去祭别入薛岁去祭际去祭节入薛雪入薛结入屑切入屑
王筠	昭明太子哀策文	节入屑绝入薛设入薛翳去祭
何逊	日夕望江山赠鱼司马	切入屑绝入薛屑入屑别入薛汭去祭
张缵	丁贵嫔哀策文	缺入屑烈入薛晰入薛蔽去祭
陆琏	皇太子释奠	哲入薛翼入职列入薛裔去祭

任昉（460—508），祖籍山东，但自晋室东渡以后，便定居扬州，为官于南朝。萧绎（505—554），梁元帝，南兰陵人。萧洽（471—525），南兰陵人，自其曾祖起即生活于江南，在南朝为官。沈约（441—513），吴兴武康人，历仕宋、齐、梁三朝。江淹（444—505），祖籍考城，但其自幼随父江康在南朝南沙长大，历仕宋、齐、梁三朝。荀济，颍川人，世居江南，与梁武帝为布衣之交。王筠（481—549），祖籍琅邪临沂，但自其祖辈起即在南朝为官。何逊（约466—519），祖籍东海郯城县，但自其先祖随晋室南渡，便世居江南。张缵（499—549），祖籍范阳方城，后世居江南，年十一为梁武帝驸马。陆琏，吴郡人，仕于齐、梁。这十位作者均为江南人士，其韵文用韵也有"去、入"通押的用例。这可能说明不唯秦陇地区"去声为入"。

二 "年寿之字，北人读作受音"

"寿"字，颜师古《匡谬正俗》卷八："或问曰：'年寿之字，北人读作受音，南人则作授音，何者为是？'答曰：'两音并通。'"意思是说"寿"字北人读作上声，南人读作去声。《广韵》对此二音均有记载：读殖酉切，禅母有韵上声；读承呪切，禅母宥韵去声。

《匡谬正俗》所说的北人读"寿"作上声，这在中古时期北方墓志铭用韵中有着充分的体现。如：

出土于河北磁县的北齐天保五年（554）《高显国妃敬氏墓志铭》铭文："朝露易晞，夜舟难久。谁知孔圣，徒言仁寿。嗟我母仪，如驹渡膈。忽辞城阙，翻归林阜。"这里"寿"字当读作上声，与上下韵字"久、膈、阜"同押上声有韵。

出土于河北平山的北齐天统二年（566）《崔昂墓志铭》铭文："海则时干，山亦云朽。悠悠横目，孰堪长久。嗟此英人，曾无上寿。遂持檀栝，落同蒲柳。"这里"寿"字也当读作上声，与上下韵字"朽、久、柳"同押上声有韵。

出土于河南洛阳的隋开皇十二年（592）《杨济墓志铭》铭文："亲行六度，愿化三有。形变四归，神生量寿。玉坟易坏，金石难朽。壹赴泉门，千龄永久。"这里"寿"字也当读作上声，与上下韵字"有、朽、久"同押上声有韵。

出土于山西襄垣的隋大业三年（607）《浩喆墓志铭》铭文："方享期颐，忽嗟负手。福善无应，为仁奚寿。风动灵衣，尘生奠酒。飘飘丹旐，伍昂画柳。日惨松门，云昏陇首。千秋万岁，德音无朽。"这里"寿"字也当读作上声，与上下韵字"手、酒、柳、首、朽"同押上声有韵。

出土于河南洛阳的隋大业十一年（615）《王弘墓志铭》铭文："闻之天鉴，曰仁者寿。如何不吊，殪先蒲柳。日暗泉门，云昏陇首。唯余令范，空传不朽。"这里"寿"字也当读作上声，与其他韵字"柳、首、朽"同押上声有韵。

出土于山东济南的唐贞观二年（628）《秦爱墓志铭》铭文："方享荣养，允膺眉寿。千月不留，百龄谁留。忽矣浮促，遂骞长久。负雪遽雕，凌云先朽。"这里"寿"字也当读作上声，与其他韵字"后、久、朽"同押上声有韵。

出土于陕西西安的唐贞观五年（631）《宫人何氏墓志铭》："居诸不停，泡□非久。风烛奄至，孰安眉寿。"这里"寿"字也当读作上声，与其他韵字"久"同押上声有韵。

同时，我们尚未发现现已出土的中古北方墓志铭用韵中，"寿"字用作韵脚押去声宥韵的例子。

《广韵》所记的"寿"字二音意义相同，均为"寿考"义。大概南方"浊上变去"比北方发展的要早些，作为全浊声母禅的"寿"字自早就读作了去声，而北方此时还没有发生这一变化。

三 "北人以庶为戍"

颜之推《颜氏家训·音辞篇》："北人以庶鱼为戍虞，以如鱼为儒虞"，"北人之音，多以举鱼、莒鱼为矩虞。"意思是说，中古时期鱼、虞二韵在北方没有区别（而在南方有区别）。据罗常培先生《〈切韵〉鱼虞的音值及其所据方言考》考证，"《切韵》鱼、虞两韵在六朝时候沿着太湖周围的吴音有分别，在大多数的北音都没有分别"[①]。后来，潘悟云先生《中古汉语方言中的鱼和虞》一文重新检讨了这一问题。发现"中古汉语鱼、虞不分的方言区域主要在河南及其周围"，"长江以南和西北地区的中古方言是能够区分鱼、虞的，幽燕一带的方言也可能属于这一类型"[②]。

在我们的材料里，计有鱼类（即鱼韵）和虞类（即虞、模二韵）同用的韵段计有36个。这36个韵段及所属墓志铭出土地域，如表3所示：

表3　　　　　中古时期墓志铭用韵鱼、虞同用韵段韵字地域

墓志铭题名	韵段韵字	地域
郭休墓志铭	儒虞愚虞符虞书鱼	洛阳
王荣墓志铭	夫虞如鱼居鱼符虞	洛阳
符盛墓志铭	符虞扶虞如鱼敷虞	洛阳

---

① 罗常培：《罗常培语言学论文集》，商务印书馆2004年版，第1页。
② 潘悟云：《著名中年语言学家自选集·潘悟云卷》，安徽教育出版社2002年版，第39页。

续表

墓志铭题名	韵段韵字	地域
刘文墓志铭	疎鱼夫虞庐鱼书鱼渠鱼繻虞鱼鱼虚鱼除鱼余鱼储鱼	洛阳
邓晌墓志铭	夫虞符虞渠鱼殊虞	洛阳
高紧墓志铭	绪语侣语辅虞举语	洛阳
潘孝长墓志铭	楚语绪语举语宇虞	洛阳
齐士干墓志铭	与语矩虞楚语举语	洛阳
董君妻任氏墓志铭	都模疎鱼株虞舒鱼	洛阳
张浚墓志铭	都模隅虞蕖鱼儒虞	洛阳
朱宝墓志铭	叙语抚虞皷姥所语	洛阳
王荣墓志铭	绪语辅虞祖姥	洛阳
卫恪墓志	祖姥土姥鲁姥武虞御语主虞辅虞房姥	洛阳
长孙仁墓志铭	暮暮驻遇树遇誉御	洛阳
梁伽耶墓志铭	符虞虞虞居鱼	邺城
元贤墓志铭	俎语府虞辅虞处语	邺城
邢阿光墓志铭	宇虞缕虞杼语庑虞	邺城
萧正表墓志铭	注遇树遇驭御遽御处御曙御	邺城
崔玉墓志铭	度暮步暮誉御布暮住遇路暮	上党
韩祜墓志铭	武虞楚语古姥	长子
韦耶书夫人墓志铭	儒虞珠虞书鱼莒模	万年
杨纪墓志铭	绪语楚语举语主虞	华阴
杨谟墓志铭	武虞御语与语辅虞辅虞	华阴
匹娄欢墓志铭	举语府虞辅虞宇虞	雍州
李寿墓志铭	武虞辅虞与语处语	雍州
韩景墓志铭	祖姥辅虞武虞暑语	始平
宋忻墓志铭	户姥皷姥楚语	长安
皇甫忍墓志铭	注遇去御雾遇树遇	长安
刘侠墓志铭	去御故暮露暮树遇	长安
崔博墓志铭	雾遇曙御	临淄

续表

墓志铭题名	韵段韵字	地域
吕道贵墓志铭	住遇去御雾遇署御	历城
韩智墓志铭	举语羽虞	涿郡良乡
崔宣靖墓志铭	都模余鱼儒虞孚虞逾虞诸鱼书鱼	临山
□忝墓志铭	去语补姥	无棣
路众墓志铭	居鱼虚鱼珠虞愚虞	河北象城
刘猛进墓志铭	徐鱼书鱼除鱼蒭虞墟鱼无虞愚虞居鱼	南海

由上表，我们可以看出，中古汉语鱼、虞不分的方言区域主要集中在分别以洛阳、邺城、长安为中心的三个地区，另外在幽燕一带，即涿郡、临山、无棣，山东一带即临淄、历城等地区也可能是鱼、虞不分的。至于南海《刘猛进墓志铭》鱼、虞同用韵段可能是一例外，刘猛进本是彭城人，客死南海。潘悟云先生所说的"中古汉语鱼、虞不分的方言区域主要在河南及其周围"可能是符合事实的，所云"西北地区的中古方言是能够区分鱼、虞的，幽燕一带的方言也可能属于这一类型"似乎有待商榷。

不过，我们必须注意，利用出土中古墓志铭作为研究当时方音的材料，其说服力并不是很强。这是因为中古墓志铭大多不署名作者，依据出土地域或埋葬地域推测其著者所操的方言所属的区域甚不可靠，两者之间并不存在着必然的联系。中国人自来热恋故土，而古人尤甚。中古墓志铭所载的千里迢迢归葬祖坟的例子不胜枚举。出土墓志铭，充其量只能作为研究当时方音的一个佐证。"鱼、虞同用"问题仍需要进一步探讨。

四 "古谓州为朱"

《封氏闻见记》卷八："密州之东临海有二山，南曰大朱，北曰小朱。相传云仙人朱仲所居也。按：朱仲，汉时人。《列仙传》所载，不言所居。若尔朱仲为居之前，山无名乎？此西北数里有春秋时淳于城，淳于州国也。吴楚之人谓'居'为'于'，古谓'州'为'朱'，然则此当名州山也。"《广韵》"州"，职流切，章母尤韵平声；"朱"，章俱切，章母虞韵平声。尤韵在流摄三等，虞韵在遇摄三等，两者已经混用。《匡谬正俗》卷三也记载了这一情况，其云："丘之于区，今读则异，然寻案古语，其声亦同。今江淮田野之人，犹谓丘为区。"《广韵》"丘"，去鸠切，溪母尤韵平声；"区"，岂俱切，溪母虞韵平声。尤韵、虞韵混用。

在中古墓志铭用韵中存在着遇摄和流摄通押的用例，可能是这种古读或方音的反映。如：

葬于长安的隋开皇十七年（597）八月十六日阙名《孙观墓志铭》铭文："儿长六头，孙成十九。祭祀保安，庙宗长守。高阳礼薶，铭留万古。松得千年，时流岁久。"流摄有韵字"九、守、久"与遇摄姥韵字"古"通用。

葬于邺城的北齐乾明元年（560）四月十六日阙名《高淯墓志铭》：铭文："王子称英，帝弟惟秀。天爵特表，人宝悬授。名非秩优，尊由道茂。渊深鱼薄，林桥鸟赴。"流摄宥韵字"秀、授"、候韵字"茂"与遇摄遇韵字"赴"通用。

五 "谓扛为刚"

《匡谬正俗》卷六："或问曰：'吴楚之俗，谓相对举物为刚，有旧语否？'答曰：'扛，举也。音江，字或作𢬸。《史记》云：项羽力能扛鼎者。张平子《西京赋》：乌获扛鼎。盖是也。彼俗音讹，故谓抗为刚耳。既不知其义，乃有造㭰字者，因为穿凿也。'"《广韵》：扛、𢬸，古双切，见母江韵平声；刚、㭰，古郎切，见母唐韵平声。吴楚之地，江韵与唐韵相混。在中古墓志铭用韵中存在着江摄和宕摄通押的用例，可能是这种方音的反映。如：

庾信所撰《柳遐墓志铭》铭文："来朝平乐，归政咸阳。蕃维即启，军幕仍张。起兹礼数，峻此戎章。长离宛宛，刷羽陵江。"宕摄阳韵字

"阳、张、章"与江摄江韵字"江"通押。

葬于华阴的隋开皇二十年（600）二月十四日阙名《杨钦墓志铭》铭文："国步未康，寇结壃场。慷慨投笔，奋迅戎行。推锋必胜，应变多方。献捷璧水，酬勋庙堂。叔子台命，去病戎章。鸣铙迥载，益赋开邦。"宕摄唐韵字"康、行、堂"、阳韵字"场、方、章"与江摄江韵字"邦"通押。

葬于洛阳的阙名唐贞观七年（633）二月一日阙名《张伯墓志铭》铭文："黄轩受姓，锡土肇邦。猗欤鸿族，显允其光。留侯玄鉴，廷尉端详。世载承祀，终古腾芳。"江摄江韵字"邦"与宕摄唐韵字"光"、阳韵字"详、芳"通押。

六 关于"元魂痕"同用

居思信《元魂痕诸韵的历史考察》（1985）、史存直《关于"该死十三元"》（1997）根据《全汉三国晋南北朝诗》等中的相关材料断定，元韵与魂痕韵相押是当时南方一带诗歌用韵的特色，而在北方元韵则和山摄山、先、仙等韵相押。何九盈《中国古代语言学史》（1995）中也说："《切韵》以元魂痕排在一起，是以南朝时代的实际语音作为根据的，反映了南音的特点。"[①] 当然，在北方的诗歌中也有元魂痕相押的案例，如萧悫、庾信、宗懔、王褒、刘臻、虞世基、王胄等人的诗歌就存在元魂痕同用的现象。对此，史存直先生解释说，这些人或者是自南朝归顺北朝的客民或者本来就是南方人。萧悫、庾信、宗懔、王褒、刘臻、虞世基、王胄等诚然是自南朝归顺北朝的客民或者本来就是南方人。然而自1950年丁福保先生《全汉三国晋南北朝诗》问世以来，又出土了大量中古墓志铭，这些墓志铭材料是史存直等学人没有利用到的，其中一些出于北方的墓志铭的用韵恰恰是元魂痕同用，而且数量众多。如表4所示：

---

① 何九盈：《中国古代语言学史》，广东教育出版社2005年版，第137页。

表4　　中古北方墓志铭等韵文用韵"元与魂、痕"通押韵段韵字

作者	韵文题名	韵段韵字	撰作年份	地域
阙名	元贤墓志铭	屯$_魂$辕$_元$翻$_元$原$_元$昏$_魂$门$_魂$魂$_魂$存$_魂$	551	邺城
阙名	徐彻墓志铭	屯$_魂$奔$_魂$轩$_元$魂$_魂$	559	邺城
阙名	高湛墓志铭	崐$_魂$繁$_元$辕$_元$藩$_元$	560	邺城
阙名	斛律氏墓志铭	门$_魂$袁$_元$阍$_魂$尊$_魂$	564	武城
阙名	狄湛墓志铭	原$_元$门$_魂$存$_魂$魂$_魂$	564	晋阳
阙名	董荣晖墓志铭	源$_元$魂$_魂$翻$_元$谖$_元$	564	咸阳
阙名	房周陀墓志铭	荪$_魂$温$_魂$存$_魂$言$_元$	565	益都
阙名	刘悦墓志铭	崐$_魂$门$_魂$论$_魂$翻$_元$尊$_魂$轩$_元$温$_魂$原$_元$阍$_魂$存$_魂$	570	邺城
阙名	裴子诞墓志铭	魂$_魂$辕$_元$昏$_魂$论$_魂$	571	临汾
阙名	杨操墓志铭	魂$_魂$原$_元$园$_元$门$_魂$樽$_魂$言$_元$	574	华阴
阙名	崔幼妃墓志铭	荪$_魂$魂$_魂$轩$_元$言$_元$	576	赵郡
阙名	宋胡墓志铭	昏$_魂$门$_魂$原$_元$言$_元$	585	长安
河南陆开明	李敬族墓志铭	温$_魂$璠$_元$园$_元$幡$_元$	586	饶阳
阙名	辛怜墓志铭	原$_元$昏$_魂$喧$_元$存$_魂$	591	洛阳
阙名	卢文构墓志铭	门$_魂$崐$_魂$言$_元$荪$_魂$	601	涿郡
阙名	鲁钟馗墓志铭	源$_元$门$_魂$论$_魂$存$_魂$	601	大兴
阙名	杨文愻墓志铭	门$_魂$璠$_元$樊$_元$原$_元$	604	华阴
阙名	杨纪墓志铭	轩$_元$门$_魂$烦$_元$翻$_元$；奔$_魂$言$_元$魂$_魂$罇$_魂$	604	华阴
阙名	李玉婍墓志铭	门$_魂$存$_魂$昏$_魂$言$_元$	604	共城
阙名	张姜墓志铭	藩$_元$门$_魂$	604	洛阳
阙名	杨休墓志铭	门$_魂$烦$_元$论$_魂$	607	华阴
阙名	崔暹墓志铭	源$_元$尊$_魂$门$_魂$荪$_魂$	607	隋兴
阙名	李静训墓志	孙$_魂$温$_魂$言$_元$	608	长安
阙名	张乔墓志铭	源$_元$轩$_元$论$_魂$	610	洛阳
阙名	杨矩墓志铭	门$_魂$存$_魂$琨$_魂$幡$_元$	613	华阴
阙名	徐纯墓志铭	源$_元$荪$_魂$敦$_魂$门$_魂$	613	洛阳

续表

作者	韵文题名	韵段韵字	撰作年份	地域
阙名	邓晒墓志铭	源元门魂尊坤魂	614	洛阳
江陵蔡允恭	王衮墓志铭	蘩元园元门魂鲲魂	615	洛阳
阙名	元智墓志铭	源元奔魂门魂荪魂	615	大兴
阙名	库狄真相墓志铭	源元繁元昆魂轩元温魂敦魂樊元言元翻元魂魂门魂原元	623	洛阳
阙名	潘伽墓志铭	原元辕元门魂	628	洛阳
阙名	李立言墓志铭	奔魂魂论言元	631	长安
阙名	李晃墓志铭	源元昆魂蕃元门魂	634	雍州
临湘欧阳询	温彦博墓志铭	源元门魂园元存魂	636	昭陵
阙名	梁凝达墓志铭	喧元门魂	641	洛阳
阙名	李绍墓志铭	轩元门魂昏言元	642	长安
阙名	刘相墓志铭	元孙魂蕃元昆魂	646	万年
阙名	尹贞墓志铭	藩元园元存魂	646	长安
阙名	李护墓志铭	门魂昆魂存魂荪魂魂言元	646	洛阳
阙名	段师墓志铭	源元昆魂荪魂言元	646	洛阳
阙名	李思摩墓志铭	源元门魂奔魂垣元	647	昭陵
阙名	崔登墓志铭	原元荪魂昆魂门魂	648	洛阳
阙名	祁让墓志铭	门魂言元昏魂存魂	650	洛阳
阙名	李祖牧墓志铭	门魂孙魂温元尊魂言元轩元奔魂昏魂恩痕屯魂原元魂	574	赵郡
阙名	薛怀俊墓志铭	繁元蕃元恩痕翻元	568	邺城
阙名	田弘墓志铭	忽没窟没伐月骨没	575	原州
阙名	宇文瓘墓志铭	忽没卒没没月月	578	万年
阙名	王通墓志铭	忽没没没骨没月月	585	河阴
阙名	申穆墓志铭	月月没没	601	壶关
阙名	杨纪墓志铭	发月忽没月没没	604	华阴
阙名	范高墓志铭	忽没敦月月歇月	610	洛阳

续表

作者	韵文题名	韵段韵字	撰作年份	地域
阙名	王师忠墓志	忽没越月月歇月	641	洛阳
阙名	元虔盖墓铭	发月月忽没没歇月	646	万年
阙名	崔震墓志铭	忽没没没骨没月月	649	博陵
阙名	雷夫人墓志铭	天先村前先原元	640	洛阳
阙名	李德元墓志铭	根痕麟元温魂山山言元原元昏魂魂	556	赵郡
阙名	张礼墓志铭	源元门魂联仙魂	589	洛阳
阙名	杨敏墓志铭	骞仙奔璠元昏魂存魂	628	洛阳
赵郡李珍	元弼墓志铭	门魂昏原元存魂	499	洛阳
阙名	元诠墓志铭	蕃元喧元轩元源元门魂	512	河阴
阙名	王普贤墓志铭	萱元原元存魂门魂	513	洛阳
阙名	元遥墓志铭	源元坤孙魂贲魂门言元蕃元	517	洛阳
阙名	元倪墓志铭	孙魂原元昏魂魂	523	洛阳
阙名	元尚墓志铭	言元翻元门魂昏魂喧元	523	洛阳
阙名	李媛华墓志铭	蕃元温元尊门魂	524	洛阳
阙名	元璨墓志铭	源元轩元孙魂存魂	524	洛阳
阙名	元寿安墓志铭	门魂轩元繁元元	526	洛阳
阙名	元融墓志铭	蕃元孙魂璠元言元	527	洛阳
阙名	元晫墓志铭	源元蕃元轩元尊	528	洛阳
阙名	元子正墓志铭	源元温魂门魂樽魂	528	洛阳
阙名	山徽墓志铭	源元门魂尊孙魂	529	洛阳
阙名	元液墓志铭	源元繁元垣元门魂	530	洛阳
阙名	元徽墓志铭	奔魂喧元原元尊	532	洛阳
阙名	司马升墓志铭	源元轩元孙魂温魂言元	535	温县
阙名	高雅墓志铭	门魂存魂昆魂言元	537	佫县
阙名	李宪墓志铭	原元门魂昆魂存魂	538	赵郡
阙名	闾伯升墓志铭	门魂繁元喧元存魂	540	洛阳
阙名	冯令华墓志铭	轩元存魂门原元屯魂喧魂尊魂论魂	547	邺城

续表

作者	韵文题名	韵段韵字	撰作年份	地域
阙名	元灵曜墓志铭	源元轩元孙魂根痕门魂温魂	523	洛阳
阙名	王锺儿墓志铭	敦魂言元恩痕存魂	524	洛阳
阙名	于景墓志铭	根痕门魂原元言元存魂	526	洛阳
阙名	元周安墓志铭	天先轩元繁元门魂	528	洛阳
阙名	王悦墓志铭	骞元鹓元奔魂翻元	533	洛阳
阙名	韩贿妻高氏墓志铭	发月阙月月忽没	524	定州
阙名	冯会墓志铭	歇月没没越月烈薛	516	岐州

表中所列墓志铭具名者仅仅四通，其中两通是北人所撰，即河南陆开明《李敬族墓志铭》，赵郡李珍《元弼墓志铭》；还有两通是南人所撰，即荆州江陵蔡允恭《王衮墓志铭》、潭州临湘欧阳询《温彦博墓志铭》。大部分墓志铭的作者尚阙，要一一考索清楚尚需时日，不过"元魂痕同用"是中古南方方音的特点这一说法已经很令人怀疑。

"英猷"别义小考*

谭代龙**

内容提要："英猷"在工具书中仅有"良谋"一个义项。古文献中，"英猷"另有一个义项，即"美好的功绩"。该义项的确立，将有助于解读古典文献，有助于考察汉语词汇、词义的演变发展历史。

关键词 英猷；良谋；美好的功绩；

"英猷"一词，常见于中古及近代文献中，《汉语大词典》① 专门收录了该词，云：

> 犹良谋。《晋书·宣帝纪》："（宣皇）雄略内断，英猷外决，殄公孙于百日，擒孟达于盈旬，自以兵动若神，谋无再计。"《旧唐书·音乐志四》："英猷被寰宇，懿躅隆邦政。"明杨慎《送许稚仁得玉字》诗："之子蕴英猷，凤龄在仙录。"

《汉语大词典》给出"英猷"的义项是"良谋"，这是因为"猷"有"谋略"之义，《汉语大词典》"猷"的第一个义项云：

---

* [基金项目] 国家社科基金重大项目"佛典语言的中国化"（20&ZD304）。
** [作者简介] 谭代龙（1972— ）男，四川外国语大学中文学院教授。主要从事佛经文献语言、汉语历史词汇研究。
① 参见汉语大词典编辑委员会《汉语大词典》，汉语大词典出版社 1986—1990 年版。下同。

谋略；计划。《书·盘庚上》："各长于厥居，勉出乃力，听予一人之作猷。"孔颖达疏："听从我迁徙之谋。"唐韩愈《请复国子监生徒状》："今圣道大明，儒风复振，恐须革正，以赞鸿猷。"明何景明《确山县修城记》："上猷于心，下宣诸力。"陈毅《示儿女》诗之二："科学重实践，理论启新猷。"

因此，《汉语大词典》释"英猷"为"良谋"也是顺理成章的。但是，详审《汉语大词典》所举三条书证，《晋书·宣帝纪》和杨慎《送许稚仁得玉字》诗两例，均无问题。第二条书证"英猷被寰宇，懿躅隆邦政"中的"英猷"释为"良谋"，则让人感到文义不顺。"良谋"如何可以"被寰宇"呢？"英猷被寰宇，懿躅隆邦政"为对仗句式，"懿躅"为何义呢？正好，《汉语大词典》收录有"懿躅"一词，云：

美好的业迹。唐黄滔《莆山灵岩寺碑铭》："大中中，颍川陈蔚、江夏黄楷、长沙欧阳碣兼愚慕三贤之懿躅，葺斋于东峰十年。"《旧唐书·杜佑传》："宣力济时，为臣之懿躅；辞荣告老，行己之高风。"

既然"懿躅"义为"美好的业迹"，那么，根据句式可以初步判定，"英猷"也应该与此义相近。核《汉语大词典》"猷"字第三个义项云：

功业；功绩。《三国志·吴志·陆逊传》："圣化所绥，万里草偃，方荡平华夏，总一大猷。"清孔尚任《桃花扇·迎驾》："新主中兴，拜舞龙楼，将今日劳苦功酬，迁旧秩，壮新猷。"王季思等注："猷是功绩。"郭沫若《长春集·〈游埃及杂吟〉之二》："古意流风远，新猷岁月长。"

另外，核《汉语大词典》"英"字第七个义项云：

优美；美好。参见"英音"、"英声"、"英丽"。

"英音"条云：

美妙的乐音。南朝梁江淹《横吹赋》："此竹方可为器，乃出天下之英音。"唐李白《金陵听韩侍御吹笛》诗："韩公吹玉笛，倜傥流英音。"

"英声"条云：

1. 美好的名声。汉司马相如《封禅文》："俾万世得激清流，扬微波，蜚英声，腾茂实。"唐王迥《同孟浩然宴赋》诗："屈宋英声今止已，江山继嗣多才子。"清吴伟业《思陵长公主挽诗》："英声超北地，雅操迈东乡。"

2. 指悠扬悦耳的声音。三国魏嵇康《琴赋》："英声发越，采采粲粲。"

由《汉语大词典》以上处理可以看出，"英猷"可以解释为"美好的功绩"，而这正与"懿躅"同义。

如果此观点成立，那么我们就应该给《汉语大词典》"英猷"一词新增一个"美好的功绩"义项。为此，我们广泛调查了文献用例，认为这个义项是成立的。下面列出我们目前看到的一些文献用例：

《魏书·尔朱荣传》："况导源积石，袭构崐山，门踵英猷，弼成鸿业，抗高天之摧柱，振厚地之绝维，德冠五侯，勋高九伯者哉！"

"门踵英猷"义为家族世袭美好功绩。

《晋书·桓温传》："既而总戎马之权，居形胜之地，自谓英猷不世，勋绩冠时。"

"英猷不世"义为不世之功，与下文"勋绩冠时"同义。

唐道宣《续高僧传》卷第三："四远英猷，皆参沉隐。"

"四远英猷"义为四方边远之地的功绩。

唐道宣《续高僧传》卷第九："年始弱冠，闻慧光律师英猷邺下，即往归禀。"

"闻慧光律师英猷邺下"义为听闻慧光律师在邺下创造的美好功绩。

唐道宣《续高僧传》卷第十二："释童真，姓李氏。远祖陇西，寓居河东之蒲坂焉。少厌生死，希心常住。投昙延法师，为其师范。综掇玄儒，英猷秀举。"

"英猷秀举"义为美好功绩俊美超逸。

唐道宣《续高僧传》卷第三十："自梁已后，僧史荒芜，追讨英猷罕有徽绪。"

"追讨英猷"义为寻访前人的美好功绩。

唐慧立、彦悰《大唐大慈恩寺三藏法师传》卷第九："玄门伫迹，道树虚阴，虽昔之履帝呈祥，扪天表异，宁足以方斯感贶，匹此英猷。"

"匹此英猷"义为匹配如此美好之功绩。

唐义净《大唐西域求法高僧传》卷下:"虽功未厕于移照,终有庆于英猷。英猷何陈?求法轻身。不计乐而为乐,不将亲而作亲。欲希等生灵于己体,岂若刍狗而行仁。"

"终有庆于英猷"义为最后有幸取得了美好的功绩。

唐义净《南海寄归内法传》卷第四:"上圣光茂烈,英猷畅溟海,空谷自栖迟,荣命虚相待。"

"英猷畅溟海"义为美好的功绩在大海上流传。

唐李德裕《东郡怀古二首·阳给事》:"宋氏远家左,豺狼满中州。阳君守滑台,终古垂英猷。"

"终古垂英猷"义为美好的功绩将永远流传。

另外,我们在文献中发现"英猷"与"茂实"连用的情况,如下面两例:

唐彦琮撰《唐护法沙门法琳别传》卷下:"英猷茂实代有其人焉,法师少学三论,名闻朝野;长该众典,声振殊俗。"

唐怀信《释门自镜录》卷一:"释智保,河东人。少出家,以戒行驰誉,英猷茂实,僧传具之。"

其中"英猷"也应该释为"美好的功绩",因为《汉语大词典》"茂实"有"盛美的德业"之义项:

盛美的德业。汉司马相如《封禅文》:"俾万世得激清流,扬微波,蜚英声,腾茂实。"南朝梁简文帝《上昭明太子集别传表》:"永彰茂实,式表洪徽。"唐司空图《成均讽》:"访徽猷于显庆,酌茂实于开元。"

综上所述,我们认为,《汉语大词典》"英猷"条应该增加"美好的功绩"一个义项。此义应是由"良谋"义项自然引申而来。该义项的确立,将有助于今人解读古典文献,有助于考察汉语词汇、词义的演变发展历史。

区域文化与方言研究

主持人语

主持人：陈凌

主持人语：

本栏目四篇论文涉及湘语、闽语和江淮官话三大方言，囊括了语音、词汇和语法三方面的话题。这些方言有一个共同特点，即都是方言接触十分频繁。茂南闽语在广东省茂名市南部，一直与大片的强势粤语相纠结；重庆潼南龙形镇湘语是"湖广填四川"的结果，是西南官话中的湘语方言岛。江淮官话更是如此，其中黄孝片尤为特殊。黄孝片是赵元任先生所讲的湖北方言第二区，即典型的"楚语"片。黄孝片处于赣语与官话之间，既像赣语又似官话，过渡性特征非常明显，存在诸多非常有趣的文化现象。从民俗文化看，黄孝片近乎赣语区；从发展趋势看，却倾向于西南官话。本期四篇文章，都从细微处揭示各自方言的某一特色，让人略见其光亮一斑。

茂南闽语"做"的多功能用法及语法化*

王春玲　杨春妍**

内容提要：广东茂南闽语中的"做"既可以作动词，又可以作介词、助词和构词语素。作动词时，其语义泛化范围较普通话更大，有"弄""搞""表演""修理"等意义；作结果补语时，其后常接数量结构修饰前一动词；作介词时，可介引方式；作助词时，置于动词后表示某种办事的方式。此外，"做"还可以进一步语法化为构词语素，转变为意义模糊的构词成分。茂南闽语中的"做"的语法化经历了"动词＞介词＞词内成分、动词＞助词、动词＞补语"的演变历程。与其他方言中的"做"相比，其意义和用法既有共性，也有差异。

关键词：茂南闽语；"做"；多功能用法；语法化

茂南区位于广东省茂名市南部，境内的方言主要有粤语（高阳片）和闽语（雷州片）①，当地人称茂南闽语为"黎话"。茂南闽语中的"做"

---

* ［基金项目］国家社科基金一般项目"四川湘语与西南官话接触演变研究"（16BYY045）、重庆市语言文字科研重点项目"类型学视角下的汉语方言假设助词研究"（yyk21107）、重庆市社会科学规划"成渝地区双城经济圈"重大项目（2020ZDSC09）及中央高校基本科研业务费专项资金项目（SWU1909022）。

** ［作者简介］王春玲（1973—　），女，文学博士，西南大学文学院教授，主要从事汉语方言语法研究；杨春妍（1999—　）女，西南大学文学院汉语言文字学硕士研究生。

① 中国社会科学院：《中国语言地图集》，商务印书馆2012年版，第1—16页。

字有动词、介词、助词、构词语素等多种用法，目前已有研究尚未关注该方言点"做"的多功能用法及语法化，而对"做"的用法进行深入考察，有助于丰富语法化等相关理论。故本文拟对茂南闽语"做"进行全面系统考察，对其语法化过程展开探讨，并比较"做"在其他方言点的使用情况。

本文使用的方言语料主要来源于笔者对自己母语的调查和内省，所有例句均找地道的茂南人核对过。

一 茂南闽语中"做"的用法

（一）用作动词

"做"作为泛义动词，无论是在普通话中还是在茂南闽语中，都具有使用频率高、语义范围广的特点。它能在较广的范围内替代动词或动词性词组，在具体语境中，随所带宾语的不同而表现出不同的词汇义。

"做"在《现代汉语词典》（第七版）[①] 有下列八个义项：①制造；②写作；③从事某种工作或活动；④举行庆祝或纪念活动；⑤充当，担任；⑥当作；⑦结成（某种关系）；⑧假装出（某种模样）。除了以上义项外，茂南闽语中的"做"还能表示"表演""弄""修理""挣"等词汇义。我们将其义项和用法总结如下：

①制造，建造：~衣服｜~厝

②写作：~文章｜~诗

③从事某种工作或活动：~田｜~海｜~生意

④举行庆祝或纪念活动：~斋｜~寿｜~年例

⑤充当，担任：~做村长｜~爸爸

⑥当作：这篇作文可以~范文哦 这篇作文可以当作范文了。

⑦结成（某种关系）：~亲｜~朋友

⑧假装出（某种模样）：~样子

---

① 中国社会科学院语言研究所词典编辑室编：《现代汉语词典》第 7 版，商务印书馆 2005 年版，第 1759—1760 页。

⑨表演，演出：~大戏

⑩修理，打理：~车｜~路｜~头毛｜~牙

⑪气候变化：天~寒/烘哦_{天气变冷/热了。}

⑫打，揍：~□［kak²］

⑬挣：~钱

⑭表示"弄""搞""处理"等较为虚泛的语义：我又~无见手机哦_{我又弄不见手机了。}｜你这样害倒我好□［ɔ⁵⁵］~_{你这样害得我很难处理。}

⑮答应，应承：阿明哀我好多次哦，我都不~_{阿明求我很多次了，我都不答应。}

总体来看，与普通话相比，动词"做"的意义在茂南闽语中更为丰富。普通话中的"弄""搞""当"等动词所表示的意义在茂南闽语中都能用"做"来表示。另外，茂南闽语中的"做"在具体语境中，还能表达"吃""花费"等义，如"剩落些菜分伊做净哦_{剩下的菜被他吃完了}""三千纸无到个月就做净哦_{三千元不到一个月就花光了}"，这些意义尤其依赖语境来凸显，因此我们未将其列入义项里。

（二）用作结果补语

"做"作结果补语时，义为"成，成为"，主要见于"V+做+数词+量词"结构中，"V"通常为单音节的动作动词，补语由数量结构充当。数词为"一"时，常被省略。例如：

（1）箱苹果分伊分做六份。（这箱苹果被他分成六份。）

（2）伊侬总是可以凑□［nai⁴⁴］依团玩做团（他们总是能和小孩子玩成一团。）

（3）条蔗太长哦，爱斩做三碌。（这条甘蔗太长了，要砍成三段。）

上例中的数量结构"六份""（一）团""三碌"均是主语经由某种动作后，从初始状态演变而来的新的结果状态，即动作实现或完成后所造成的结果。茂南闽语中"做"充当结果补语的用法有限，当连带成分为名或名词性短语、颜色词、形容词等成分时，更常用的是"V成"结构。

（三）用作介词

茂南闽语中，"做"可以用于引进动作的方式、条件、处所等，常见于"S + V$_1$（做）+ NP + V$_2$P"（NP限于"数词 + 量词"）结构。"做"在句中似乎带有一定的动作性，又可以理解为表示引进与动作行为相关的方式。以下的例句若去掉后面的VP，那么将影响到整个句子的完整性，且句中"做"的动作行为义较弱，只起强调数量的作用，当为介词。例如：

（4）我做喙食□［kak^2］□［ja^{55}］个橘囝哦。（我一口吃掉了这个橘子）

（5）师傅做三轮那搬得完□［ha^{55}］□［nai^{44}］行李。（师傅用三轮才搬得完这些行李。）

（6）你凑阿姐做一头睡，□［mai^{44}］倒过来睡。（你和姐姐同一头睡，不要倒过头睡。）

例（4）中的"做喙"省略了数词"一"，"做"在句中其实并无实在意义，只是引进"食"这一动作行为发生的方式。又如例（5）中的"做"似乎可以理解为"分为"，但"做"在此处也并非动词，而是介词，"做三轮"这一介词短语在句子作状语，是"师傅"搬完"行李"的一个前提条件。

（四）用作助词

"做"置于动词后时，还具有助词的用法。"V + 做"中的"做"不再具有动作意义，而是表示某种办事的方式，常与另一种方式对举。"做"字结构中的动词只能是单音节动词，不能是单音节动词的重叠形式或者双音节动词，其后也不能带宾语。

（7）蒸做阿鱼比焖做个好食。（蒸的鱼比焖的鱼好吃。）

（8）我凑阿爸斩做，你侬锯做。（我和爸爸斩，你们锯。）

（9）几个侬扛做就无□［jɔŋ^{55}］抵力。（几个人扛就不会这么吃力。)

(10) □[ja⁵⁵]个包装袋不好敨开,爱用铰刀铰做。(这个包装不好解开,要用剪刀剪。)

以上例句中后附于动词的"做"省略时,句子仍然成立。其作用主要体现在语用上,强调是此方式而非彼方式,同时起到调节音节的作用。如例(7)中"做"的意义在于强调烹饪要用"蒸"的方式而非"焖"的方式,如果去掉"做"字,句子的强调意义就明显减弱了,句子虽然能说,但是听起来会感到别扭。

(五) 用作构词成分

"做"可以独立成词,也能够与其他的语素构成复合词。当"做"同相邻单位词汇化后,"做"就进一步虚化成了一个词内成分。董秀芳将汉语词汇化的类型分为三类:短语变化为词语、句法结构演变为词语、跨层结构变化为词语①。茂南闽语中"做"参与词汇化的类型主要为前两个类型,如:

短语词汇化:□[ɔ⁵⁵]做 为难、肯做 勤劳、做乜 为什么、做数 承认,有效、做嗲 撒娇、做头 为首

句法结构词汇化:做头 头在同一向、做气 不间断地、做齐 同时,一起、做下 全部,一下子、做轮 一次性

"做"用作构词成分的分析,我们将在下一部分的语法化过程中详述,此处不做赘述。

二 茂南闽语中"做"的语法化

(一) 动词 > 介词

陈昌来认为句法结构位置是诱发动词虚化为介词的基本前提,虚化为介词的动词首先得能充当连动句的第一个或第二个动词,再加上动词

---

① 参见董秀芳《词汇化:汉语双音词的衍生和发展》,商务印书馆2011年版。

词义泛化以至弱化、虚化，介词化才能实现①。"做"由动词演变为介词正是体现了这一点。

根据句子结构的信息安排，旧信息往往先于新信息。前面的旧信息在认知上属于背景信息，后面的新信息属于前景信息。若无特殊的焦点标记，前景信息就是焦点信息。在"S + V$_1$（做）+ NP + V$_2$P"这一连动结构中，由于"V$_2$P"的凸显，"V$_1$（做）+ NP"退居次要地位，"做"的行为动作义削弱，从而开始虚化，只起介引作用。

（11）我做四日就看完□[ja^{55}]部戏。（我四天就看完了这部剧。）

（12）拣出来□[nai^{44}]鸡卵做个□[tɛ^{44}]安好，千祈毋乱安。（挑出来的鸡蛋在一个地方放好，千万不要乱放。）

如上例（11）中的"做"已不再用作核心动词，而表现出向表示方式的介词虚化的倾向。"做"只起强调数量的作用，"做四天"作状语修饰"看完□[ja^{55}]部戏"这一行为。虽然表层结构形式没有变化，但是"做四天"有了可以由动宾结构重新分析为介宾结构的可能，"做"也可以由动词重新分析为介词。例（12）中的"做"在句中介引处所，"做个□[tɛ^{44}]"修饰后一动作"安"。

总之，茂南闽语中"做"用作介词的用法十分有限，虽在现代汉语中不可多见，但在一些方言中还有类似的用法，然使用时也有条件限制。这与"做"自身的语法化程度不高有关，且其语法化进程会受到方言介词系统中相关语义的成熟介词的制约，因而难以继续。茂南闽语中"做"的介词用法能否更进一步，还需经历方言自身的选择和检验。

（二）谓语动词 > 结果补语

"做"由动词语法化为补语，同样与连动结构"V$_1$ + V$_2$（做）+ NP"有关，其中"V$_1$"和"做"紧邻是语法化的结构基础。刘坚、吴福祥指出："偏正式连动式中的非中心动词的动作性减弱、词义抽象化，与此相

---

① 参见陈昌来《介词与介引功能》，安徽教育出版2002年版。

应，语法功能也随之发生变化，或在中心动词前作状语，或在中心动词后作补语。"①

"做"跟在具体的动作动词后时，"做"容易沦为次要动词，以致其动作性减弱，词义虚化，逐渐变为谓语的补充成分，这一连动结构就有可能重新分析为动补结构。从词义角度来看，"做"用法灵活，搭配范围广泛，经常与表目的、结果的成分组合，含有"生成"义。当"做"位于次要动词位置时，动作义减弱，生成义凸显，"做"容易转化为强调因动作 V_1 的发生而产生的结果，逐渐语法化为结果补语。

（13）个篮团无安得落，苹果爱匀做三个篮。（一个篮子放不下，苹果得匀成三篮。）

（14）□[ja^{55}]个鸡斩做两扇，一扇安转冰箱，一扇攞来炒。（这只鸡斩成两扇，一扇放回冰箱，一扇拿来炒。）

通过以上例子我们可以看到，这里的"做"不再用作谓语动词，而是在动词后作为结果补语成分。

(三) 动词 > 助词

泛义动词可依附于具体的动词之前，也可以移位而附缀于后面。依附于前是对动词作一引导，缀属于后是对动词再作重复②。从结构上看，"V＋做"中的前一动词与后面的"做"是联结式，但是在实际使用过程中，语义重心容易落在前面的具体动词"V"上，"做"在一般情况下可以去掉而不影响意思的表达。在长期的使用中，"做"由于词义的弱化，逐渐在"V＋做"结构中失去了独立的地位，成为表示某种行事方式的助词。

（15）伊讲做是□□[jɔŋ^{55}ɬi^{44}]，侬知真□[mai^{44}]假。（他说是这

---

① 刘坚、曹广顺、吴福祥：《论诱发汉语词汇语法化的若干因素》，《中国语文》1995 年第 3 期。

② 参见刘瑞明《论"打、作、为"的泛义动词性质及使用特点》，《湖北大学学报》（哲学社会科学版）1992 年第 1 期。

样,谁知道是真还是假。)

(16)我都不知□□[tsai³³ ɬi⁴⁴]做衫裤,是用手襻做好,□[mai⁴⁴]是车做好。(我都不知道怎么做衣服,是用手缝制好,还是用缝纫机做好。)

(17)估做无准,按是称做好。(猜测不准,还是称量好。)

例(15)"说做"中的"做"附在动词后面更像是对前一动词的重复,没有强调方式的意味,还未语法化未助词,"说做"为联合式词语,"做"可以去掉而不影响句义。例(16)中的"做"指向的是前面的"做衫裤"的"做",也带有一定的动作义。而例(17)中的"做"动作义已经弱化,已经可以理解为是强调动作方式的助词。

(四)介词 > 词内成分

董秀芳认为一个形式在发生语法化后还可以进一步语法化,她把独立的功能性成分变为依附性的词内成分这一过程称之为词汇化①。现代汉语中的词汇化现象是与句法组合功能、汉语双音节韵律结构特征密切相关的。

我们在此将对上文中的"句法结构词汇化"这一类型进行分析。前文已提到,茂南闽语中的"做+NP"可用于引进动作行为的方式,"做+数词+量词"常位于连动结构中的前项修饰后一动词。当数词为"一"时,常可省略,此时"做+NP(量词)"容易词汇化为副词。

从句法组合功能上看,当"做+NP(量词)"出现在 V_2 前作状语时,其句法功能和副词接近。随着高频使用以及介词短语内部语义粘合,就很容易走上词汇化的道路。从韵律结构上看,当数词"一"省略时,"做+量词"紧邻相连,自成音步,为一个韵律单位。进入双音节结构的组合形式在人的心理上造成一个整体的印象,节律要求其中的两个成分必须同时出现②,因此随着"做+量词"使用频率的增加,它便成为熟

---

① 参见董秀芳《汉语的词库与词法》,北京大学出版社 2004 年版。
② 参见冯胜利《论汉语的"韵律词"》,《中国社会科学》1996 年第 1 期。

语，从而凝固成词。像副词"做下""做气""做轮"，都是由这一结构语法化而来的。

下例（18）中的"做几下"是指"吃"的次数，"做"起介引作用。当数词为"一"且被省略掉时，"做下"由于频繁使用，同时在句法组合功能和韵律结构的驱动下，逐渐词汇化为副词。其意义也被当作一个整体来理解，意为"全部"，见例（19）。

（18）水果做几下就吃净哦。（水果几下就被吃光了。）

（19）伊侬做下落楼哦。（他们全部都下楼了。）

综上，茂南闽语"做"的语法化路径可构拟如下：

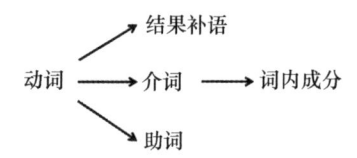

$$
\text{动词} \longrightarrow \begin{cases} \text{结果补语} \\ \text{介词} \longrightarrow \text{词内成分} \\ \text{助词} \end{cases}
$$

三 与其他方言"做"的比较

"做"普遍存在于普通话和各方言中，使用频率极高，其用法既有一致性，也有差异性。在绩溪、宁波等地的方言中，"做"也身兼数职，除了常见的动词用法以外，还可作介词、副词、连词等。

就动词用法而言，许多方言中"做"的使用范围较普通话更为宽泛，有的方言中的"做"发展出了茂南闽语所没有的词义，如：绩溪方言中的"做"还有"酿造"义，腾冲方言和上海方言中的"做"有"捉弄，戏谑"义，忻州方言中的"做"可表"倒栽葱"义[①]等，此处不一一列举。为便于比较，兹列各方言中"做"的其他用法如下：

（一）形容词

宁波方言中的"做"可作形容词，作形容词时可表示"同一，相

---

① 参见许宝华、宫田一郎《汉语方言大词典》，中华书局1999年版。

同"，如例（20），或表示"全，整"的意思，如例（21）。该方言中有一俗语"田要买做畈，屋要买四散｜田要买做畈，勿可买四散"，汤珍珠等（1997）则将其归为"全，整"义①，朱彰年等（1996）以为此句中的"做"表"同一"义②。

(20) 宁波：做份人家｜做日出生｜做色做样咯两本书。③

(21) 宁波：西瓜做担买去，拨侬便宜眼。④

（二）介词

绩溪、永安方言中的"做"可用作介词，相当于普通话中的"和、同、跟"，可引进相关或比较的对象，茂南闽语与之相比则无此用法。受语料所限，我们没有看到"做"作为引进方式、条件等的介词这一用法，但在明清时期由江浙方言所著而成的作品中，这一用法并不少见，见例（24）（25），今江浙方言中是否还存有这一用法，仍需更多的方言语料来进行论证。

(22) 绩溪：我做尔讲喂。⑤

(23) 永安：这铺厝做外铺厝一般般 这座房子同那座房子一个样 ｜佢做我寡起嬉 他跟我一起玩。⑥

(24) 狗子闻得又香又软，做两口吃了，先摆番两个狗子。（《喻世明言》卷36）⑦

(25) 毕竟妙智狠，做一日灌他一个大醉，一条绳活活的断送了他。（《型世言》第29回）⑧

---

① 参见汤珍珠、陈忠敏、吴新贤《宁波方言词典》，江苏教育出版社出版1997年版。
② 参见朱彰年、薛恭穆、汪维辉等《宁波方言词典》，汉语大词典出版社1996年版。
③ 参见朱彰年、薛恭穆、汪维辉等《宁波方言词典》，汉语大词典出版社1996年版。
④ 参见朱彰年、薛恭穆、汪维辉等《宁波方言词典》，汉语大词典出版社1996年版。
⑤ 参见赵日新《绩溪方言词典》，江苏教育出版社2003年版。
⑥ 参见福建省地方志编纂委员会《福建省志·方言志》，方志出版社1998年版。
⑦ 参见（明）冯梦龙《喻世明言》，上海古籍出版社2012年标点本。
⑧ 参见（明）陆人龙《型世言》，上海古籍出版社2001年标点本。

(三) 补语

茂南闽语中的"做"能在动词后作补语，萍乡、金华等方言中的"做"亦可置于动词后，表示动作的结果，有"成为"的意思。魏刚强（1998）同时指出萍乡方言中的"做"用在单音节动词后面，必须带宾语①。

（26）萍乡：我个书话说做是你个｜一根棍子锯做两爽截｜一斤包做两包。②

（27）金华：些树叶扫扫做堆。③

(四) 副词

"做"作副词的用法在方言中并不多见，绩溪方言中的副词"做"可以表示"一起，一道"，赵日新结合绩溪方言早期儿歌指出"做"的副词用法应是"做 + NP + VP"省略了 NP 的结果④，见例（28）。除此，揭阳和厦门方言中的副词"做"还可表示"没有条件限制，可以放心去做"的意思，相当于普通话中的"只管，尽管"。

（28）绩溪：蜓蜓飞得低，下来搭妹做伙嬉；蜓蜓飞得矮，下来搭妹做伙野。⑤

（29）绩溪：我搭尔做去｜渠匹得行，尔搭渠做来。⑥

（30）揭阳：你做你先行，勿等伊你尽管先走，别等他。⑦

（31）厦门：你做你讲你尽管说好了，我坐咧听。⑧

---

① 参见魏钢强《萍乡方言词典》，江苏教育出版社 1998 年版。
② 参见魏钢强《萍乡方言词典》，江苏教育出版社 1998 年版。
③ 参见曹志耘《金华方言词典》，江苏教育出版社 1996 年版。
④ 参见赵日新《"做"的语法化》，《语言教学与研究》2013 年第 6 期。
⑤ 参见赵日新《"做"的语法化》，《语言教学与研究》2013 年第 6 期。
⑥ 参见赵日新《绩溪方言词典》，江苏教育出版社 2003 年版。
⑦ 参见许宝华、宫田一郎《汉语方言大词典》，中华书局 1999 年版。
⑧ 参见周长楫《厦门方言词典》，江苏教育出版社 1993 年版。

（五）连词

"做"在个别吴闽方言中还可以作连词，如绩溪方言中的"做"可作连词，表示并列关系，揭阳方言中的"做"可作表假设义的连词，相当于"如果，要是"，这一用法同样可见于宁波方言中，见例（33）（34）。另外，宁波方言中的"做"可置于两个形容词间，表示让步义，见例（35），朱彰年等（1996）界定为连词，汤珍珠等（1997）认为是形容词中缀①，我们赞成前者的看法。这种"A做A"结构在崇明方言中也有出现，如例（36）。

（32）绩溪：我做渠是老乡。②

（33）揭阳：向危险，伊唔愿意去，做你呀是唔愿意去_{那么危险,他不愿意去,要是你也是不愿意去}。③

（34）宁波：其介弗讲道理，做我仔早发火了。④

（35）宁波：夜做夜，豆腐慢慢卖。⑤

（36）崇明：怵做怵，也是自家个小囡_{再不好,也是自己的小孩}。⑥

（六）词内成分

茂南闽语中的"做"还可以作构词成分，这一用法同样见于福州、厦门、雷州、温州、桂林、东莞等多地的方言中。以福州和厦门方言为例，其中副词"做阵""做一下"等应与茂南闽语一样，是"做（+数词）+量词"结构语法化而来的，"做"由此成为词内成分。

（37）福州：做呆_{使性子,耍赖}、做命_{尽一切力量}、做形_{装模作样}、做犬_{指小儿闹病}、

---

① 参见汤珍珠、陈忠敏、吴新贤《宁波方言词典》，江苏教育出版社出版1997年版。
② 参见赵日新《绩溪方言词典》，江苏教育出版社2003年版。
③ 参见许宝华、宫田一郎《汉语方言大词典》，中华书局1999年版。
④ 参见朱彰年、薛恭穆、汪维辉等《宁波方言词典》，汉语大词典出版社1996年版。
⑤ 参见朱彰年、薛恭穆、汪维辉等《宁波方言词典》，汉语大词典出版社1996年版。
⑥ 参见张惠英《崇明方言词典》，江苏教育出版社1993年版。

做喝嘁人、做蜀下一齐。①

(38) 厦门：做空耍花招,使诡计、做阵在一起,一起、做一下一起,一下子。②

（七）助词

"做"作助词的用法除了见于茂南闽语外，还可见于雷州方言，二者同属雷州片闽语。雷州方言中的"做"也能置于动词后表示行为发生的方式。另外，在柳州方言中也有类似的用法，刘村汉（1995）将其定义为附加成分，由于语料较少，我们暂且一提，不对其作出定性，见例（40）。

(39) 雷州：——药怎体用，是食做抑擸搽做？——食做。③

(40) 柳州：买做｜灌做｜吹做｜割做｜喊做④

综上，与其他方言相比，茂南闽语中的"做"并无作形容词、副词和连词的用法。就介词用法而言，茂南闽语与绩溪、永安方言中的介词"做"稍有不同，前者用于引进动作行为的方式，后者用来引进相关或比较的对象。除此，茂南闽语"做"用作补语时与萍乡方言略有不同，萍乡方言中的补语"做"后接的宾语范围较茂南闽语的要大，并不局限于数量结构。当"做"用作词内成分时，茂南闽语与福州、厦门等方言并无明显区别。而在目前可见的方言语料中，我们暂时只见雷州方言中"做"有助词的用法，该用法与茂南闽语中的并无二致。

四 结语

茂南闽语中的"做"具有动词、结果补语、介词、助词的用法，也能充当一个词的词内成分，各用法之间是互相关联的。"做"的介词和结果补语用法是由处于连动结构中的动词"做"虚化而来的，作介词时可

---

① 参见冯爱珍《福州方言词典》，江苏教育出版社 1998 年版。
② 参见周长楫《厦门方言词典》，江苏教育出版社 1993 年版。
③ 参见张振兴、蔡叶青《雷州方言词典》，江苏教育出版社 1998 年版。
④ 参见刘村汉《柳州方言词典》，江苏教育出版社 1995 年版。

以引进动作行为的方式，作结果补语时可引进动作造成的结果状态，但这两者的使用都十分有限。

此外，助词用法也是由动词虚化而来的，其语义不断弱化，从而成为动词后的辅助成分。作为介词的"做"与后面的成分随着高频使用又产生了词汇化的可能性，"做"由此成为一个词内成分。

茂南闽语与其他方言中的"做"相比，其意义和用法既有共性，也有差异。然受语料所限，我们未能窥探"做"在其他方言中的完整面貌，个别方言中的"做"是用为形容词中缀还是连词仍存在争议，目前所见的大部分用法均是零散分布在各方言词典中，"做"的研究有待根据更多的方言语料以深化。

重庆潼南龙形镇湘语的音韵特点*

孙红举　顾军霞**

内容提要：重庆潼南龙形镇湘语是在明末清初"湖广填四川"移民运动中从湖南迁徙而来的，镇上大部分人都还能说原地的土话，是重庆最大、也是目前发现仅存的湘语方言岛。本文对潼南龙形镇湘语的现状、盘龙镇客家方言岛的音系及其音韵特点进行了介绍。

关键词：龙形；湘语；音系；方言岛；音韵特点

一　龙形镇湘语的现状

据崔荣昌① (1987)，川渝地区至少有三大汉语方言：西南官话、客家方言以及湘方言。客家方言以及湘方言大都是在明末清初"湖广填四川"的移民运动中徙居川渝而来的，这在川渝各地的方志和民间所藏族谱中均有记载。据崔荣昌《四川湘语记略》②，来自湘语区的居民在重庆

---

* [基金项目] 2021 年重庆市社会科学规划项目"川渝地区少数民族作家地方性知识生产机制研究"（项目编号：2021BS029）；2021 年重庆市语言文字科研项目"重庆潼南龙形镇湘方言文化的调查、保存与传承研究"（项目编号：YYK21205）；中国语言资源保护工程专项任务"濒危汉语方言调查·重庆潼南龙形湘语"（项目编号：YB1617A006）；西南大学 2018 年度中央高校基本科研业务费专项资金资助（项目编号：SWU1809108）

** [作者简介] 孙红举（1980—　），男，汉族，河南鲁山人，西南大学文学院副教授，主要从事汉语方言学、现代汉语和汉语国际教育研究；顾军霞（1981—　），女，彝族，四川汉源人，重庆城市管理职业技术学院通识教育学院讲师，主要从事现当代文学、区域文学与文化研究。

① 崔荣昌：《四川方言的类别》，《文史杂志》1987 年第 1 期。
② 崔荣昌：《四川湘语记略》，《方言》1993 年第 4 期。

主要落业于永川、合川、垫江、万县、开县、梁平、荣昌、潼南等地。过去三百余年在同周边西南官话接触的过程中，重庆区域范围内很多地方的湘语已经被西南官话同化，唯独在潼南区龙形镇还存在着目前仅存的湘语方言岛。

（一）龙形镇概况

潼南区位于涪江下游、重庆西北部。东接重庆市合川区、铜梁区，南临重庆市大足区，西连四川省资阳市安岳县、四川省遂宁市安居区和船山区，北与四川省遂宁市蓬溪县、四川省广安市武胜县相邻，潼南区距重庆市主城区约110公里。截至2021年6月，潼南区下辖3个街道，20个镇。

龙形镇，当地人俗称"茶店子"，位于重庆市潼南区东北部，东与重庆市合川区龙凤镇接壤，南临潼南区上和镇，西边紧接潼南区桂林街道和群力镇，北与潼南区古溪镇相邻，该镇为潼南"东北门户"。龙形镇政府距城区8公里，距潼南火车站4公里，区域总面积80.36平方千米[①]。

龙形镇在西汉时地属广汉郡广汉县，三国蜀汉时属广汉郡德阳县，明清时期属蓬溪县。1920年，有周姓人开始在此设店卖茶，始称茶店。1923年，此地开始建场，名茶店场。1925年，茶店场改名为茶店乡。1950年，相应地域范围内改称为茶店乡、太平乡。1952年，析茶店乡、檬子乡置民主乡。1956年撤销民主乡，划归茶店乡。1958年，相应地区分别更名为茶店公社、太平公社。1967年太平公社更名为战旗公社。1961年，由茶店划出4区队，太平划出1区队，复置民主公社。1981年，茶店公社因地形似龙形而更名为龙形公社，战旗公社更名为檬子公社。1983年又分别改为龙形乡、檬子乡。1993年底，原龙形乡、民主乡合并设立龙形镇。2006年，在乡镇行政区划调整中原龙形镇、檬子乡合并为

---

① 参见国家统计局农村社会经济调查司《中国县域统计年鉴（乡镇卷）—2019》，中国统计出版社2020年版。

现龙形镇，镇政府驻地为月亮街，即原茶店子。①

截至 2020 年 6 月，全镇总面积 80.36 平方公里，辖 4 个社区，8 个行政村，分别为：鹅形村、高桥村、红岩村、经堂村、池坝村、龙形村、大安村、檬茨村、水口村、洪兴村、高楼村、丁坝村，镇内共 95 个社，约 1 万户，户籍人口 4 万余人，常住人口约 2.6 万人。

（二）龙形镇湘语的源流

据当地族谱资料记载，龙形镇当地居民的先民主要是在明末清初由湖广地区迁来。明末清初，张献忠屠川、杨晃之乱等混乱长达 50 余年，造成巴蜀地区荒凉破败、土旷人稀。顺治、康熙年间，清廷奖励各省官员募民入川垦荒。根据陈氏家谱记载：龙形镇陈氏先民在清康熙三十五年（1696 年）从湖广省长沙府靖州天柱县白马溪，渡马场度暮寨（现贵州省天柱县渡马镇龙盘村）奉旨入川。龙形镇《周氏族谱》②所载道光二十二年"旧谱序"："越考前宋吾祖祥光公，实隶籍江西吉安府、太和县，至明存一公，始业于湖南沅州府黔阳县太平乡老水溪，后又分移石保乡第二图、土明铜湾，居老龙口"。而光绪二十五年"续修源流序"载其先祖先是从江西吉安府迁至湖南永州府、宝庆府等地，后"惟于康熙三十六七两年，奉诏填蜀，迁潼川府、蓬溪县、东八甲，号为入川始祖者。"落业地有龙形地、学堂湾、舒家坳、冷家屋基、土墙湾、大池坝、史家沟、孟家寺③等处。《周氏族谱》两处所载，周姓的先民均来自于湖南，但来源地有所不同。

（三）龙形镇湘语的现状

潼南区的湘方言岛主要分布在今龙形镇，另外，与龙形镇相连的古

---

① 参见国家统计局农村社会经济调查司《中国县域统计年鉴（乡镇卷）- 2019》，中国统计出版社 2020 年版。
② 周氏家族：《周氏族谱》，潼南县印刷厂印刷，1900 年初版，1996 年再版，内部发行。
③ 这些均为龙形当地行政村下的小地名。

溪镇的廖家村（原属飞跃镇）、龙滩村和玉溪镇的长沟村等地也有部分分布，龙形湘语当地俗称"茶店话""土话""辰州话"，当地把潼南县城话叫"河对门的话"（潼南区原驻地在涪江的另一边，同龙形镇隔着大河"涪江"）。今潼南会说"茶店话"的人口约有4万人，其中龙形镇约3万多人，古溪镇中原飞跃镇1万来人。这里的"会说"并非指说得很好，实际上很多人只是会说一些在外地人听来有代表性的当地方音或方言词语如"哈⁼玩"[xai³⁵]①、"吃"[tɕʰia³⁵]、"鹅塘⁼屋前平地"[o³³ taŋ³¹~ŋo³³ taŋ³¹]、"亲爷岳父"[tsʰɛn³⁵ia⁵⁵]、"亲娘岳母"[tsʰɛn³⁵iaŋ⁵⁵]而已。

龙形湘语分布的中心区域主要在经堂村、池坝村、檬茨村、水口村、高楼村，离镇政府越近的村子或社区，话语受潼南县城话的影响越大，自身所保留的湘语特点也越少，会说地道"茶店话"的人也越少。我们的调查点经堂村和池坝村就处于龙形湘语的腹地。

龙形湘语还保留有一些湘语的典型语音特征，也保留着自己的一些典型特征，使其与周围方言在听感上有明显不同。语音方面，古全浊声母舒声韵字今逢塞音、塞擦音时多读不送气清音，古全浊声母入声字今逢塞音、塞擦音时则多读送气清音等；词汇上，他说"底⁼"[ti⁴⁵³]、吃说"吃"[tɕʰia³⁵]、什么说"么个"[mu⁴⁵ko⁴²]、这里说"箇里"[ko⁴⁵li⁵⁵]、那里说"没⁼里"[mɛi³⁵li⁵⁵]、玩说"哈"[xai³⁵]、没有说"冇"[mɑɯ³⁵]、晚上说"夜□"时候"的合音"[ia³⁵sɤɯ³¹]；语法方面，人称代词的复数标记用"支⁼"[tsʅ³⁵]，我们说"我支⁼"[ŋo⁴⁵tsʅ⁵⁵]、他们说"底⁼支⁼"[ti⁴⁵tsʅ⁵⁵]，用"嘎"作为时态助词，吃了饭了说"吃嘎饭了"等。

刘海燕、黄丹《重庆潼南龙形土话探略》②（2007）调查了龙形镇高桥村土话，并记录了当地方言的声调、声母和韵母系统，并简要记录了当地一些较有特色的词汇和几个语法现象。孟小溇、刘海燕《龙形土话

---

① 汉字右上角的"⁼"表示该字为同音字。
② 刘海燕、黄丹：《重庆潼南龙形土话探略》，《重庆文理学院学报》（社会科学版）2007年第2期。

中的亲属称谓与当地风俗文化论略》①（2010）通过对龙形亲属称谓系统及特点的描写和揭示考察了龙形当地的婚姻习俗及文化等。

2016年8月至2021年8月，笔者对龙形镇的湘语进行了近30次的调查和语料核查工作。发音合作人为：周少全，男，1943年生，龙形镇池坝村人，小学文化，原村支部书记。说龙形湘语和潼南话，现主要说龙形土话。唐昌平，男，1955年生，龙形镇经堂村人，初中文化，原村支部书记。说龙形湘语、潼南话，在家主要说龙形土话，同外人交流时说潼南话。记音时以周少全的发音为主。

二 龙形镇湘语音系

（一）声母19个，包括零声母②

表1　　　　　　　　　潼南龙形镇湘语声母表

p 布步盘别离~	pʰ 派别~针拔泼	m 麦明晚~~庙		f 飞副灰回去一~
t 到道甜德	tʰ 讨读脱特	l 脑老连热		
ts 字张床城进~	tsʰ 清抽抄车择		s 酸双十城~隍庙	z 旦~记
tɕ 酒全柱船~工	tɕʰ 春轻族趣泉新		ɕ 谢顺书县	
k 歌高解~手夹~衣	kʰ 开敲箍掐~菜	ŋ 安我牙鸭~青	x 风好红虾~米	
ø 五温年回~来旦~子				

说明：

（1）[m]、[l]、[ŋ] 发音时多带有不同程度的同部位的鼻冠塞音成分，实际音值分别接近 [mᵇ]、[lᵈ]、[ŋᵍ]，受此发音特征的影响，有些字的字音已经发生改变，如"莴笋"有时发音为 [ko³⁵ s ɛn⁴²]。

---

① 孟小溪、刘海燕：《龙形土话中的亲属称谓与当地风俗文化论略》，《重庆文理学院学报》（社会科学版）2010年第6期。
② 例字下单横线表示白读音，双横线表示文读音，右下方的小字"又"表示又读，"老"表示老派读音，"新"表示新派读音。韵母和声调部分同此。

（2）老派读音中，晓匣母与合口韵相拼时，一般读为 [f]，其余情况下仍读 [x]；非组与通摄合口韵相拼时，一般读为 [x]，其余情况下仍读 [f]。而新派读音则与潼南县城话相同，[xu-] 与 [f] 混读。老派读音分立 [f] 和 [x] 音位，新派则可只立 [x] 音位。记音时，依照老派读音情况，分立音位 [f] 和 [x]。①

（3）[f] 在发音时，唇齿接触面积较小，口腔后部呼出的气流较强，有时带有舌根擦音的音色。

（4）泥来母在细音前，读音有别：泥母常用字大都读零声母 [ø]，来母读 [l]；在洪音前，读音混读为 [n] 或 [l]，大多都读为 [l]。

（5）老派读音中，日母多读为 [l]，但新派读音中已多读为 [z]，个别字 [l]、[z] 互读。②

（6）[ts]、[tsʰ]、[s]、[z] 拼后元音开头的韵母时，发音部位靠后，实际音值为舌叶音 [tʃ、tʃʰ、ʃ、ʒ]。

（7）零声母在单韵母 [u] 前发音时，往往有轻微的唇齿摩擦，唇齿接触较少，摩擦较小，实际音值为 [ʋ]，在个别字中发音时摩擦较重，音值为 [v]，记音时统一记为零声母 [ø]。

（二）韵母 34 个，无声化韵

表2　　　　　　　　　潼南龙形镇湘语韵母表

ɿ 师丝十三~直~接尺	i 米急七锡眉	u 苦驴骨绿~色祝	y 猪雨橘速水老
ɚ 二儿耳而且~子			
a 牙车水~家~公花拍~毽儿	ia 价野鸭~子夜~饭壁~上	ua 瓜刮括老话袜	
ɛ 舌特又十~个北直路~	iɛ 写去贴穴特又	uɛ 国括新扩阔新	yɛ 绝靴茄新屑阅

---

① 周少全为老派读法，唐昌平为新派读法。
② 周少全多读为 [l]，但唐昌平受潼南县城话影响较大，大都读为 [z]，个别字 [l]、[z] 互读。

续表

o 歌锅墓盒**角**牛~	io 略脚雀药学		
ai 开鞋或爱**大**雨~**解**~开械谐	iai **鲜**理~**界**世~孩又	uai 揣快喘剑怀~里	
Ei 赔批梅灰丕		uEi 对内**秃**~子贼趋	
aɯ 宝敲咬牡矛	iaɯ 表桥交跃杏		
ɤɯ 走土阜老六绿~豆	iɤɯ 油邹九秋牛		
an 班南山半**陷**地~		uan 乱官关删**转**~眼	
En 心**猪**~子深新又寸灯	iEn 盐年林巾轻	uEn 滚横~~一竖孕又绳新问	yEn 全**船**~工春绳老荣
aŋ 糖讲张慌房窗老	iaŋ 匠姜响筐又降	uaŋ 床黄~色狂双桑	
oŋ 东朋蒙风亩	ioŋ 兄容用弓弹花用具龚		

说明：

（1）单韵母［i］在零声母音节中发音时，前面带有较重的摩擦，实际音值为［ji］。

（2）单韵母［i］和［y］发音时，唇形较松，且有一定动程，有一定的后滑音［ɪ］，实际音值分别为［iɪ］和［yɪ］，有时后滑音的开口度更大，接近［e］。

（3）单韵母［u］在发音时，唇形较松且开口度较大，发音时稍有动程，实际音值接近［uʊ］；在零声母和舌根音［k］、［kʰ］后，单韵母［u］发音时前面带有轻微的唇齿摩擦。

（4）［a］做韵腹无韵尾时，实际音值为［ʌ］，在［-i、-n］前的实际音值就为［a］，［ʌ］与［a］听感上差异较小，本书记为［a］；［-ŋ］前［ɑ］的音值就为［ɑ］，［-ɯ］前［ɑ］发音时，舌位略高且稍央，实际音值接近［ʌ］，［ɑ］与［ʌ］听感上差异较小，本书记为［ɑ］。而［a］与［ɑ］听感上差异明显，分别记为两个不同的音位。

（5）［ai］、［iai］和［uai］中的韵尾［i］发音时，开口度稍大，实际音值接近［e］。

（6）[ɛi] 和 [uɛi] 在个别音节中发音时，主元音 [ɛ] 的开口度稍小，实际音值接近 [e]。

（7）[ɛn]、[iɛn]、[yɛn] 中的主元音 [ɛ] 发音时，舌位稍靠后，但不到 [ə]。

（8）鼻音尾韵母在发音时，韵尾发音较松，且主要元音都有一定的鼻化，尤其是后鼻音尾韵母更为明显。

（9）唐昌平的话受县城话影响较大，周少全的发音则相对保守，二人在发音上的区别主要有：周少全读为 [ioŋ] 的韵母，唐昌平都读为 [yoŋ]；[ɛ]、[iɛ]、[uɛ] 和 [yɛ] 中的主元音 [ɛ]，周少全发音时的开口度明显比唐昌平大；[ɤɯ]、[iɤɯ] 中的主元音 [ɤ]，周少全发音时的舌位比唐昌平靠后一些。

（三）声调 4 个

表3　　　　　　　　潼南龙形镇湘语声调表

阴平	[35]	东春<u>里</u>~人<u>路</u>修~饭<u>谷</u>~子哭	阳平	[31]	门铜<u>谷</u>山~<u>拍</u>打~子刻<u>吐</u>茶~毒
上声	[453]	懂九苦草买五有	去声	[214]	冻寸<u>罪</u>犯~<u>路</u>公~<u>地</u>~主<u>绿</u>~豆<u>白</u>~色

说明：

（1）阴平调 [35] 的动程稍短，但上升幅度较上声 [453] 的前半程 [45] 大。

（2）阳平调 [31] 的起点稍低于3度，但比2度高，发音时调首往往轻微上扬或稍平，实际调值接近 [231] 或 [331]。

（3）上声调 [453] 调首上升的幅度较小，且上升较陡，个别字读音时调首稍平，有时整个声调只有下降部分。在话语中处于非末字位置时，往往读高升调。因此，单字调记为 [453]。

（4）去声调［214］的调尾低于4度，但又高于阳平调的起点，整个声调以上升为主，调首下降的幅度较小，有时很不明显。

三 龙形镇湘语的音韵特点

潼南龙形湘语保留着湘语典型的一些语音特点，但由于迁到潼南的时间已经较为久远，且迁入后处于西南官话的包围之中，长期不断地受到周边西南官话的影响，在与西南官话的接触过程中，湘语自身的语音特征有些在深层次上得以保留，有些则正在不断地受到磨损。整体上，由于受到西南官话的较大影响，龙形湘语内部的异读情况较多，语音层次较为丰富，当地的语音呈现出向城区西南官话靠拢的趋势。

（一）声母特点

（1）古全浊声母舒声字不论平仄今逢塞音、塞擦音多读不送气清音。如：盘并母 pan^{31} ｜抬定母 tai^{31} ｜唐定母 $taŋ^{31}$ ｜柴崇母 $tsai^{31}$ ｜肠澄母 $tsaŋ^{31}$ ｜钱从母 $tɕiɛn^{31}$ ｜穷群母 $tɕioŋ^{31}$。受西南官话的影响，部分字已有不送气和送气两读，如：彭并母 $pɛn^{31}$ ~ $p^hɛn^{31}$ ｜狂群母 $kuaŋ^{31}$ ~ $k^huaŋ^{31}$ ｜檀定母 tan^{31} ~ t^han^{31} ｜迟澄母 $tsʅ^{31}$ ~ $ts^hʅ^{31}$ ｜棋群母 $tɕi^{31}$ ~ $tɕ^hi^{31}$。部分非常用字只读送气清音，如：屏萍并母 $p^hiɛn^{31}$ ｜挺艇定母 $t^hiɛn^{31}$ ｜疼定母 $t^hɛn^{31}$ ｜童潼定母 $t^hoŋ^{31}$ ｜题定母 t^hi^{31} ｜途涂定母 t^hu^{31} ｜残惭从母 ts^han^{31} ｜除 ts^hu^{31} ~ $tɕ^hy^{31}$ ｜臣忱禅母 $ts^hɛn^{31}$ ｜茬崇母 ts^ha^{31} ｜渠群母 $tɕ^hy^{31}$。

（2）古全浊声母入声字今逢塞音、塞擦音时有不少读送气清音。如：拔并母 p^ha^{31} ｜截捷从母 $tɕ^hiɛ^{31}$ ｜弼并母 p^hi^{31} ｜术澄母 $tɕ^hy^{31}$ ~ ts^hu^{31} ｜着澄母 ts^ho^{35} ~ ts^ho^{214} ｜辙泽宅澄母 $ts^hɛ^{31}$ ｜择澄母 $ts^hɛ^{31}$ ~ $ts^hɛ^{214}$ ｜沓定母 t^ha^{214}。少量读不送气清音，如：贼从母 $tsuɛi^{31}$ ~ $tsɛ^{31}$ ｜侄澄母 $tsɛ^{214}$ ~ $tsʅ^{31}$ ｜夺定母 to^{31} ｜集从母 $tɕi^{31}$ ｜蛰澄母 $tsʅ^{35}$ ~ $tsɛ^{35}$ ｜叠定母 $tiɛ^{31}$。

（3）部分全清声母读送气音。帮母字如：谱 p^hu^{453} ｜鄙 p^hi^{453} ｜庇 p^hi^{31} 包~｜痹 p^hi^{31} 麻~｜遍 $p^hiɛn^{214}$ ~地｜绊 p^han^{214} ~了一脚｜卜 p^hu^{31} 占~、姓~，端母字如：抖 $t^hɤɯ^{453}$，见母字如：概溉 k^hai^{214} ｜括 k^hua^{31} 老~ k^hua^{31} 新，心

母字如：碎 tsʰuɛi²¹⁴ ｜ 粹 tsʰuɛi²¹⁴。

（4）泥母和疑母细音字大都读零声母。泥母细音字如：拈 iɛn³⁵ ｜ 年 iɛn³¹ ｜ 碾 iɛn⁴⁵³ ｜ 泥 i³¹ ｜ 女 y⁴⁵³ ｜ 尿 iɑɯ³⁵；疑母细音字如：牛 iɤɯ³¹ ｜ 严 iɛn³¹ ｜ 研 iɛn³⁵ ｜ 艺义 i²¹⁴ ｜ 业 iɛ³¹ ｜ 孽 iɛ³⁵；端母"鸟 iɑɯ⁴⁵³"也读零声母。仅有极个别非常用泥母细音字声母仍读［l］，当是受普通话影响所致，如：疟 lio³¹ ~疾 ｜ 鲇 liɛn³¹ ｜ 宁 liɛn³¹ ｜ 扭~秧歌 liɤɯ⁴⁵³。泥母在洪音前则与来母混同，多读为边音［l］，如：怒=路 lu²¹⁴ ｜ 脑=老 lɑɯ⁴⁵³。新派读音中，有部分来母细音字也读为零声母，如：略掠 io³¹。

（5）日母在洪音前时，老派读音与来母相同，读［l］，显示出当地方言曾经"娘日归泥"的语音层次，新派日母读音则基本上都读为［z］声母。

（6）当地仅有两套塞擦音声母。精组和知庄章组洪音字声母相同，都读舌尖前音［ts tsʰ s］。如：知=资 tsʅ³⁵ ｜ 聪=充 tsʰoŋ³⁵ ｜ 三=山 san³⁵。不分尖团，精组细音字与见系细音字合流，都读舌面音［tɕ tɕʰ ɕ］，如：集=急 tɕi³¹ ｜ 秦=禽 tɕʰiɛn³¹ ｜ 线=县 ɕiɛn²¹⁴。

（7）遇摄、山摄、臻摄合口三等知系字声母（白读音）同精组和见组细音字一样，读舌面音［tɕ tɕʰ ɕ］。如：猪=居 tɕy³⁵ ｜ 出=曲=蛆 tɕʰy³⁵ ｜ 煮=举 tɕy⁴⁵³ ｜ 书=虚=需 ɕy³⁵ ｜ 专=军 tɕyɛn³⁵ ｜ 川穿=圈=春 tɕʰyɛn³⁵ ｜ 船=群 tɕyɛn³¹ ｜ 准=卷=转转送 tɕyɛn⁴⁵³ ｜ 唇=寻=询=玄 ɕyɛn³¹ 等。曾摄开口三等"绳 ɕyɛn³¹"也读舌面音。

（8）古见系开口二等字白读声母多保留舌根音声母的读法。如：家 ka³⁵ ｜ 嫁 ka²¹⁴ ｜ 瞎 xa³⁵ ｜ 虾 xa³⁵ ｜ 街 kai³⁵ ｜ 解 kai⁴⁵³ ｜ 崖 ŋai³¹ ｜ 界 kai²¹⁴ ｜ 阄 kɤɯ³⁵ ｜ 敲 kʰɑɯ³⁵ ｜ 搅 kɑɯ⁴⁵³ ｜ 觉窖 kɑɯ²¹⁴ ｜ 咬 ŋɑɯ⁴⁵³ ｜ 咸衔 xan³¹ ｜ 限 xan²¹⁴ ｜ 苋 xan³⁵ ｜ 项巷 xaŋ²¹⁴ ｜ 杏 xɛn²¹⁴ ｜ 行 xɛn³¹ ｜ 掐 kʰa³⁵ ｜ 夹 ka³⁵。

（9）古疑母和影母一二等开口字（白读）多读［ŋ］声母。疑母字如：我 ŋo⁴⁵³ ｜ 艾 ŋai²¹⁴ ｜ 熬 ŋɑɯ³¹ ｜ 眼 ŋan³⁵ ｜ 雁 ŋan²¹⁴~ŋai²¹⁴ ｜ 昂 ŋaŋ³¹ ｜ 硬 ŋɛn²¹⁴~ŋɛn³⁵ ｜ 牙 ŋa³¹ ｜ 崖 ŋai³¹ ｜ 咬 ŋɑɯ⁴⁵³ ｜ 额 ŋɛ³¹ ｜ 饿 ŋo³⁵ ｜ 鄂 ŋo³¹；影母字如：哀 ŋai³⁵ ｜ 挨 ŋai³¹ ｜ 袄 ŋɑɯ⁴⁵³ ｜ 欧 ŋɤɯ³⁵ ｜ 暗晏 ŋan²¹⁴ ｜

恩 ŋ ɛn³⁵ ｜ 肮 ŋaŋ³⁵ ｜ 樱 ŋ ɛn³⁵ ｜ 扼 ŋɛ³¹ ｜ 鸭 ŋa³⁵ ｜ 矮 ŋai⁴⁵³ ｜ 坳 ŋaɯ²¹⁴ ｜ 恶 ŋo²¹⁴ 凶 ~ 。

（10）部分见系字的声母与普通话相比，存在超前颚化现象。如：刚 宕开一见母 tɕiaŋ³⁵ ｜ 孩 蟹开一匣母 ɕiai³¹。还有些三等字（不论开合）都有 i 介音，而这些字在普通话中要么没有介音，要么介音不同，如：弓 通合三见母 tɕioŋ³⁵ 弹棉花的用具 ｜ 龚 通合三见母 tɕioŋ³⁵ ｜ 筐 框 眶 宕合三溪母 tɕʰiaŋ³⁵ ｜ 邹 流开三庄母 tɕiɤɯ³⁵。

（11）古晓匣母合口字声母读同非组，即当地 [xu-] [f] 不分，一般都读 [f]。如：胡 = 扶 fu³¹ ｜ 还 = 烦 fan³¹ ｜ 魂 = 坟 f ɛn³¹ ｜ 灰 = 飞 f ɛi³⁵ ｜ 或 fai³¹ ｜ 划 fa³¹。非组与通摄合口舒声韵相拼时则与晓匣母混同，多读 [x]，如：丰风 xoŋ³⁵ ｜ 凤缝 xoŋ²¹⁴，音位 [f] 与 [x] 还存在对立，如咸 xan³¹ ≠ 烦还 ~钱 fan³¹ ｜ 痕 x ɛn³¹ ≠ 坟魂 f ɛn³¹ ｜ 行 xaŋ³¹ ≠ 房簧磺 faŋ³¹。另外一个有意思的层次是：部分流摄开口三等非组字的白读音声母读为 [x]，如：否 xɤɯ⁴⁵³ ｜ 浮 xɤɯ³¹ ｜ 阜 xɤɯ²¹⁴。

（12）部分匣母字白读音声母为零声母。如：回 u ɛi³¹ ~去 ｜ 怀 uai³¹ ~里 ｜ 还 uan³¹ ~钱 ｜ 换 uan³⁵ ~衣服 ｜ 黄皇蟥蝗 uaŋ³¹ ｜ 话 ua³⁵ ｜ 完丸 uan³¹ ｜ 禾乂 o³¹ ~苗 ｜ 和白 o³¹ ~尚 ｜ 横 u ɛn³¹ ~起走。

（二）韵母特点

1. 鼻音尾方面

（1）当地方言无入声韵尾。古阳声韵尾 [m n ŋ] 中，[m] 尾并入 [n] 尾，即咸山摄韵母合流、深臻摄韵母合流。中古以 [ŋ] 收尾的曾梗摄舒声韵（除开口一二等帮组字外）与深臻摄舒声韵合流，收 [n] 尾，宕江摄、通摄和曾梗摄开口一二等帮组舒声韵收 [ŋ] 尾。

（2）部分阴声韵字增生鼻音尾，读阳声韵。增生鼻音尾 [n] 的多来自蟹止摄，如：蓖 蟹开四齐韵帮母 pi ɛn³⁵ ｜ 蚁 止开三纸韵疑母 i ɛn³⁵ ｜ 腻 止开三脂韵泥母 i ɛn²¹⁴ 生 ~了 ｜ 沂 止开三微韵疑母 i ɛn³¹ ~蒙山 ｜ 毅 止开三微韵疑母 i ɛn²¹⁴ ｜ 翡 止合三微韵奉母 f ɛn⁴⁵³。增生鼻音尾 [ŋ] 的多来自流摄，如：某亩 流开一侯韵明母

moŋ⁴⁵³ | 茂贸 流开一侯韵明母 moŋ²¹⁴ | 谋 流开三尤韵明母 moŋ³¹。

（3）部分阳声韵字存在鼻音尾脱落的问题。咸山摄部分字如：杉 咸摄开口二等咸韵生母 sa³⁵ | 疝 山开二删韵生 suai²¹⁴ | 雁 山开二删韵疑母 ŋai²¹⁴ ~鹅：大雁 | 喘 山合三仙韵昌母 tsʰuai⁴⁵³。

2. 口呼方面

（1）部分山摄、宕摄和曾摄开口舒声字存在增生［u］介音的现象。如：珊 山开一心母 删 山开二生母 suan³⁵ | 铲 山开二初母 tshuan⁴⁵³ | 仓 宕开一清母 tsʰuaŋ³⁵ | 桑 宕开一心母 suaŋ³⁵ | 藏 宕开一平从母 tsuaŋ³¹ ~ tsʰuaŋ³¹ ~起来 | 藏 宕开一去从母 tsuaŋ²¹⁴ 西~ | 绳 曾开三船母 su ɛn³¹ 新, ~子。宕摄开口三等庄母平声 "装 tsaŋ³⁵ ~饭" 和假摄合口二等溪母去声 "胯 kʰa²¹⁴" 失去介音，江摄开口二等初母平声 "窗 tshaŋ³⁵" 保留着无介音的读法。

（2）果摄字开合口合流，都读［o］，如：哥 = 锅 ko³⁵ | 饿 o³⁵ | 卧 o²¹⁴。

（3）部分开口三等字可以读撮口呼韵母。蟹摄开口三等的，如：砌 tɕʰy²¹⁴；深摄开口三等的如：寻 ɕy ɛn³¹；山摄开口三等的，如：鲜轩掀 ɕy ɛn³⁵ | 搴 tɕy ɛn⁴⁵³ | 弦 ɕy ɛn³¹ | 薛 ɕyɛ³⁵ | 屑 ɕyɛ³¹。也有部分合口三等字的读音比普通话更加符合古今演变的规律，如，山摄合口三等：沿铅 y ɛn³¹；梗摄合口三等：营茔颖萤荣 y ɛn³¹ | 疫役 y³¹ | 倾顷 tɕʰy ɛn⁴⁵³。

（4）臻摄合口一三等端系舒声字的韵母无介音［u］，多读［ɛn］韵母。如：顿 t ɛn²¹⁴ | 论 l ɛn²¹⁴ | 嫩 l ɛn³⁵ | 村 tsʰ ɛn³⁵ | 孙 s ɛn³⁵ | 伦 l ɛn³¹ | 笋 s ɛn⁴⁵³。

（5）"鱼入支微" 与 "支微入鱼"

①遇摄鱼虞韵部分字存在 "鱼入支微" 现象，即读［u ɛi］韵母。如：屡吕 lu ɛi⁴⁵³ 又 | 絮 su ɛi³⁵ 又, 棉~ | 趋 tsʰu ɛi³⁵ | 鼠 su ɛi⁴⁵³ 老, 黄~佬儿。

②支摄合口支脂韵部分字存在 "支微入鱼" 现象。如：吹 tɕʰy³⁵ 白, ~风 | 随 ɕy³¹ 白, 在~ | 锤 tɕy³¹ 老 | 水 ɕy⁴⁵³ 老 | 遂隧 ɕy²¹⁴ 老 | 虽 ɕy³⁵ 老 | 锥 tɕy³⁵ 老, 蜂子~了一下。

3. 韵摄读音方面

（1）假摄开口三等字的主要元音大多已读［ɛ］，部分字的主元音残留读低元音［a］的层次。如：姐 tɕia⁴⁵³ 老｜车 tsʰa³⁵ 白, 水~｜斜 ɕia³¹ 老｜蛇 sa³¹ 老｜野 ia⁴⁵³ 白, ~物｜夜 ia³⁵ 白, ~饭。

（2）遇摄合口一等端系字白读韵母与流摄合流，读［ɤɯ］。如：赌 tɤɯ⁴⁵³｜徒 tɤɯ³¹｜炉 lɤɯ³¹ 白, 香~｜租 tsɤɯ³⁵ 白, ~谷｜醋 tsʰɤɯ³⁵ 白, 麸~｜酥 sɤɯ³⁵。

遇摄合口三等知系字韵母白读多读［y］，如：猪朱柱 tɕy³⁵｜书殊ᵡɕy³⁵｜煮主 tɕy⁴⁵³。部分非常用字已读为［u］韵母，如：阻 tsu⁴⁵³｜株 tsu³⁵｜竖 su²¹⁴｜疏 su³⁵。

（3）蟹摄开口一二等见晓组部分字韵母读［iai］。如：孩 ɕiai³¹ ᵡ, 多用｜谐 ɕiai³¹｜皆 tɕiai³⁵｜介界ᵂ, ᵂ~; ~线 芥疥届戒械 tɕiai²¹⁴｜懈 ɕiai²¹⁴。

（4）止摄开口帮组部分字读［ɛi］韵母。如：披 pʰɛi³⁵｜臂 pɛi²¹⁴｜婢 pɛi³⁵｜丕 pʰɛi⁴⁵³；部分读［i］韵母，如：被 pi²¹⁴｜媚眉 mi³¹｜备 pi²¹⁴。

（5）咸山摄舒声韵细音字和深臻摄、曾梗摄舒声细音字韵母合流，这是相对于潼南县城和重庆主城方言最有特点的地方之一，如：

减 = 紧 = 警 tɕiɛn⁴⁵³｜千 = 亲ᵂ = 轻 tɕʰiɛn³⁵｜先 = 欣 = 兴~旺 ɕiɛn³⁵｜练 = 赁 = 令 liɛn²¹⁴

烟 = 音 = 英 iɛn³⁵｜专白, ~门 = 捐 = 军 tɕyɛn³⁵｜川老 = 圈 = 春 = 倾 tɕʰyɛn³⁵｜原 = 匀 = 荣 yɛn³¹

弦 = 悬 = 寻 = 绳 ɕyɛn³¹｜面吃~ = 命 miɛn³⁵

（6）山臻摄合口知系舒声字（及咸摄开口二等澄母"赚"）的韵母存在异读，老派或白读韵母为［yɛn］，此也是所保留的湘语特征之一，新派或文读韵母为［uan］或［uɛn］。如：川穿 tɕʰyɛn³⁵ 老 ~ tsʰuan³⁵ 新｜船 tɕyɛn³¹ 白, ~工 ~ tsuan³¹ 白, 晕~ ~ tsʰuan³¹ 文, 轮~｜蠢 tɕʰyɛn⁴⁵³ 老 ~ tsʰuɛn⁴⁵³ 新｜唇纯 ɕyɛn³¹ 老 ~ suɛn³¹ 新｜顺 ɕyɛn²¹⁴ 老 ~ suɛn²¹⁴ 新。

（7）深臻摄开口三等和曾梗摄开口三四等帮组和端系舒声字韵母存

在文白异读，白读为 [ɛn]，文读为 [iɛn]。如：心 sɛn³⁵白，~子 ~ ɕiɛn³⁵文，背~ | 亲 tsʰɛn³⁵白，~爷 ~ ɕʰiɛn³⁵文，~嘴 | 信 sɛn²¹⁴白，写~ ~ ɕiɛn²¹⁴文，相~ | 冰 pɛn³⁵白，结~ ~ piɛn³⁵文，~糕 | 平 pɛn³¹白，路~ ~ pʰiɛn文，~坦 | 饼 pɛn⁴⁵³白，~子 ~ piɛn⁴⁵³文，~干 | 领 lɛn⁴⁵³白，衣~ ~ liɛn⁴⁵³文，~导 | 静 tsɛn²¹⁴白，安~ ~ tɕiɛn²¹⁴文，肃~ | 鼎 tɛn⁴⁵³白，~锅 ~ tiɛn⁴⁵³文，方~ | 零 lɛn³¹白，~钱 ~ liɛn³¹文，~散 | 醒 sɛn⁴⁵³白，睏~了 ~ ɕiɛn⁴⁵³文，清~。

（8）山摄和深臻曾摄开口三等知庄章组入声字韵母存在文白异读，白读为 [ɛ]，文读为 [ɿ]。如：蜇 tsɛ³⁵白，~人 ~ tsɿ³⁵文，惊~ | 湿 sɛ³⁵白，地上~ ~ sɿ³¹文，~气 | 十 sɛ²¹⁴白，~个 ~ sɿ³¹文，二~ | 侄侄 tsɛ²¹⁴白，~子 ~ tsɿ³¹文，~儿 | 失 sɛ²¹⁴白，东西~了 ~ sɿ³¹文，损~ | 直 tsʰɛ²¹⁴白，路~ ~ tsɿ³¹文，正~ | 蚀 sɛ²¹⁴白，~本 ~ sɿ³¹文，腐~，"虱 sɛ³⁵"只有白读。

（9）臻摄和通摄合口精组入声字（白读）读 [y] 韵母，如：卒 tɕy³¹ | 足 tɕy³¹ ~够 | 族 tɕʰy³¹ | 速 ɕy³¹ | 肃宿 ɕy³¹ | 俗 ɕy³¹。臻摄知系部分入声字（白读）也读 [y] 韵母，如：术 tɕʰy³¹ ~ ɕy³¹ | 出 tɕʰy³⁵白，~去 ~ tsʰu³¹文，演~。通摄知系部分入声字（白读）读 [ɣɯ] 韵母，文读 [u] 韵母，如：竹 tsɣɯ³⁵ | 叔 sɣɯ²¹⁴白，~爷 ~ su³¹文，~~ | 熟 sɣɯ²¹⁴白，苹果~了 ~ su³¹文，~视无睹 | 烛 tsɣɯ³⁵白，蜡~ ~ tsu³¹文，~光 | 肉 lɣɯ³⁵。

（三）声调特点

1. 当地有四个单字调，即：阴平、阳平、上声和去声。只有中古平声按声母清浊分为阴阳两类。去声不分阴阳，这是与湖南境内很多湘语有区别的地方。当地声调古今演变的总体规律是：平分阴阳，浊上（全浊上）和浊去（包括次浊去和全浊去）归阴平，入派三声（阴平、阳平和去声）。

2. 当地湘语已无入声调，中古入声字归入阴平、阳平和去声三个调类中，归并的方向与周边的西南官话有很大不同，这也是当地湘语的一个主要语音特点。

3. 当地方言中阴平调的来源较多，除了清声母平声字外，中古全浊声母上声字和浊声母去声字（包括次浊去和全浊去）白读也大都读入阴平，部分次浊甚至全浊声母平声字也读入阴平，不少清声母入声字和部分次浊声母入声字也读入阴平。浊声母平声字归阴平的，如：拿 la^{35}｜炎研蝇 i ɛn^{35}｜摩摹磨 mo^{35}｜模 mu^{35}白，~样｜爬 pa^{35}白，~山｜挪啰 lo^{35}｜敹 liɑɯ^{35}缝合，~边儿：手工贴边｜瘸 tɕʰyɛ^{35}｜凭 pʰɛn^{35}~~椅｜蜷 tɕy ɛn^{35}~脚：蜷腿｜聋笼笆~loŋ^{35}。全浊声母上声字（白读）读阴平的，如：祸 xo^{35}｜是 sʅ^{35}｜跪 ku ɛi^{35}｜厚 xɣɯ^{35}｜咎 tɕiɣɯ^{35}｜淡 tan^{35}｜重 tsoŋ^{35}轻~｜罪 tsu ɛi^{35}白，~人｜抱 pɑɯ^{35}白，~孩子｜动 toŋ^{35}白，~一下｜近 tɕi ɛn^{35}白，离家~。浊声母去声字（白读）读阴平的，如：字 tsʅ^{35}｜糯 lo^{35}｜鼻 pi^{35}｜露漏 lɣɯ^{35}｜豆白，~子逗 tɣɯ^{35}｜瞪 t ɛn^{35}｜梦 moŋ^{35}｜弄 loŋ^{35}｜败 pai^{35}白，~家子｜卖 mai^{35}白，~东西｜袋 tai^{35}白，口~｜现 ɕi ɛn^{35}白，~成｜夜 ia^{35}白，~饭。清入和部分次浊入字读入阴平的例字见下"（7）古入声字的归派"中的第1和第2条。

4. 阳平字的来源有浊声母平声字和部分入声字，入声字读入阳平很多应该是受西南官话影响所致，具体归入情况见下"（七）古入声字的归派"相关内容。

5. 上声的来源基本只有中古清声母上声字和次浊声母上声字，极个别的次浊入字读入上声，如：抹 mo^{453}~子｜烙 lo^{453}~铁｜褥 lu^{453}被~。

6. 去声的来源主要包括中古清声母去声字、浊声母入声字，以及少量清入字。

7. 古入声字的归派

受方言接触、自身语音演变以及普通话等多重因素的影响，中古入声字今在潼南龙形湘语中的读音情况较为复杂。不少入声字存在声调异读现象，反映出了入声字读音在当地方言发展变化中的复杂性、丰富性和层次性。

（1）清入字的归派

清声母入声字在当地方言中主要读入阴平，有部分读入去声，目前尚未发现读入阴平或去声的分化条件。受西南官话的影响，部分清入字存在白读音读阴平或去声，文读音读入阳平的情况，还有部分清入字已只读阳平。

只读阴平的清入字，如：摘 tsɛ³⁵｜涩虱 sɛ³⁵｜磕 kʰo³⁵｜合 ko³⁵ 十~为一升｜哭 kʰu³⁵｜插 tsʰa³⁵｜帖贴 tʰiɛ³⁵｜揖 i³⁵｜萨 sa³⁵｜割 ko³⁵｜喝 xo³⁵｜杀 sa³⁵｜薛 ɕyɛ³⁵｜蛰 tsɿ³⁵惊, ~ tsɛ³⁵ ~人｜蝎歇 ɕiɛ³⁵｜憋 piɛ³⁵｜切 tɕʰiɛ³⁵｜泼 pʰo³⁵｜撮 tsʰo³⁵｜豁 xo³⁵｜挖 ua³⁵｜黢 tɕʰy³⁵｜黑 xɛ³⁵｜拆坼 tsʰɛ³⁵｜客 kʰɛ³⁵｜摘 tsɛ³⁵｜只 tsɿ³⁵一~鸟｜尺 tsʰɿ³⁵｜劈 pʰiɛ³⁵｜萝卜 pu³⁵萝~｜竹 tsɣɯ³⁵，等。

文读音读阳平 [31]，白读音读阴平 [35] 的清入字，如：押 ia³¹文, ~金 ~ ia³⁵白, ~犯人｜雪 ɕyɛ³¹文, ~花 ~ ɕyɛ³⁵白, 落~｜塞 sɛ³¹文, 堵 ~ sai³⁵白, ~子 ~ sɛ³⁵白, 把洞洞~倒｜八 pa³¹文, 算~字 ~ pa³⁵白, 六七~｜漆 tɕʰi³¹文, 油 ~ tɕʰi³⁵白, ~桌子｜湿 sɿ³¹文, ~气 ~ sɛ³⁵白, 地~嘎了｜出 tsʰu³¹文, 演 ~ tɕʰy³⁵白, ~门｜铁 tʰiɛ³¹文, 毛~: 斧子 ~ tʰiɛ³⁵白, ~锅｜发 fa³¹文, 头 ~ fa³⁵白, ~财｜谷 ku³¹文, 山~, 姓 ~ ku³⁵白, ~子｜结 tɕiɛ³¹文, ~婚 ~ tɕiɛ³⁵白, ~了很多果｜掐 tɕʰia³¹文, ~脱 ~ kʰa³⁵白, ~断，等。

只读去声 [214] 的清入字，如：笔 pi²¹⁴｜恶 o²¹⁴ ~人｜藿 xo²¹⁴ ~香｜式 sɿ²¹⁴｜忆亿翼易 i²¹⁴｜窄 tsɛ²¹⁴｜栅 tsa²¹⁴｜炙 tsɿ²¹⁴｜射 sɛ²¹⁴｜液腋 iɛ²¹⁴｜郁 y²¹⁴，等。

文读音读阳平 [31]，白读音读去声 [214] 的清入字，如：北 pɛ³¹文, 东~ ~ pɛ²¹⁴白, ~方｜骨 ku³¹文, 排~ ~ ku²¹⁴白, ~头｜德 tɛ³¹文, 品~ ~ tɛ²¹⁴白, 丧~｜叔 su³¹文, ~叔 ~ sɣɯ²¹⁴白, ~爷｜啄 tsua³¹文, ~~子: 鸡的隐语 ~ tsua²¹⁴白, 鸡~人。

有些清入字已只读阳平，如：急 tɕi³¹｜塔 tʰa³¹｜刻 kʰɛ³¹｜菊 tɕy³¹｜沃 o³¹｜速 ɕy³¹｜括 kʰuɛ³¹文, 包~ ~ kʰua³¹白, 包~｜胁 ɕiɛ³¹｜甲 tɕia³¹文, ~乙丙 ~ ka³¹白, 指~｜抑 i³¹，等。这些多为非常用字。

（2）次浊入字的归派

次浊声母入声常用字在当地主要读入去声，部分读入阴平，目前也尚未发现读入阴平和读入去声的分化条件。受西南官话的影响，部分次浊入字存在文读音读入阳平，白读音读入去声或阴平的情况，部分次浊入字已只读阳平。

只读去声的次浊入字，如：热 lɛ²¹⁴ | 莫幕 mo²¹⁴ | 腊 la²¹⁴ | 诺 lo²¹⁴ | 跃 iaɯ²¹⁴ | 脉 mɛ²¹⁴ | 牧 mu²¹⁴ | 六 lɤɯ²¹⁴ | 玉 y²¹⁴，等。

文读音读入阳平，白读音读入去声的次浊入字，如：密 mi³¹ 文, ~度 ~ mi²¹⁴ 白, 红苕栽~了 | 落 lo³¹ 文, ~实 ~ lo²¹⁴ 白, ~雨 | 叶 iɛ³¹ 文, 茶~ | 叶 iɛ²¹⁴ 白, ~子 | 绿 lu³¹ 文, ~色 ~ lɤɯ²¹⁴ 白, ~豆 | 辣 la³¹ 文, 油~子 ~ la²¹⁴ 白, 菜~ | 钥 io³¹ 新~ io²¹⁴ 老，等。

读（白读）阴平的次浊入字，如：拉 la³⁵ | 孽 iɛ³⁵ | 摸 mo³⁵ | 袜 ua³⁵ | 肉 lɤɯ³⁵ | 蜡 la³¹ 新~ la³⁵ 老。

文读音读入阳平，白读音读入阴平的次浊入字，如：物 u³¹ 文, 礼~ ~ u³⁵ 白, 野~ | 烈 liɛ³¹ 文, ~火 ~ liɛ³⁵ 白, 性格~ | 日 ʐɿ³¹ 文, ~记 ~ ɚ³⁵ 白, ~子，等。

个别次浊入字读入上声，如：抹 mo⁴⁵³ ~子 | 烙 lo⁴⁵³ ~铁 | 褥 lu⁴⁵³ 被~。

也有不少次浊入字已只读阳平，如：默 mɛ³¹ | 叶业镊聂 iɛ³¹ | 列裂 liɛ³¹ | 越悦粤阅曰 yɛ³¹，等。从使用情况来看，这些字多为非常用字。

（3）全浊入字的归派

大部分古全浊声母入声字今已读入阳平，部分读入去声，或文读阳平，白读去声，少量白读阴平。从使用情况来看，可以读去声的全浊声母入声字多为常用字。因此，读去声应该是古全浊入字较早时期的读音层次。

只读阳平的全浊入字，如：局 tɕy³¹ | 俗续 ɕy³¹ | 逐轴 tsu³¹ | 独犊 tu³¹ | 笛敌狄 ti³¹ | 帛 pɛ³¹ | 殖植 tsʅ³¹ | 镯 tso³¹ | 浊 tsʰo³¹ | 特 tʰɛ³¹ ~ tʰiɛ³¹ | 掘 tɕyɛ³¹ | 夺 to³¹ | 截 tɕʰiɛ³¹ | 辙 tsʰɛ³¹ | 食拾 sʅ³¹ | 席夕习袭 ɕi³¹ | 籍寂疾及集辑 tɕi³¹ | 捷 tɕʰiɛ³¹ | 涉 sɛ³¹ | 杂 tsa³¹ | 合 xo³¹ | 辖 ɕia³¹ | 协穴 ɕiɛ³¹，等。

今只读去声的全浊入字，如：曝 paɯ²¹⁴ | 嚼 tɕiaɯ²¹⁴ | 剧 tɕy²¹⁴ ~烈, 戏~ | 读 tʰɤɯ²¹⁴，等。

文读音读入阳平，白读音读入去声的全浊入字，如：舌 sɛ³¹ 文, 喉~ ~ sɛ²¹⁴ 白, ~条儿; 舌头 | 活 xo³¹ 文, ~路 ~ xo²¹⁴ 白, ~鱼 | 薄 po³¹ 文, 确~ ~ po²¹⁴ 白, 衣服~ | 白 pɛ³¹ 文, 黄秧~ ~ pɛ³⁵ 白, 明~ ~ pɛ²¹⁴ 白, ~色 | 侄 tsʅ³¹ 文, ~儿 ~ tsɛ²¹⁴ 白,

~子｜学 ɕio³¹ 文，同~ ~ ɕio²¹⁴ 白，~生｜择 tsʰɛ³¹ 文，选~ ~ tsʰɛ²¹⁴ 白，~菜｜直 tsɿ³¹ 文，正~ ~ tsʰɛ²¹⁴ 白，路~｜石 sɿ³¹ 文，姓~，条~ ~ sɿ²¹⁴ 白，~头｜蚀 sɿ³¹ 文，腐~ ~ sɛ²¹⁴ 白，~本｜获 xo³¹ 文，俘~ ~ xo²¹⁴ 白，~得｜熟 su³¹ 文，~视无睹 ~ sɤɯ²¹⁴ 白，~田｜十 sɿ³¹ 文，二~ ~ sɿ³⁵ 白，三~ ~ sɛ²¹⁴ 白，~个｜昨 tso³¹ 文，~年 ~ tso²¹⁴ 白，~天 ~ tsʰo²¹⁴ 白，~天，等。

可以读（白读）阴平的全浊入字，如：鹤 xo³⁵｜钹 po³⁵｜雹 pɑɯ³⁵｜实 sɿ³¹ 文，诚~ ~ sɿ³⁵ 扎~｜勺 so³¹ 文，漏~sua³¹ 白，~子：羹匙 ~ so³⁵ 白，瓜~：瓢｜划 fa³¹ 文，~船 ~ fa³⁵ 白，~柴

四 结语

龙形湘语一直处于西南官话的包围之中，随着当地交通状况的改善，外出打工人口的日益增多以及城市一体化的发展，尤其随着人们受教育程度的提高，当地的话语无论是在语音、词汇方面，还是在语法方面，都正在越来越多地受到潼南县城话和普通话的影响。很多湘语的语音特点正在消失，如：古全浊声母今逢塞音和塞擦音时读不送气音这个特征所管辖的字越来越少。不少方言词汇正在被西南官话的词汇所替代，部分人们开始转用"耍玩""嘿⁼""一点儿"等，而少用或不用"哈玩""很""一颗儿一点儿"等。语法规则方面，部分人在说话时也开始向西南官话靠拢，完成体助词不用或少用"嘎"、否定词不用或少用"冇"等。

可以说，随着交通的日渐便利，潼南区龙形当地与外界的交流将变得更加频繁，龙形湘语的使用空间正变得越来越小，当地人使用湘语的机会也在变得越来越少，龙形湘语由濒危而走向衰亡的命运在将来也变得难以避免。在龙形湘语消亡之前对它展开全面、系统而深入的调查、记录、保存和研究显得尤为迫切和重要。

湖北浠水方言亲属称谓*

胡泽超　舒韶雄**

内容提要：浠水方言中的亲属称谓极具特色，然而当前的研究不够丰富。本文在文献研究法基础上，分析浠水方言亲属称谓系统的特点，探究亲属称谓系统的演变轨迹及其文化内涵，有助于为鄂东方言研究，为民族共同语规范化提供参考。

关键词：浠水方言；亲属称谓系统；语言差异；文化内涵

引言

浠水县位于鄂东中部、大别山南麓、长江中游北岸，东邻蕲春县，西界团风县，西南与鄂州市、黄石市隔江相对，北及东北与罗田县、英山县毗连。

浠水方言属于江淮官话黄孝片，赵元任在《湖北方言调查报告》中将浠水方言归为第二区，并说"这第二区可以算典型的楚语"。[①] 浠水方言中的亲属称谓极具特色，但当前相关研究还不够丰富。本文以浠水县城关区方言为研究对象，通过对浠水方言亲属称谓系统的描述和分析，

---

* [基金项目] 湖北理工学院校级重点教研项目"汉语言文学专业创新课程建设的探索与实践——以专业选修课〈文字学〉为例"（项目编号2019B09）。

** [作者简介] 胡泽超（1997— ），男，湖北浠水人，湖北理工学院师范学院汉语言文学专业学生；舒韶雄（1973— ），男，湖北蕲春人，湖北理工学院师范学院教授，主要从事汉语史、碑刻文献学研究。

① 赵元任：《湖北方言调查报告》（第二册），商务印书馆1948年版，第1569页。

探究亲属称谓系统的演变轨迹及其文化内涵。

根据 1992 年版的《浠水县志》，下面对浠水方言的语音系统作简要介绍①。

声母 24 个：

p pʰ m f t tʰ n ts tsʰ s tʂ tʂʰ ɳ ʂ z tɕ tɕʰ ȵ ɕ k kʰ ŋ x ø。

韵母 58 个：

ɿ ʅ a o ɛ ɜ ɚ ai ei au əu an ən aŋ oŋ ɿʔ ʅʔ aʔ ɛʔ oʔ əuʔ

i ia io iɛ iau iəu ian in iaŋ ioŋ iʔ iaʔ iɛʔ ioʔ iəuʔ

u ua uɛ uai uəi uan uən uaŋ uʔ uaʔ uɛʔ uoʔ

y ya yɛ yai yəi yan yən yaŋ yʔ yaʔ yɛʔ。

声调 6 个：阴平 21、阳平 42、上声 34、阴去 35、阳去 33、入声 313。

一 浠水方言亲属称谓概况

为了便于研究分析，也为避免在描述时造成亲属称谓的重复罗列，本文将结合浠水方言亲属称谓的使用情况，大致把亲属称谓按照长辈、平辈、晚辈分成三大类。

（一）长辈类

老爹 [lau³⁴tiɛ²¹]：曾祖父。

老婆 [lau³⁴pʰo⁴²]：1. 曾祖母。2. 称自己的妻子（新派话）。

爹 [tiɛ²¹]：祖父。

婆 [pʰo⁴²]：祖母。

家爹 [ka²¹tiɛ²¹]：外祖父。

家 [ka²¹]、家婆 [ka²¹pʰo⁴²]：外祖母。

---

① 参见《浠水县志》，中国文史出版社 1992 年版。

伯［pɛʔ³¹³］、爸［pa³¹³］、老子［lau³⁴tsʅ］①：1. 父亲。"老子"为背称。2."伯"可指称父亲的兄长（新派话）。前加排行，如：大伯、二伯。

母［mɛ³⁴］、妈［ma⁴²］、老娘［lau³⁴ȵiaŋ⁴²］②：1. 母亲。2."母"可指称父亲兄弟的妻子。前加排行，如：大母、二母。3."妈"可指称叔父的妻子。前加排行，如：二妈、三妈。

娘老子［ȵiaŋ⁴²lau³⁴tsʅ］：父母。背称。

公公［koŋ²¹koŋ］：丈夫的父亲。

爹爹［tiɛ²¹tiɛ］：1. 丈夫的父亲。2. 老年女性称自己的丈夫。

婆婆［pʰo⁴²pʰo］：1. 丈夫的母亲。2. 老年男性称自己的妻子。

（老）亲爷［tɕʰin²¹iɛ⁴²］：1. 妻子的父亲。2."亲爷"也可称干爸。

（老）亲娘［tɕʰin²¹ȵiaŋ］：妻子的母亲。

爷［iɛ⁴²］：父亲的兄弟姐妹，不分男女。前加排行，如：大爷、二爷。

婶［ʂən³¹³］、婶娘［ʂən³¹³ȵiaŋ⁴²］：叔父的妻子。

姑爷［ku²¹iɛ⁴²］：1. 姑父。前可加排行或姓，如：大姑爷，明姑爷。2. 女婿。背称前要加"姓+家"，如：周家姑爷。

舅［tɕiəu³³］、舅爷［tɕiəu³³iɛ⁴²］：母亲的兄弟。前加排行，如：大舅、细舅。"舅爷"为背称。

舅母［tɕiəu³³mɛ³⁴］／妈［ma⁴²］／娘［ȵiaŋ⁴²］：舅妈。前加排行，如：大舅母、细舅母。

姨母［i³⁴mɛ³⁴］／娘［i³⁴ȵiaŋ⁴²］：姨妈。前加排行，如：大姨母、二姨母。

姨丈［i³⁴tʂaŋ³³］：姨父。前加排行，如：大姨丈、二姨丈。

---

① 汪化云：《鄂东北方言中的父母称谓词考辨》，《黄冈师专学报》1996年第1期。
② 汪化云：《鄂东北方言中的父母称谓词考辨》，《黄冈师专学报》1996年第1期。

（二）平辈类

男的 [lan³⁴ti]、当家的 [taŋ²¹ka²¹ti]：丈夫。背称。

媳妇 [ɕiʔ³¹³fu²¹]：1. 妻子。2. 儿子的妻子。

堂客 [tʰaŋ⁴²kʰɛ]：妻子。背称。

婆儿伙的 [pʰo⁴²ɚ⁰xo⁴²ti]：夫妻。

哥 [ko²¹]：年长于自己的男性。背称时前加排行或关系，如：大哥，表哥，大舅哥。

嫂 [sau³⁴]：哥哥的妻子。前加排行，如：大嫂。

姐 [tɕiɛ³⁴]：年长于自己的女性。背称时前加排行或关系，如：大姐，表姐，姨姐儿。

姐夫 [tɕiɛ³⁴fu]、姐夫哥 [tɕiɛ³⁴fu²¹ko]：姐姐的丈夫。面称也可称"名字 + 哥"，"姐夫哥"为背称。

弟儿 [ti³³ɚ]、兄弟 [ɕioŋ²¹ti]：年幼于自己的男性。背称时前加排行或关系，如：细弟儿，表弟儿。

弟兄 [ti³³ɕioŋ²¹]（兄弟 [ɕioŋ²¹ti³³]）伙的 [xo⁴²ti]：兄弟。

叔儿 [ʂuʔ³¹³ɚ]：丈夫的弟弟。前加排行，如：细叔儿。

兄弟媳妇 [ɕioŋ²¹ti³³ɕiʔ³¹³fu³⁵]、弟媳妇儿 [ti³³ɕiʔ³¹³fɚ]：弟弟的妻子。

妹儿 [mi³³ɚ]：年幼于自己的女性。背称时前加排行或关系，如：细妹儿，表妹儿，姨妹儿。

姑儿 [ku²¹ɚ]：丈夫的姐妹。前加排行，如：大姑儿、细姑儿。

妹夫 [mi³³fu]：妹妹的丈夫。

姊妹 [tsʅ³⁴mi³³]：姐妹。

姊妹伙的 [tsʅ³⁴mi³³xo⁴²ti]：姐妹或兄弟姐妹（至少有一个女性）。

叔伯哥儿 [ʂuʔ³¹³pɛʔ³¹³ko²¹ɚ]：堂哥。背称。

叔伯兄弟 [ʂuʔ³¹³pɛʔ³¹³ɕioŋ²¹ti]：1. 堂兄弟合称。2. 堂弟。背称。

叔伯姊妹 [ʂuʔ³¹³pɛʔ³¹³tsʅ³⁴mi³³]：堂姐妹。背称。

表哥 [piau³⁴ko²¹]：母系亲属中年长于自己的男性。

表姐 [piau³⁴tɕiɛ³⁴]：母系亲属中年长于自己的女性。

表弟儿 [piau³⁴ti³³ɚ]：母系亲属中年幼于自己的男性。

表妹儿 [tɕiɛ³⁴mi³³ɚ]：母系亲属中年幼于自己的女性。

大舅哥 [ta²¹tɕiəu³³ko²¹ɚ]：妻子的哥哥。

细舅哥 [ɕi³⁵tɕiəu³³ko²¹ɚ]：妻子的弟弟。

姨姐儿 [i³⁴tɕiɛ³⁴ɚ]：妻子的姐姐。

姨妹儿 [i³⁴mi³³ɚ]：妻子的妹妹。

老表 [lau³⁴piau³⁴]：表兄弟姐妹。

（三）晚辈类

伢 [ŋar⁴²]：晚辈的通称。

儿 [ɚ⁴²]：儿子。

儿媳妇儿 [ɚ⁴²ɕiʔ³¹³fər]：儿子的妻子。背称。

女儿 [n̠ʑy³⁴ɚ]、姑娘 [ku²¹n̠iaŋ]：女儿。

女婿 [n̠ʑy³⁴ɕi]、女婿伢 [n̠ʑy³⁴ɕi⁰ŋar⁴²]：女儿的丈夫。背称。

侄儿 [tʂʅ³¹³ɚ]、侄伢儿 [tʂʅ³¹³ŋar⁴²]：兄弟的儿子。背称。

侄女儿 [tʂʅ³¹³n̠ʑy³⁴ɚ]、侄姑娘 [tʂʅ³¹³ku²¹n̠iaŋ]：兄弟的女儿。背称。

外甥 [uai³³sən²¹]、外甥伢儿 [uai³³sən²¹ŋar⁴²]：姐妹的儿子。背称。

外甥女儿 [uai³³sən²¹n̠ʑy³⁴ɚ]：姐妹的女儿。背称。

孙儿 [sər²¹]：儿子的子女。背称。

孙媳妇儿 [sər²¹ɕiʔ³¹³fər]：孙子的妻子。背称。

孙女儿 [sən²¹n̠ʑy³⁴ɚ]：孙女。背称。背称。

孙女婿 [sən²¹n̠ʑy³⁴ɕi]：孙女的丈夫。背称。

外孙 [uai³³sən²¹]、外孙伢儿 [uai³³sən²¹ŋar⁴²]：女儿的子女。背称。

外孙女儿 [uai³³sən²¹n̠ʑy³⁴ɚ]：外孙女。背称。

曾孙儿 [tsʰən²¹sər²¹]：孙子的子女。背称。

（四）其他

大人 [ta²¹ʐ̩ən]：1. 父母。2. 长辈。

上人 [ʂaŋ³³ʐ̩ən]：长辈。背称。

下人 [ɕia²¹ʐ̩ən]、小人 [ɕiau³⁵ʐ̩ən]：晚辈。

爷儿伙的 [iɛ⁴²ɚ⁰xo⁴²ti]：父子。

娘儿伙的 [n̠iaŋ⁴²ɚ⁰xo⁴²ti]：母子

继巴老子 [tɕi³⁵pa⁰lau³⁴tsɿ]：继父。背称。

晚娘 [uan³⁴n̠iaŋ⁴²]：继母。背称。

亲妈 [tɕʰin²¹ma⁴²]：干妈。

家门 [ka³¹mən⁴²]：同姓非亲属。

有几点需要补充说明：1. 本文采取文献归纳和田野调查相结合的方法，在相关文献的基础上，结合发音人的实际语音撰写①；2. 本文方言发音人为浠水县竹瓦镇人刘元生，男，78岁，中专学历；3. 称呼父母的方言用字，本文根据《鄂东方言研究》的论述，采用"伯 [pɛʔ³¹³]" 和 "母 [mɛ³⁴]" 作为方音的本字。②

二 浠水方言亲属称谓的特点

浠水方言亲属称谓在形式和使用方面各有特点，下面将从构词形式和实际使用两个角度出发进行分析。

（一）浠水方言亲属称谓的形式特点

浠水方言的亲属称谓，根据构词方式分为单纯词与合成词两大类。

1. 单纯词

例如：爹（祖父）、婆（祖母）、伯（父亲）、母（母亲）、爷（父亲

---

① 浠水方言中，存在 n、l 混读的现象，城关区语音系统声母为 l，特此说明。
② 参见汪化云《鄂东方言研究》，巴蜀书社 2004 年版。

的兄弟姐妹)、伢(儿子或女儿)。此类亲属称谓都是单音节词,是方言称谓系统中的核心语素,使用频率高,构词能力强。

2. 合成词

浠水方言亲属称谓中的合成词有其独特的构词形式。

(1) 老+称谓(排行)

长辈:老爹、老婆、老子、老娘、(老)亲爷、(老)亲娘

平辈:老婆、老大、老二、老幺、老表

此类亲属称谓一般由"老"字前缀加词根构成,但前缀"老"可分为两种情况。作为长辈称谓的前缀,"老爹、老子"中的"老"还残留着具体的词汇意义①,既表示长辈的辈分,也表示对长辈的尊敬;作为平辈称谓的前缀,"老大、老表"中的"老"意义虚化,无实际意义。除称呼平辈外,"老大、老幺"等"老+排行"的亲属称谓也用于父母称呼子女。

值得注意的是,在浠水方言中,"老婆"一词既可以指称曾祖母,也可指称妻子(新派话),二者在语音上有差异,具体见下文。

(2) 排行+称谓

例如:大爹、大婆、大爷、大母、大哥、细爹、细婆、细爷、细哥、细姐、幺爷、幺姨。此类亲属称谓一般以"爹、婆、爷、哥、姐"等为核心语素,前加表示排行的序位前缀,如:大、二、细或幺(小)等。值得注意的是,在浠水方言中,表示排行最小的字有"细"和"幺"两种。一般而言,无论祖辈、父辈、平辈都可以用"细",如"细爹"(祖父的兄弟)、"细爷"(父亲的兄弟姐妹)、"细哥"(宗族中最小的哥哥);但只有父母称呼排行最小的孩子或晚辈称呼排行最小的叔父及其妻子时才能用"幺",如"老幺"或"幺爷、幺姨"。

(3) 关系+称谓

例如:家爹、家婆、姐夫哥、姑爷、舅母、女婿、外孙、表哥、外

---

① 参见朱德熙《语法讲义》,商务印书馆1982年版。

甥。此类亲属称谓分为前后两个语素，前者修饰后者，如"家爹、舅母"中的"家、舅"表示母系血缘关系，"姑爷、女婿"中的"姑、女"表示姻亲关系，"表哥、外甥"等称谓中的"表、外"表示外姓表亲关系。

（4）称谓+儿

例如，弟儿、妹儿、姑儿、叔儿、媳妇儿、伢儿、侄儿、孙儿。此类亲属称谓一般由词根加"儿"字后缀构成，"儿"作为后缀结尾一般与意义无关，主要作用是补充音节，表达亲近喜爱的情感。

（5）称谓+（儿）+伙的

例如：婆儿伙的、爷儿伙的、娘儿伙的、兄弟伙的、姊妹伙的。此类亲属称谓既有联合成分，也有词缀成分，其中词缀部分的"伙"用来表示复数，而"的"是用来构成名词性结构的助词。①

除上述构词形式外，还有其他不便归类的特殊形式。如："当家的"指称丈夫；"堂客"指称妻子，运用了修辞的构词方式。

（二）浠水方言亲属称谓的使用特点

1. 因声辨义

在浠水方言亲属称谓中，存在同词异义的现象，可根据语音变化来区分词义。如："媳妇"既可以称呼自己的妻子，也可以称呼儿子的妻子。但二者在发音时有所不同——称呼自己的妻子时，有儿化［$ɕiʔ^{313}$ fər］；称呼儿子的妻子时，无儿化［$ɕiʔ^{313}fu^{21}$］。

又如："老婆"既可以称呼曾祖母，也可以称呼妻子（新派话），但二者在发音时"婆"字的声调不同——称呼曾祖母时，"婆［$p^{h}o^{42}$］"字为阳平；称呼妻子时，"婆［$p^{h}o$］"字为轻声。

2. 新旧不同

在浠水方言中，称呼父亲的兄弟有老派、新派之分。老派话无论伯父、叔父，皆以排行加"爷"的形式称呼，并无区别；但在称呼其妻子

---

① 参见朱德熙《语法讲义》，商务印书馆1982年版。

时有严格区分，伯母称为"母"，婶婶称为"婶或婶娘"，前加排行（最小的婶婶则称为"幺姨"）。新派话则称伯父为"伯"，叔父为"爷"，称叔父的妻子为"妈"，前加排行。

3. 面称和背称

在浠水方言中，对于长辈和同辈的称呼，除笔者标注说明的以外，面称和背称基本一致。而对于晚辈的称呼，面称与背称则有较大差异。长辈在面称晚辈时，一般是直呼姓名或小名，以表达亲近和喜爱，一般在背称晚辈时，才会指称亲属关系。

在浠水方言中，夫妻之间面称彼此时，一般会直呼姓名或略姓称名。在表示亲昵或埋怨等感情时，会使用昵称。但在背称时，称丈夫基本都是"我屋的""当家的"；称妻子则基本都是"媳妇""堂客"。

4. 男女同词

从现代汉语来说，亲属称谓基本都带有明显的性别特征，即我们可以根据称谓判断被称呼亲属的性别是男是女。而我们通过观察可以发现，浠水方言的亲属称谓虽然整体男女有别、系统分明，但也存在男女同词的现象。

在浠水方言中，称呼父亲的兄弟姐妹都用同一个称谓"爷"，并不区分男女（需要特殊说明时才会称姑姑为"女爷"）。同时，在浠水方言中，长辈称呼晚辈时所通用的"伢"和称呼平辈表亲时所用的"老表"一词，也不会区分男女。

5. 亲疏分明，内外有别

传统的亲属称谓以父系称谓为中心，根据血缘区分亲疏，根据婚姻区分内外。浠水方言也同样如此。

在浠水方言中，称呼直系长辈时，一般使用"排行 + 称谓"的形式，如："大伯"，而在称呼旁系长辈时，一般使用"名字 + 称谓"的形式，如："爱民爷"。

在称呼父系亲属时，一般都是"排行 + 称谓"的形式，如："大爹""细婆"，而在称呼母系亲属时，则必须在称谓前加"家、表"等词来区分,如:"家爹""表哥"。

6. 从他称谓

"从他称谓是指在称呼亲属时,不按照自己与被称呼人的关系来称呼,而依从他人与被称呼人的关系来称呼的现象。"① 从夫称谓和从妻称谓一般是已婚男女还没有孩子时,用于称呼彼此的直系亲属(父母、兄弟姐妹等)。从子称谓则是在生了孩子以后,以孩子的辈分来称呼直系亲属(祖父母、伯舅姑姨等)。"从子称谓实际上是从夫称谓或从妻称谓的延伸。"②

在浠水方言中,常见的从他称谓主要有从夫、从妻、从子称谓三种。其中"姑爷"一词比较特殊,既用于晚辈面称姑父,也用于岳父母背称女婿。这可以算从他称谓的典型。在浠水方言中,一般称呼女儿为"姑娘","姑爷"一词当由此衍生而来。

7. 从亲称谓

在浠水方言中,有一些亲属称谓语还遵循了从亲原则。

如无论宗亲、姻亲,同辈之间在面称时,都一律按年龄长幼称彼此为"哥、姐、弟、妹",彼此之间并不区分是堂兄弟姐妹或表兄弟姐妹。

又如"老表"一词,在浠水方言中,用于指称表兄弟姐妹,但在实际使用时并不会具体区分是姑表、姨表还是舅表,甚至只要两人的亲属有婚姻关系,都可称为"老表"。

还有"亲爷"一词,在浠水方言中除指称岳父外,也会与"亲妈"一起用来指称"干爸、干妈"。与称呼同姓非亲属的"家门"一词一样,都能够拉近交际距离。

三 浠水方言亲属称谓的演变与内涵

亲属称谓作为常用的基本词汇,无论是其形式还是意义,都有一套严密而又稳固的语言系统。同时,又会由于地理人文、历史沿革的缘故

---

① 胡士云:《汉语亲属称谓研究》,商务印书馆2007年版,第28页。
② 胡士云:《汉语亲属称谓研究》,商务印书馆2007年版,第30页。

发生自身独有的演变，形成与传统的书面亲属称谓系统不同的方言亲属称谓体系。

（一）浠水方言亲属称谓的历史演变

浠水方言亲属称谓，部分属于古汉语的遗存，部分发生了词义转移。

1. 古汉语的遗留

母　《说文·女部》："母，牧也。从女，象怀子形，一曰象乳子也。"《释名·释亲属》："母，冒也，含生已也。"作为亲属称谓，"母"自先秦沿用至今。

家婆　"家婆"用于指称外祖母早见于南北朝，如《颜氏家训·风操》："河北士人皆呼外祖父母为家公、家婆。"浠水方言至今仍称外祖母为"家婆"。浠水方言却不称外祖父为"家公"，而都称呼为"家爹"，想来是受称呼祖父为"爹"的影响。

舅　《说文·男部》："母之兄弟为舅。"《释名·释亲属》："母之兄弟曰舅。"在先秦时期，"舅"字就用于指称母亲的兄弟，在浠水方言中，沿用至今。

姨母　《说文·女部》："妻之女弟，同出为姨。"《释名·释亲属》："母之姊妹曰姨。"在先秦时期，称母亲的姐妹为"从母"，到汉代开始称"姨母"，在浠水方言中沿用至今。至于"姨娘"一词，则晚见于明代。

嫂　《尔雅·释亲》："女子谓兄之妻为嫂。"《说文·女部》："兄妻也。""嫂"字在先秦就有使用，原写作"傻"。"嫂"在浠水方言中沿用至今。

弟　《尔雅·释亲》："（男子）后生为弟。""弟"自先秦沿用至今，而"兄弟"一词在上古汉语中则是兄与弟的合称。在浠水方言中，"兄弟"单独表示弟弟时"弟"读轻声，表示合称时"弟"读去声。

妹　《尔雅·释亲》："（女子）后生为妹。"在浠水方言中，"妹"自先秦沿用至今。

妹夫　"妹夫"一词早在汉代就有使用。《称谓录》引《汉书·王子侯表》："坐知女妹夫亡命。"在浠水方言中沿用至今。

叔　先秦就以"叔"指称夫之弟。《尔雅·释亲》："夫之弟为叔。"在浠水方言中，"叔"自先秦沿用至今。

表弟　"表弟"一词早见于隋唐。李肇《唐国史补》卷下："顷命酒，昭曰：'欲请表弟歌。'坐中又笑。"在浠水方言中，"表弟"作为背称沿用至今。

表妹　"表妹"一词早见于魏晋。《称谓录》引王羲之《和方帖》："表妹委笃示致向。"在浠水方言中，"表妹"作为背称沿用至今。

2. 词义转移

爹　《广雅·释亲》："爹，父也。""爹"字早见于南北朝，最初用于指称父亲，①《南史·萧憺传》："人歌曰：始兴王，人之爹。赴人急，如水火。何时复来哺乳我？"宋代以后才用于指称祖父。明陈士元《俚言解》："南人称父曰爷，祖父曰爹；北人称父曰爹，祖父曰爷。"可见浠水方言中，用"爹"字来指称祖父，自宋沿用至今。

婆　"婆"字作亲属称谓早见于汉魏，如古乐府《折枝杨柳歌》："阿婆不嫁女，哪得孙儿抱？"此时"婆"用于指称母亲。后在南朝时，就有"婆"用于指称祖母的记载，如南朝齐王琰《冥祥记》："其家有六岁儿见之，指语祖母曰：'阿爷飞上天，婆为见否？'"浠水方言至今仍用"婆"字来指称祖母。

伯　《说文·人部》："伯，长也。"《释名·释亲属》："父之兄曰世父……又曰伯父。"汉魏以后，逐渐用"伯父"取代"世父"，简称为"伯"。《广雅释亲》："爸，父也。"王念孙《广雅疏证》："爸者，父声之转。"章炳麟《新方言》考证，"今通谓父为爸。古无轻唇音，鱼模转麻，故父为爸。"可见"伯"本不指称父亲，浠水方言中用于指称父亲，笔者猜测可能是受古吴语的影响。②"伯"可以指兄弟排行第一的，也可指父

---

① 胡士云：《说"爷"和"爹"》，《语言研究》1994年第1期。
② 梁章钜《称谓录》："吴俗称父为阿伯。"

之兄，更大的可能是在此意义上的转移，古吴语中可能也是这种转移的结果。在浠水方言中，称父亲为"爸"是受普通话的影响。

爷　"爷"字作亲属称谓早见于汉魏，早期写作"邪、耶"，后写作"爺"，在唐代以前只用于指称父亲①，如《木兰辞》："军书十二卷，卷卷有耶名。"由"爷"只用于指称父亲，逐渐演变为"大爷、二爷、幺爷"等词来指称伯父、叔父。浠水方言中即用此义。

哥　《广韵》："古作歌字，今呼为兄也。"唐代以前，"哥"字指称广泛，可以称父、称子、称兄、称弟、称夫；唐以后逐渐成为兄的通称，庄季裕《鸡肋编》："以兄为哥，举世皆然"。"哥"在浠水方言中沿用至今。

姐　"姐"源自羌语，本是母亲的别称。《说文·女部》："姐，蜀谓母曰姐，淮南谓之社。从女，且声。"《广雅·释亲》："姐，母也。"《广韵·马韵》："姐，羌人呼母。"唐代开始，"姐"开始用来指年龄比自己大的女子，李白《寄东鲁二稚子》："小儿名伯禽，与姐亦齐肩。"宋吴曾《能改斋漫录》卷二"妇女称姐"条："近世多以女兄为姐，盖尊之也。"在浠水方言中沿用至今。

姊妹　表示同父母中年龄比自己大的女子，古汉语用"姊"，《尔雅·释亲》："谓女子为姊，后生为妹。"《说文·女部》："姊，女兄也。"《诗·邶风·泉水》："问我诸姑，遂及伯姊。"毛传："曰姊。""姊"在唐代也可以指母亲，刘知几《史通·杂说中》："如今之所谓者，若中州名汉，关右称羌，易臣以奴，呼母云姊。"《说文·女部》："妹，女弟也。"在先秦时期，用兄与弟来指称姐与妹，为区分性别而加女字，后来则成为单独指称姐与妹的词。在浠水方言中，"姊妹"不仅可以用来指称姐妹，也可以用来指称兄弟姐妹（只要有一位是女性）。

---

① 陈顺成：《亲属称谓词"耶"、"爺"的历时考察——附论"孃"、"娘"》，《古汉语研究》2013年第1期。

(二) 浠水方言亲属称谓的文化内涵

从古至今,亲属称谓系统逐渐由繁到简,亲属称谓的数量逐渐减少。通过研究浠水方言亲属称谓的演变,我们可以解读出其中蕴含的文化内涵。

1. 尊卑有度,长幼有序

宗法制度是由氏族社会父系家长制演变而来的,以家族为中心,按照血统远近区别亲疏的制度,其基础与核心是嫡长子继承制。宗法制度中"尊卑有度,亲疏分明,长幼有序,内外有别"的思想对浠水方言亲属称谓有着深远的影响。

在浠水方言中,虽然部分亲属称谓有简化和泛化的现象,但整体而言却也存在严格遵循宗法制度按照尊卑长幼称呼亲属的规律。[①] 如作为长辈可以直呼晚辈的姓名,或者都称为"伢";但晚辈则必须严格按照辈分(不论年龄差异)对长辈使用尊称;平辈之间面称用语较为轻松,一般都是直呼姓名,不过年长者可以直呼年幼者的姓名,而年幼者在称呼年长者时则应当在其名字后面加上"哥、姐"等词,否则会被视为是无礼的表现,就是宗法制度延续至今的体现。

2. 重男轻女思想的反映

前文中提到的"男女同词"的现象,与古代"女子男名"和"男子女名"的现象相同。如汉高祖的幸姬赵子儿,汉武帝卫皇后字子夫(《史记·外戚世家》),汉宣帝时宫廷女医淳于衍,字少夫(《汉书·外戚传》),汉长沙王之母唐儿(《汉书·长沙定王传》),等等,都是女子男名。

在封建社会,都强调"男尊女卑",女性地位低下,因此一般没有姓名或有姓无名,也没有专门用于指称女性亲属的称谓。[②] 需要称呼女性亲

[①] 参见杨凯《对汉语方言特殊称谓现象的文化思考》,《学校党建与思想教育》2012 年第 32 期。

[②] 参见陈淑梅《从汉民族文化看汉语方言的特殊称谓》,《江汉论坛》2010 年第 3 期。

属时，都借用男性称谓来称呼女性，如古代称妻为"女君"，称姐为"女兄"，称妹为"女弟"等。在浠水方言中，也有称呼姑姑为"爷"或"女爷"的现象，这种用男性称谓指称女性的语言现象，其实是古代重男轻女、"以女贫家也"（《后汉书·陈蕃传》）的思想在当今社会遗存的反映。

3. 表示亲昵的简化和泛化

浠水方言亲属称谓在实际使用时有忽略血缘关系，淡化亲疏差距来表示亲昵的现象。

在浠水方言中，夫妻在面称对方的父母时，会选择"从夫称""从妻称"，并不会称呼为"公公、婆婆"或"亲爷、亲娘"，只有在背称时才会区分。同时在面称与自己平辈的亲属时，并不会强调堂亲或表亲，都直接称为"哥、姐"或名字。

亲属称谓简化有多方面的原因：一是从他称谓的影响，如夫妻之间称呼彼此的父母；二是社会结构的变化，随着社会的发展，独生子女的家庭日益增多，传统以宗族家庭为主的社会结构瓦解，等级观念、亲疏观念逐渐被淡化；三是人们的平等意识增强，社会交际活动变得更加复杂。

泛化是指本来用于亲属之间的亲属称谓非亲属化，即扩大用于非亲属的人际交往中的现象。在浠水方言中，亲属称谓不仅用于亲属之间，还会用于关系亲近、交往密切的邻居朋友间，在交际中拉近彼此的距离。

在浠水方言中，"爹、婆、伯、叔、哥、姐"等称谓使用范围较广。凡是称呼和祖父母同辈的老人，皆可在前冠姓称为"某爹""某婆"；凡是称呼和父母同辈的人，皆可在前冠姓或名称为"某伯""某叔"；凡是称呼比自己年长的同辈人，皆可在前冠名称为"某哥""某姐"。

同时，在浠水方言中，"伢"除了称呼自己的子女晚辈以外，还可以用来称呼其他年龄较小的孩子。

作为一种普遍现象，亲属称谓的泛化，古已有之。虽然无法考证它具体源于何时，但现有资料表明，在南北朝时期就已有这种现象存在。

如《宋书·刘敬宣传》："敬宣惧祸及，以告高祖。高祖笑曰：'但令老兄平安，必无过虑。'"笔者认为，这种亲属称谓泛化的现象，受到了儒家文化的影响。儒家文化作为汉民族的主体文化，其对"礼"的重视与规范，渗透到了整个民族的潜意识之中，所谓"四海之内皆兄弟"，将所有的人都看作亲人，这种"呼亲非亲"的称谓是最直观的体现。

余　论

浠水方言亲属称谓的方言语音独具特色，其构词形式丰富，运用单纯词、附加式、联合式、重叠式等多种形式，建立了完整而全面的亲属称谓系统。浠水方言亲属称谓有诸多古汉语的遗留，整体上继承了传统亲属称谓体系，即以男性直系宗亲为中心，以血缘婚姻分内外，以辈分定尊卑的称谓系统，体现了男女有别、亲疏分明、上下有序的宗法制度。浠水方言亲属称谓受到现代文化的影响逐渐加深，一些亲属称谓有简化、泛化的趋势，平辈、晚辈之间的亲属称谓与普通话差别不大，说明传统的宗法制度受到了现代平等的社交制度的冲击。

论楚语圆唇舌尖化现象*

陈 凌**

内容提要：[ʯ]类韵主要分布在以湖北东部为中心的方言之中，即在古楚国及其周围。作为介音，[ʯ]在声韵搭配上相当于[u]而在来源上却同于[y]，这是在产生过程中强摩擦推动的结果。楚语相当于江淮官话黄孝片，圆唇舌尖后[ʯ]类韵是其最显著的特征。如果以此来辨别楚语，那么楚语不仅指黄孝片，还有湖北周围的部分方言。

关键词：舌尖化；圆唇[ʯ]；楚语

赵元任等认为湖北方言第二区可以称作典型的楚语，"第二区占东部跟东北部，约占全省四分之一的地方，但是西北角的竹溪、竹山两处像东部而不像西部，所以也把他们归在第二区。"① 具体而言，楚语包括竹溪、竹山、应山、安陆、应城、云梦、孝感、礼山、黄陂、黄安、黄冈、鄂城、麻城、罗田、英山、浠水、广济、黄梅、蕲春。

下文以罗田为代表列出声韵调，其声母有 p、pʻ、m、f、t、tʻ、

---

* [基金项目]国家社科基金重点项目"赣北江淮官话深度调查研究"（编号：22AYY008）和国家社科基金重大项目"苏皖鄂赣江淮官话与周边方言的接触演变研究及数据库建设"（编号：19ZDA307）。

** [作者简介]陈凌（1967— ），男，江西湖口人，文学博士，江西师范大学文学院教授，主要从事汉语方言及地方文化研究。

① 赵元任、丁声树等：《湖北方言调查报告》，商务印书馆1948年版，第1568—1569页。

n/l、ts、ts'、s、tʂ、tʂ'、ʂ、ʐ、tɕ、tɕ'、ɕ、ȵ、k、k'、x、ŋ；韵母有ï、i、u、ɿ、ə、a、ia、ua、ɿa、o、io、e、ie、ue、ɿe、ai、uai、ɿai、ei、uei、ɿei、au、iau、əu、iəu、an、ian、uan、ɿan、ən、uən、ɿən、in、aŋ、iaŋ、uaŋ、ɿaŋ、oŋ、ioŋ；声调有阴平、阳平、上声、阴去、阳去、入声。

考察该十九县市方言音系，大致情况与此相同，只有少数方言稍做变化。如果与其他各大方言音系对比一下，我们发现其中最显著的区别特征就是楚语绝大多数都有韵母［ɿ］和［ɿ-］介音（简称［ɿ］类韵）。［ɿ］类韵并非楚语独有，但像湖北方言如此大片存在的却很罕见。

一　圆唇舌尖化现象分布

［ɿ］类韵主要分布在湖北方言，但其他方言也有此类现象。

（一）湖北方言

圆唇舌尖化现象是楚语的普遍现象，也是湖北方言的共同特征，《湖北方言调查报告》指出在舌尖元音中"其中圆唇的在湖北特别发达"[①]。

"发达"二字指的不仅仅是楚语十九县市方言，而是整个湖北方言。在楚语十九县市方言音系中，只有黄冈、鄂城和黄梅三方言音系没有圆唇舌尖化；不过，黄冈 y"受声母的影响，有时也略带舌尖作用，成为与ʃ相当的圆唇元音。"[②] 鄂城"y 略带舌尖作用，作介音的 y 同。"[③] 黄梅"y 很紧，在 ts 组声母后有时带点 ɿ 的色彩。"[④]

在湖北方言里，除了楚语之外，还有不少方言如同黄冈、鄂城和黄梅也带有圆唇舌尖化色彩，如武汉、荆门、江陵、沔阳、宜昌、长阳、秭归、恩施、宣恩、利川、郧西、郧县、光化、南漳、通城、公安。

---

① 赵元任、丁声树等：《湖北方言调查报告》，商务印书馆 1948 年版，第 4 页。
② 赵元任、丁声树等：《湖北方言调查报告》，商务印书馆 1948 年版，第 943 页。
③ 赵元任、丁声树等：《湖北方言调查报告》，商务印书馆 1948 年版，第 965 页。
④ 赵元任、丁声树等：《湖北方言调查报告》，商务印书馆 1948 年版，第 1072 页。

其实，调查的点不同或调查的时间不同，各县市圆唇舌尖化现象也会不同，例如刘兴策①调查的红安、陈凌②调查的赤壁、曹志耘③调查的通城均出现圆唇舌尖化现象。由此可见，圆唇舌尖化现象是湖北方言（特别是楚语）最突出的语音特征之一。

（二）其他方言

湖南方言：④ 临澧、安乡、华容、浏阳、绥宁等方言产生了显著的圆唇舌尖化现象；而长沙、湘潭、宁乡、益阳、安化、桃源、慈利、汉寿、沅江、南县、湘阴、岳阳、临湘、平江、醴陵、黔阳、会同、城步、通道、溆浦、邵阳、祁阳、湘乡、衡山、攸县、茶陵、衡阳、常宁、宁远、嘉禾、耒阳、安仁、永兴、常德、龙山、鄜县、桂东、桂阳、新田、临武、零陵、芷江、晃县等方言也带有圆唇舌尖化色彩。

安徽方言：⑤⑥ 岳西、宿松、潜山、桐城、芜湖、旌德、南陵、宁国湖北话、广德河南话圆唇舌尖化现象较为突出；而六安、舒城、滁州、含山、定远、无为、全椒、天长、黟县等方言只出现圆唇舌尖前 [ɿ] 化现象。

江西方言：九江和瑞昌方言⑦出现圆唇舌尖化现象，安福和丰城方言⑧有圆唇舌尖化现象但与 [y] 并存。

江浙方言：⑨⑩⑪ 圆唇舌尖化明显的有金华和丹阳，还有不少地方带

---

① 刘兴策：《试论"楚语"的归属》，《华中师范大学学报》（哲学社会科学版）1988 年第 4 期。
② 陈凌：《赣方言浊音走廊语音研究》，光明日报出版社 2017 年版，第 138 页。
③ 曹志耘：《湖北通城方言的语音特点》，《语言研究》2011 年第 2 期。
④ 参见杨时逢《湖南方言调查报告》，商务印书馆 1974 年版。
⑤ 参见孟庆惠主编《安徽省·方言志》，方志出版社 1997 年版。
⑥ 参见孙宜志《安徽江淮官话语音研究》，黄山书社 2006 年版。
⑦ 参见陈凌《赣方言浊音走廊语音研究》，光明日报出版社 2017 年版。
⑧ 参见陈昌仪主编《江西省志·方言志》，方志出版社 2005 年版。
⑨ 参见钱乃荣《当代吴语研究》，上海教育出版社 1992 年版。
⑩ 参见汪平《苏州方言语音研究》，华中理工大学出版社 1996 年版。
⑪ 参见鲍明炜主编《江苏省志·方言志》，南京大学出版社 1988 年版。

有圆唇舌尖化色彩，如宜兴、靖江、常州、苏州、常熟、无锡、昆山、吴江、太仓、嘉兴、张家港、杭州、绍兴、诸暨、嵊县、宁波、余姚、温州、金华、金坛、黄岩、衢州等。

此外，河南信阳片方言，山东诸城、蓬莱和海阳①，山西②介休、榆社、平遥、文水、沁县、汾阳、临县、武乡、偏关等，陕西③④关中方言、陕南方言和陕北清涧方言等都有圆唇舌尖化现象。

从圆唇舌尖化舌位前后看，舌尖前［ɥ］化和舌尖后［ʮ］化方言主要分布如表1：

表1　　　　　　　　　［ɥ］化和［ʮ］化方言分布

[ɥ/ʮ]	省份	方言点	省份	方言点
[ɥ]化方言	安徽	六安 舒城 滁州 含山 定远 无为 全椒 天长 南陵 旌德 黟县 广德河南话	湖南	华容 安乡 绥宁
	江苏	宜兴 金坛 靖江 丹阳 常州 常熟 苏州 无锡 昆山 吴江 太仓 嘉兴 张家港	陕西	清涧 关中
	山西	介休 榆社 平遥 文水 沁县 汾阳 临县 武乡 偏关	湖北	大冶 嘉鱼 应城
	浙江	杭州 绍兴 诸暨 嵊县 金华 余姚 宁波 黄岩	江西	安福 丰城
[ʮ]化方言	湖北	竹溪 竹山 应山 安陆 云梦 孝感 礼山 黄陂 黄安 麻城 罗田 英山 浠水 广济 蕲春 红安 赤壁	湖南	临澧 浏阳
	安徽	桐城 岳西 宿松 潜山 芜湖 宁国湖北话	江西	九江 瑞昌
	河南	信阳片	陕西	陕南
	山东	诸城 蓬莱 海阳	浙江	衢州

---

① 河南和山东语料参见石汝杰《汉语方言中高元音的强摩擦倾向》，其中山东方言得到钱曾怡老师证实。
② 侯精一、温端政：《山西方言调查研究报告》，山西高校出版社1993年版，第164—169页。
③ 刘育林：《陕北方言略说》，《方言》1988年第4期。
④ 杨春霖：《陕西方言内部分区概说》，《西北大学学报》1986年第4期。

(三) 分布规律

按元音圆展，舌尖化分两类：展唇舌尖化 [ɿ] / [ʅ] 和圆唇舌尖化 [ɥ] / [ʮ]。理论上，四者出现的概率应该相等，事实上概率的大小差别较大。从舌位前后看，前元音大于后元音；从唇吻圆展看，展唇大于圆唇。由此可见，[ʮ] 出现的概率最小。

圆唇舌尖化包括舌尖前 [ɥ] 化和舌尖后 [ʮ] 化。其中，舌尖前 [ɥ] 化比较普遍，如湖南、湖北、安徽、江苏诸省许多县市都带有此类特色；而舌尖后 [ʮ] 化却比较罕见，只大片存现于楚语，大致相当于江淮官话的黄孝片。这是楚语的共同特征，也是本文讨论的重心。

从地理位置上，圆唇舌尖后 [ʮ] 化现象主要分布在湖北东南部以及安徽西南部、湖南东北部、江西北部，河南南部和陕西南部等湖北周围省市。

从所属方言看，圆唇舌尖后 [ʮ] 化现象主要分布在江淮官话黄孝片、赣方言岳西片、湘方言长株潭片以及少数官话方言点。

从总体上观察，圆唇舌尖后 [ʮ] 化现象集中分布在以湖北东部为中心的方言之中，即在古楚国及其周围范围内；从这一点看，这一地带的方言称为楚语是比较恰当的。

二 圆唇舌尖化 [ʮ] 类韵分析

(一) 功能

凡圆唇舌尖音 [ɥ] / [ʮ] 类韵，都只能与声母之舌尖音或舌叶音相配合。该特点与撮口呼不一样，而与合口呼相当一致。通过观察，我们发现：只要有舌尖前 [ɥ] 类韵，就一定有 [ts] 组声母；只要有舌尖后 [ʮ] 类韵，就一定会有 [tʂ] 组声母（包括 [tʃ] 组声母），反之则不然。就像 [ɿ/ʅ] 和 [ts/tʂ] 共生一样，[ɥ/ʮ] 类韵和 [ts/tʂ] 类声母也是共生的。

[ʮ] 在介音上相当于 [y]，然而在声韵搭配上却相当于 [u]。

[tʂ] 类声母与 [ʮ] 类韵的关联，从一些自由变读中也可观察到，如彭泽方言①（见表2）：

表2　　　　　　　　彭泽方言止合三读音

追_知	锤_澄	吹_昌	水_书	瑞_禅
tɕyi˩	tɕ'yi˧	tɕ'yi˦	ɕyi˩	ɕyi˧˥
tɕyi˩	tʂ'ui˧	tʂ'ui˦	ʂui˩	ɕyi˧˥

彭泽方言变读中的 [u] 音值接近 [ʮ]，即 [ʮ] 是一个在声韵搭配上相当于 [u] 而在四呼上却替代了 [y] 的韵母。湖口方言②双钟镇和流芳乡等地 [tʂ] 组声母后面的 [u] 介音常与 [ʮ] 混读，平江县长寿镇③也是这样，赣方言浊音走廊大多亦如此。不过，为了音系的简洁性，这些方言都没有将 [y] 的变体 [ʮ] 计入音系。

在某一方言中，介音 [ʮ] 多承担 [y] 的功能。然而，事实上，在一个音系中如果有舌尖前 [ʮ] 类韵，则可以有 [y] 类韵，如江西的丰城方言和安福方言；如果有舌尖后 [ʮ] 类韵，则一般没有 [y] 类韵，即舌尖后 [ʮ] 类韵和 [y] 类韵一般不会出现在同一音系之中。不过，个别方言出现例外，即既有舌尖后 [ʮ] 类韵也出现了 [y] 类韵，如湖南临澧方言（见表3）：

表3　　　　　　临澧方言 [ʮ]/[y] 类韵对照

韵母	例字	韵母	例字
ʮ	猪书鼠出树	y	拘虚许去序
ʮe	拙	ye	决却穴缺绝
ʮan	专门船篆软	yen	捐鲜旋倦远

---

① 参见陈凌《赣方言浊音走廊语音研究》，光明日报出版社2017年版。
② 参见陈凌《江西省湖口方言研究》，北京师范大学出版社2019年版。
③ 参见汪平等《平江长寿方言的语音语法特点》，《语文论集》1988年第3期。

续表

韵母	例字	韵母	例字
ʮən	春椿纯绳	yin	均群旬云永
ʮa	刷		
ʮai	揣帅		
ʮei	追垂税睡瑞		
ʮaŋ	装桩撞床双		

在临澧方言中，[ʮ] 类韵和 [y] 类韵根据知见二系的不同而两分，即知系韵母今读 [ʮ] 类韵而见系念 [y] 类韵。知见两分应该是 [ʮ] 类韵和 [y] 类韵在整合过程中出现的过渡现象。《湖南方言调查报告》① 认为："ʮ 是带舌尖作用的圆唇元音，用严式音标可写作 yʮ。"通过与周围方言的观察比较，我们认为该现象表明临澧方言的 [ʮ] 类韵正处于逐渐消亡的过程中。

(二) 来源

根据前文可见，[ʮ] 类韵 1) 只与舌尖声母或舌叶声母配合，而不能与舌面声母相拼；2) 除个别方言之外，一般不与 [y] 类韵共现于一个音系。从第一点看，它似乎源于 [u]；从第二点看，它应该与 [y] 类韵同源：其具体情景如何，应从其中古音韵地位及其今读两方面予以探究。

在圆唇舌尖后 [ʮ] 化音节中，声母今读或 [tʂ] 组声母或 [tʃ] 组声母，中古声系多分布在端知见系，帮系没出现该现象。其韵母或韵母介音今读 [ʮ] 的，中古大多分布在合口，少数在开口；大多分布在三等，少数在二四等；大多分布在遇止山臻四摄，少数在其他各摄分布，如罗田方言（见表4）：

---

① 参见杨时逢《湖南方言调查报告》，商务印书馆1974年版。

表4　　　　　　　　　　罗田方言［ʮ］类韵来源

韵母	例字	来源
ʮ	猪术橘域疫玉入	合三遇臻曾梗通 开三深
ʮa	刷	合二山
ʮe	靴月决惹热	合三果山 合四山 开三假热
ʮai	帅	合三止
ʮei	追锐	合三止蟹
ʮan	专闩玄染	合三山 合二山 合四山 开三山咸
ʮen	军永萤忍	合三臻梗 合四梗 开三臻
ʮaŋ	让	开三宕

按照中古音韵地位，像罗田方言这样的楚语圆唇舌尖后［ʮ］化现象恰好与许多方言［y］类韵的来源基本吻合。

大多数［ʮ］类韵介音，在中古音值是［i］类介音加后元音（包括［iu］、［iɯ］、［io］、［iɔ］、［iɑ］等），本文均记作［iu］。不少方言至今仍保持这一特征，但渐渐向其他方向演化。例如，赣方言浊音走廊①［iu］类介音的演变至今大致呈现三种情形：（1）复合型［iu］／［yi］／［ui］，即中古形态保持不变或变成另一种复合形式；（2）合体型［y］／［ɥ］／［ʮ］，即由复合型［iu］合二为一；（3）分体型［i］／［u］，即复合型［iu］失落其一。

湖北和湖南许多方言撮口呼［y］带有舌尖化特色，如汉口②"y实际是带舌尖作用的圆唇前高元音，用严式音标当写作 yʮ"，宜昌③"y读成带 ʮ 性的舌尖面圆唇元音"，秭归④"y略带一些 ʮ 的色彩"，安化⑤"y是圆唇而带舌尖音的，严式可作 yʮ."，南县⑥"y元音略带舌尖成分，

---

① 参见陈凌《赣方言浊音走廊语音研究》，光明日报出版社2017年版。
② 参见赵元任、丁声树等《湖北方言调查报告》，商务印书馆1948年版。
③ 参见赵元任、丁声树等《湖北方言调查报告》，商务印书馆1948年版。
④ 参见赵元任、丁声树等《湖北方言调查报告》，商务印书馆1948年版。
⑤ 参见杨时逢《湖南方言调查报告》，商务印书馆1974年版。
⑥ 参见杨时逢《湖南方言调查报告》，商务印书馆1974年版。

严式可作 yɿ",湘阴①"y 带舌尖作用,严式可作 yʮ",嘉禾②"y 略带舌尖成分,近似 yʮ"。

撮口呼 [y],无论是带有舌尖色彩,还是有时可以变读为 [ɿ] 或 [ʮ],都是二者正在进行整合的表征。从整个趋势看,该演变倾向不是 [y] 向 [ɿ] 或 [ʮ] 演化,而是 [ɿ] 或 [ʮ] 向 [y] 演变;因为其发展趋势是 [y] 化日渐明朗(如临澧方言),或者干脆就分成新老二派说法,如黄石方言③(见表5):

表5　　　　　　黄石方言新老二派 [y] / [ʮ]

老派	ʮ	ʮa	ʮæ	ʮɛ	ʮiɛi	ʮuɛn	ʮo	ʮaŋ	ʮuɒu	ʮæ
新派	y	ya	yæ	yɛ	yəi	yən	o	aŋ	əu	yan/yɛ

观察其变化,或直接由 [ʮ-] 而 [y-],或 [ʮ-] 变 [y-] 而韵母也发生变化,或 [ʮ-] 脱落,或 [ʮ-] 脱落而韵母稍作变化。该现象之产生是由官话影响所致,而不是内部自行演变的结果,楚语大多数情况与此相类。

通过考察分析,圆唇舌尖化现象产生的来源不一,或由 [iu] 产④、或由 [i] / [u] 生⑤、或由 [y] 出⑥⑦,这些当为不同层次的演变,时空不同组系不同韵摄不同而来源很可能不一。

(三) 动因

舌面元音为什么会舌尖化? 不少研究者进行了分析,提出了许多非

---

① 参见杨时逢《湖南方言调查报告》,商务印书馆1974年版。
② 参见杨时逢《湖南方言调查报告》,商务印书馆1974年版。
③ 参见黄群建主编《鄂东南方言音汇》,华中师范大学出版社2002年版。
④ 参见陈凌《赣方言浊音走廊语音研究》,光明日报出版社2017年版。
⑤ 参见周杨《黄孝片方言ʮ韵系的历史层次及来源》,《语言研究》2007年第4期。
⑥ 参见伍巍《合肥话"-i""-y"音节声韵母前化探讨》,《语文研究》1995年第3期。
⑦ 参见郭丽《也谈黄孝片方言圆唇舌尖化现象的来源》,《语言研究》2009年第1期。

常精到的见解。

徐通锵认为，"如果说，一定条件下的后高元音［u］的发音部位的前化表现为唇音化，那么前高元音的发音部位的前化则表现为舌尖化，即 i > ɿ，y > ʮ。"①

伍巍认为，"合肥话高元音有这样两个特点：第一，这些高元音均有偏前的倾向，第二，这些高元音均带有明显的摩擦成分。"因此"合肥'i'、'y'元音韵母的变化，共经历了两个过程：一，高化过程——由正常 i、y 变成带摩擦的 i、y；二、前化过程——由带摩擦的 i、y 变成 ɿ、ʮ。"②

石汝杰认为，"强摩擦最终导致高元音舌尖化，这是相当一致的倾向。"③

朱晓农认为，"汉语各方言中有一种很普遍的音变现象，那就是舌面高元音 i，y，u 高化到顶后继续高化，导致了一些比较特殊的音变，即所谓的'元音高顶出位'。""前元音舌尖化可以是直接从 i > ɿ，但更可能是经通过擦化的 i_z，y_z 这个阶段。擦化的舌面高元音，如果继续高化而不堵塞声道的话，就会变成舌尖化元音 ɿ，ʮ。"④

他们强调了三个方面：高化、前化和擦化。事实的确如此。本来就是高元音，如果继续高化就会产生摩擦，随着摩擦的加强，摩擦面就会自然逐步前移；反过来说，高元音一经摩擦，随着摩擦的加强，在有限的发音空间里，如果还想保持元音特征，唯一的出路就是在继续高化的途中摩擦面转而前移。当然，这种演化的结果并非定然是舌尖化。朱晓农认为"高顶出位有六种情况：擦化、舌尖化、边擦化、鼻音化、央化、裂化"⑤。

在演变过程中，最关键的是强摩擦，是强摩擦推动了元音的高化和

---

① 徐通锵：《历史语言学》，商务印书馆1991年版，第121页。
② 伍巍：《合肥话"－i""－y"音节声韵母前化探讨》，《语文研究》1995年第3期。
③ 石汝杰：《汉语方言中高元音的强摩擦倾向》，《语言研究》1998年第1期。
④ 朱晓农：《汉语元音的高顶出位》，《中国语文》2004年第5期。
⑤ 朱晓农：《汉语元音的高顶出位》，《中国语文》2004年第5期。

前化；后高元音如此，前高元音也不例外。摩擦如果不强，元音最多也只是擦化而已，不足以推动元音舌尖化。

此外，不同的声母组合也起着相当重要的作用。

朱晓农认为，"前高元音的舌尖化 i > ɿ/ʅ 按声母不同有个次序"，"显示齿擦音/塞擦音声母（精系）si > sɿ。接下去是龈腭音声母（见晓细音）ɕi > sɿ，以及零声母（影喻）i > ɿ。然后是齿塞音声母（端系）ti > tsɿ，最后是唇音声母（帮系）pi > pɿ。"①

理论上，与舌尖元音发音部位越接近越易于引起舌尖化运动，然而事实上并非完全如此。我们发现，声母越具有摩擦性就越易于引起舌尖化运动，即舌尖化运动与声母今读音值有关；擦音或塞擦音之"擦"易于引发元音的强摩擦，从而加速了元音舌尖化。当然，舌面元音舌尖化与声母摩擦是相互影响的，声母之摩擦性越强越容易引发舌面元音舌尖化，反过来舌面元音舌尖化也容易促使声母舌尖化。

三 圆唇舌尖化现象讨论

《湖北方言调查报告》认为"这第二区可以算典型的楚语，——如果要独立一种楚语的名目的话。"② 楚语最早应该指的是楚国话；扬雄《方言》之楚语当指大汉之下的荆楚方言，不只局限于原楚国地盘；《湖北方言调查报告》所讲的楚语，大致相当于江淮官话黄孝片。

《湖北方言调查报告》③ 认为楚语有如下特征：1. "节结"不分尖团；2. "书虚"同音，多念 [ʂɥ]；3. 泥来洪混细分；4. "对存序宣"读开口呼；5. 宕通摄念 [ŋ] 尾，其他各摄阳韵念 [n] 尾；6. "杜助"大多念 [əu] / [ou]；7. "倍梅对最岁累随"大多念 [i] 而不念 [ei]；8. 除了竹溪、竹山之外，大多有阳去和入声，但除了蕲春之外入声都不短促。

---

① 朱晓农：《汉语元音的高顶出位》，《中国语文》2004年第5期。
② 参见赵元任、丁声树等《湖北方言调查报告》，商务印书馆1948年版。
③ 参见赵元任、丁声树等《湖北方言调查报告》，商务印书馆1948年版。

楚语大致相当于江淮官话黄孝片，而黄孝片是一个颇有争议的地方。通过比较分析，刘兴策认为"楚语与江淮方言在语音上有许多共同的或相似的地方；楚语区和江淮方言区在地理上也是相连的，将楚语归属于江淮方言是适宜的。"[①]

该片之所以独立出来，《中国语言地图集》[②] 认为：1. 古入声今读不分阴阳，一律念长调；2. 古去声今读不分阴阳；3. "书虚、篆倦"分别同音。

通过整体观察，这一带声韵调颇有些特点。在声母上相差不大，最突出的特征是：1. "泥来"洪混细分，而且洪音相混到底念边音 [l] 还是鼻音 [n] 相当不稳定；2. "节结"不分尖团；3. 除了个别方言（如应城、黄冈、鄂城和黄梅）之外，都有舌尖前音也有舌尖后音。在韵母上特点较为突出：1. 三等合口多念 [ʮ] 类韵而非 [y] 类韵；2. 深臻曾梗摄今读韵腹为 [i]／[ə] 的只与前鼻音韵尾 [-n] 拼合；3. 模韵端系和鱼虞韵照组以及入声没屋沃烛诸韵等（如"杜助竹"）念 [əu]。在声调上大多有六个调类：阴平、阳平、上声、阴去、阳去（竹溪去声不分阴阳）和入声（竹溪和竹山没有入声）。

在这些特点中，最具有区别性的特征是韵母中圆唇舌尖化之 [ʮ] 类韵。

如果根据该片本质特征 [ʮ] 类韵划分出楚语，那么除了黄孝片之外，湖北省周围的方言，如湖南的临澧、浏阳，特别是能与之连成一片的安徽桐城、岳西、潜江、宿松、芜湖、宁国湖北话以及河南的信阳片与陕西的陕南片之方言均当划入楚语范围。

---

① 参见刘兴策《试论"楚语"的归属》，《华中师范大学学报》1988 年第 4 期。
② 参见李荣主编《中国语言地图集》，（香港）朗文出版社 1989 年版。

现代汉语语法研究

主持人语

主持人：朱怀

主持人语：

自《马氏文通》以来，现代汉语语法研究历经百余年，一直是汉语研究的重点。本辑《区域文化与文学研究集刊》语言文字专辑首次开设"现代汉语语法研究"专栏，扩大了刊物研究范围，也为现代汉语语法研究提供了重要平台。本辑共收录5篇文章，综合使用了构式语法、互动语言学及语义地图等理论，聚焦于构式及词汇语义功能研究。虽然论文主要关注构式问题，但同时涉及句法、语义和语用多个维度，兼及不同层级语言单位的相互作用问题，有助于进一步廓清学界对构式功能及本质的认识。

薛宏武、闫梦月《现代汉语 $[_W[好_A V_单]]$ 结构类型、特性及其形成分析——兼说复杂结构平面化、透明化及其定性方式》分析细致、见解独特，为汉语构式的生成提出了不同于以往的方法和结论，值得读者思考。文章以微观层面的个案构式解构为依据发现中观层面汉语构式的生成特点，使用"对话对·独白流水句"解构 $[_W[好_A V_单]]$，发现汉语句法结构的生成具有不同于印欧语言之处，得出"对话对·独白流水化"是一个生发于汉语的在认识论与方法论上天然相宜的变换手段、分析程序或模型的结论，认为其学术价值为"不仅可以把复杂结构平面化、透明化，揭示或逼近复杂结构的本相，并且也可为复杂结构的最优化定性提供充分多维的理据或参数"。

鲁莹《"千万"与"万万"的平行与对立——来自情态、立场、预期的证据》视野开阔、论证有力，以"千万"和"万万"两个既有共性也有个性的常用副词进行比较，从互动语言学的情态、立场和预期角度出发，进行了句法表现、情态表征、立场表达及预期表型分析，解释了二者在祈使、逻辑语义限制及否定表达差异来源，在"意外""超预期"等因素作用下，通过语用迁移导致二者功能呈现出共相和殊相。

程文文《主观极量构式"是有多 X"的多维考察》材料丰富、考察全面，论文根据1519条语料的使用构式语法理论，对"是有多 X"的句法特征、语义表达、建构机制等相关问题进行了详细考察，分析证明了"X"构件特征及构式义，发现"重新分析"和"类推"是"是有多 X"构式化的重要机制，隐喻是其构式化的主要原因。

赵芸芸《"管他 X（呢）"构式探析》语料翔实、理论和实际结合较好，在构式语法理论框架下，对"不管他 X（呢）"的性质及功能进行了深入分析，发现该构式句法上具有不可分析性，语义具有规约性，是一个以肯定形式表达否定含义的图式性构式；该构式人际功能上具有主观性和以言行事功能，语篇上起语篇衔接和话题终结功能。

范桂娟、朱怀《汉语多功能伴随类介－连词语义地图研究》着眼于汉语虚词语义地图研究，在语义地图理论框架下对汉语普通话、方言和古代汉语中的38个多功能伴随类介－连词的多功能进行了考察，确定了11个功能节点，构建概念空间并绘制了语义地图。

现代汉语 [$_W$ [好$_A$V$_单$]] 结构类型、特性及其形成分析
——兼说复杂结构平面化、透明化及其定性方式

薛宏武　闫梦月[*]

内容提要：用"对话对·独白流水句"解构表示"V的效果好"意义的 [$_W$ [好$_A$V$_单$]]，发现它是一个兼有状中、主谓以及补充关系的复杂结构，之后把他们结构化，便是 [$_W$ [好$_A$V$_单$]]。尽管 [$_W$ [好$_A$V$_单$]] 的组成性模糊，却可以根据句法结构的层次性以及结构化前后的语义语法关系最优化地定性为主谓结构。"对话对·独白流水化"是一个生发于汉语的在认识论与方法论上天然相宜的变换手段、分析程序或模型。它不仅可以把复杂结构平面化、透明化，揭示或逼近复杂结构的本相，并且也可为复杂结构的最优化定性提供充分多维的理据或参数。

关键词：[$_W$ [好$_A$V$_单$]]；结构类型；特性；"对话对·独白流水句"；透明化；平面化

一　引言

《现代汉语八百词》指出形容词"好"用在"看、听、问、吃、玩"

---

[*]　[作者简介] 薛宏武（1970—　），男，博士，重庆师范大学文学院教授，从事语言学及应用语言学研究；闫梦月（1979—　），女，博士，重庆师范大学文学院讲师，从事汉语语法研究。

等动词之前,结合紧密像一个词,表示"形象、声音、气味、味道、感觉等效果好"。① 为表述方便,下面把这类词图式化为 [$_W$[好$_A$V$_单$]],下标 W、A 及"单"分别表示词、形容词及单音节。至于表示"适于"或"宜于"等的情态动词"好"以及表示"便于"等的副词"好"跟 V 组配而成的短语 [$_P$[好 V]],不在本文讨论之列。

可能本文视野有限,目前未见到直接对 [$_W$[好$_A$V$_单$]] 结构定性的研究,间接的有两类:一是以朱德熙([1956] 1990)为代表,该研究系统描写了性质形容词作状语的类型、特征及其跟动词组合后的语法表现,间接否定了它是状中的可能,讨论见下文第二节。② 二是熊仲儒(2011),认为 [好$_A$V$_单$] 是形容词,"好"与"V$_单$"没有直接的句法语义关系。③ 这显然与事实不尽相符。例如:

(1) 这支笔好写。

熊文认为例(1)的谓语中心是"好","这支笔写"是补足语。其 D 结构如下:

(1) a. [$_A$好][$_vP$ [ ] [$_{v'}$ [$_v$USE] [$_{VP}$ [这支笔] [$_V$写]]]]

可看出(1)a 的刻画费了一番心思:既部分地满足了语感(native intuition),把"好"作为句法语义中心;也维持了基于印欧语生发出来的论元结构及题元关系,认为"这支笔"是动词"写"的外围论元(工具),是受事,是通过功能语素 USE 引进来的主题(theme)。熊文假设的 USE 说白了就是(1)的句义特征,即是"这支笔"的物性(qualia)特征"使用状况或效果好"。从本质看,USE 仍是一个轻动词。基于此"这支笔"才从 VP 移出并占据 USE 的指示语位置上的。不得不说,这个 USE 的设置有缺憾或不充分,因为没有说明其动程类别。所以如此,症结还在以印欧语眼光看待"写"的,即与英语动作动词"write"相当,这样自然就不需限定"这支笔写"的动程,因为它是默认的 DO。然而,

---

① 吕叔湘:《现代汉语八百词》,商务印书馆 1999 年增订本,第 257 页。
② 参见朱德熙《现代汉语语法研究》,商务印书馆 1990 年版。
③ 参见熊仲儒《"NP + 好 V"的句法分析》,《当代语言学》2011 年第 1 期。

这跟例（1）是个状态 BE 的语感违和。总之（1）a 说明"写"与"好"没有直接的句法语义关系，前者是后者补足语里的谓语"中心"。与此密切相关的是"这支笔"与"好"也没有直接关系，因为它是"写"的论元，至于如例（1）所示它成为"好"的主事论元，那是"好写"生成中移位运算的结果。

不管如何（1）a 跟我们的语感不相宜或说服不了我们的语感，究其原因是以印欧语眼光对当看待"写"的。即认为它跟英语"write"一样，是"这支笔"题元角色的指派者，而绝不可是"好"的主事或主题——句法、语用上的主语/话题。当然（1）a 更解释不了我们为何对例（1）有如下的语感：

(1) b. 这支笔，（在）写（上），好。【（在）看（上），不好。】
　　 c. 这支笔，好，（在）写（上）。【不好，（在）看（上）。】

例（1）b、c 括号里成分是选择性（optional）的话题标记。二者首先表明"写"作指称之用，而非陈述，即其是名词。句法上它可以看作是"好"状性成分，语用上也可看作是相对于主话题"这支笔"的次话题。从 D 结构看，"写"则是"好"的主事论元或者处所论元。当然"写"作主事论元、处所论元的题元阶层不同，前者高而后者低。其次"好"可以是陈述性的（形容词），也可以是指称性的（名词）。但不管哪种情况，它在（1）b 都有陈述"写"的功能。同样在（1）c 里亦如此：它既可以是"这支笔"的陈述成分，也可以是"（在）写（上）"陈述的对象。当然，分析上还可以把"好"理解为陈述性与指称性的"好"的合体。即例（1）c 本是如下：

(1) c1. 这支笔，好，好（在）写（上）。

例（1）b 与 c 是从语感提取出来的。再给它们加个对句——【】之内的句子，会更加清晰地显示出"写"是体现"这支笔"物性的名词成分。据此看，"好写"结构关系可以是状中、主谓或中补。所谓状中，指 b 的"写"作"这支笔好"的"表现方所或方面"，主谓则着眼"写"是"这支笔"的物性表现。中补则指 c 里的"写"，是补充说明

"好"的补足语。当然依据（1）c1 的分析，c 里的"好，（在）写（上）"可以表示主谓，也可以是述补。这些方面在后文还会分别说明或解释的。

语法本质就是语感。所谓语法规则、规律等，不过是有限的人为的外延刻画、归纳。(1) a 不仅跟我们的语感（1）b、c 不协调，而且也无法解释"这支笔"为什么一定是"写"的外围论元而不可以是"好写"的主事论元？为什么"写"不可以是"好"的主事或方所且能作话题等问题。这至少说明它是不完全符合语法的，基于此，很难说（1）a 可给 $[_w[好_A V_单]]$ 的结构定性及其特征分析贡献出多少客观有效的依据。

鉴于目前对 $[_w[好_A V_单]]$ 结构、特征缺乏明确直接的定性，本文首先立足 $[A_单 V_单]$ 组合系统，刻画 $[好_A V_单]$ 的性质、语义、语法结构等特征，说明其特殊与复杂的表现。其次拟吸收"传息语法"[①]、"对言语法"及其"能简则简""分清主次"的原则，[②] 提炼出一个新的语法手段，并建立分析模型展开讨论 $[_w[好_A V_单]]$ 的结构及形成。思路、程序是，（ⅰ）操作上采取"问答对话链"从 $[_w[好_A V_单]]$ 提取出"（话）题·述（题）"的对话对，（ⅱ）再把它改为"独白式流水句"。从 i 与 ii 揭示 $[好_A V_单]$ 的初始结构类型、特征。这是把复杂的 $[_w[好_A V_单]]$ 在句子里透明化、平面化，是解构（deconstructed）或信息解压。（ⅲ）再将独白流水句结构化为 $[_w[好_A V_单]]$，这是结构（structuralized）或信息打包过程。（ⅵ）从 $[_w[好_A V_单]]$ 解构与结构的变化，最优化地对它的结构类型定性。本文这种分析思路与还原的结构主义平行，采取的方法跟 $[_w[好_A V_单]]$ 的形成具有同一的发生学环境。相信以此分析 $[_w[好_A V_单]]$ 结构、特征甚或形成，不仅可经济地逼近真相，而且没有用西方理论及方法的排异感（transplant rejection），当然最关键的是尝试性地为汉语复杂结构分析作探索，寻找一个根植于汉语事实且

[①] 萧国政：《右向传递句延展和凝缩——关于传息语法思考》，《语言学通讯》1991 年第 1－2 期。

[②] 参见沈家煊《超越主谓结构——对言语法和对言格式》，商务印书馆 2019 年版。

与语感自然相宜的新路子。

二 [_W_ [好V_单_]] 与 [_W_ [A_单_V_单_]] 结构、性质的系统差异

[_W_ [A_单_V_单_]] 结构及性质。朱德熙（[1956] 1990）对性质形容词作动词状语的类型及特征系统刻画过，① 下面胪列其核心观点并以之展开讨论。

ⅰ. 性质形容词多数不能直接作状语。比较：

(2) *安静学习 vs 安安静静地学习　　*慢拍 vs 慢慢地拍

ⅱ. 双音性质形容词能作状语的也不多，常见如"完全、容易、细心、特别"等。并且部分双音形容词已分化为形容词与副词。例如：

(3) *自然_形_醒了 vs 自然_副_不知道　　*老实_形_坐着 vs 老实_副_告诉你

ⅲ. A_单_性质形容词作动词状语更受限。不仅不能修饰 V_双_，修饰 V_单_ 也不自由。A_单_ 修饰 V_单_ 及其语法类型有ⅲa与ⅲb两式。ⅲa有两类：一类是复合词和成语等凝固格式，下称ⅲa1；二是不好判断是造句格式还是凝固格式的，下称ⅲa2。例如：

ⅲa1：清唱 小考 小看 红烧 白炖

ⅲa2：高举 轻放 远看 苦读 慢走

能进入ⅲa1 的 A_单_ 数量少而可进入ⅲa2 的 A_单_ 数量相对多。ⅲa2 的特征之一是每个形容词可修饰的动词有限，并且动词多数都不能自由替换，即使近义或同义的也不能替换。例如：

(4) 轻放 vs *轻搁　　高喊 vs *高嚷

ⅲa2 特征之二是形容词和动词结合紧密，跟自由词组不同。我们认为ⅲa2 还有一个重要的语义语法特征"不自足"，表现在这些词在作陈述句子谓语之时一定要个粘补足语（complement）——包括传统的宾语与补语，否则不能完句。请比较：

(5) a. ?他右手高举。b. 他高举右手。c. 他右手高举过头。

---

① 参见朱德熙《现代汉语语法研究》，商务印书馆1990年版。

例（5）a 可受性有点低，因为"高举"没有粘补。b、c 粘了补，语义自足完整。看来ⅲa2 不同于短语，因为类似"高举"的组配体自足，如"仔细看""认真阅读"。至于例（6）的"高举"没有粘补特征，是对比语境使然。观察：

（6）左手握杖，右手高举，左脚向前跨出一步。

从ⅲa2 上述的两个特征看，它是词，尽管不典型，但至少可看作短语词/语法词/弱图式词。它有语法性，但实例的生成力弱且不自由自足，这就是朱先生"不好判断是造句格式还是凝固格式"之所在。

ⅵ. ⅲb 格式容纳动词的能力强，有 $V_单$ 与 $V_双$ 两种。下面把二者相应的格式分别称为ⅲb1 与ⅲb2。ⅲb1 与ⅲb2 的 V 之间也可以替换，他们都是短语。观察：

ⅲb1：硬拉　　难解　　干急　　好商
ⅲb2：硬拉住　难解决　干着急　好商量

总之ⅲa 与ⅲb 分别是词与短语。二者结构关系清晰，都是状中，语义语法中心是 V。观察：

（7）a. 清唱一首　　紧握钢枪　　硬拉住客人
　　　b. 唱一首　　　握枪　　　　拉住客人
　　　*c. 清一首　　 *紧钢枪　　 *硬客人

例（7）a 删去形容词"清、紧、硬"不影响其真值，V 绝不可删，即"$A_单$"是状语而 V 是语义语法中心。就状语"$A_单$"的类型看，若 V 是双音的，那么倾向情态状语，如"硬拉住"的"硬"；若 V 是单音的，倾向方式或状态，如"硬拉"的"硬"。总之，把ⅲa2 的 [$A_单 V_单$] 看作词ⅲa1 与短语ⅲb 之间的"短语词"是没问题的。

[$_w$ [好$_A V_单$]] 与 [$_w$ [$A_单 V_单$]] 差异及成因。具体有三：

首先二者性质、功能及结构不同。[$_w$ [好$_A V_单$]] 特别，是性质形容词但不可重叠；作谓语且句子自足，跟一般性质形容词作谓语的不自足明显不同，有点儿像状态形容词。观察：

（8）好看→*好好看看；

（9）这本书好看。vs? 这本书深奥。

[w[好AV单]]作定语与其他的双音形容词也不一样，前者都可压缩为[好N]，后者除"美丽"之类的并列式外，一般很难压缩为[好N]的。观察：

（10）好看的书→好书　　热情的人→*热人/情人

[w[好AV单]]的实例性质、功能平行，而[w[A单V单]]的则不平行，如"清唱、白炖"是动作动词，"小看"是心理动词。另一方面"清唱""白炖"之间也不完全平行，前者通常作谓语而很少作定语，后者既作定语也可作述语，因此二者后面出现NP时，结构语义不同：前者是述宾，没有歧义，例如"清唱一首"；后者可解读为定中或述宾，有歧义，如"白炖鸡"。语义功能方面[w[好AV单]]用作评价物性，如"这书好看"；"清唱"常作中性陈述语。结构方面[w[好AV单]]复杂的，难说是状中，如"好看"，即其组成性关系（decompositionality）已模糊或消退（decrease or loss），相反[w[A单+V单]]的组成性关系却清晰透明，如"清炖"是"方式+中心"。

由于[w[A单+V单]]结构透明，其构件义加状中结构义即可推导出它的词义。观察：

（11）用铁的纪律约束每个职工，违者重罚，毫不留情。

获取"重罚"词义的运算方式，跟与之平行的"冷处理"或"轻易开枪"短语一样，观察：

（12）a. 哪些要热处理，哪些要冷处理，都要视情况而定。

　　　b. 那时我们也不敢轻易开枪，因为这种情况都得报告。

[w[好AV单]]组成性模糊，词义不能轻易地通过构件义及其状中结构义加合而出的，如"好看"不是"好好看"而是"视觉效果好"等。造成其组成性模糊的因素复杂，第三四节详细讨论。这里从构件说一下：如引言等分析，"看"是指称"看"行为的名词，否则是不会衍生出"听觉"等意义的，例（1）b、c说明了这一点：它用作指称，是"好"的次话题；形式上它不再有动词的与重叠、加时体等形态。指称是语用

提及（mention）而非使用（use）。用"名动包含"说，①"看"是名词或动态名词。这自然就解释了"好看"能表达"视觉效果好"之因了，因为"视觉"就是行为"看"的逻辑转喻。

"好看"能表达"视觉效果好"，还有两个相关因素：一是"好"。它认知关联的对象是事物，"听"被它陈述，自然会呈现出名词性或指称功能，而其动词性或陈述性则处于抑制状态。二是作话题，如例（13）的"听"自然会有指称性或名词性，为表述方便下称为"名词"。这种情况下的"看"即使易位，还是名词，观察：

（13）这个视频，听，好；看，不好。

→a. 这个视频，好，（在）听（上）；不好，（在）看（上）。

例（13）a 的"听"是"在"的句法宾语。从信息表达看，它就是一个被表达在宾位之上的话题，说明见第三节。这样，它还是名词。当然它还可以解读为"好"的补足语，这时还是名词，因为作为功能成分"在"的宾语或"上"的标记对象，是受管成分（Governee），自然是名词。

其次，$[_w[好_A V_单]]$ 与 $[_w[A_单 V_单]]$ 的语义语法中心不同。一是 $[_w[好_A V_单]]$ 语义语法中心是"好"而不是"$V_单$"。比较：

（14）这本书好看。→ a. 这本书好。

→ b. *这本书看。

例（14）删去"看"变成 a 之后，句义真值基本不变，只是表义不及原来具体明确，如"这本书"究竟"好"在哪儿，是不明确的。② 总之，"看"就是一个使"这本书好"表义明确化的话题，是可及的（accessible）旧信息，因此可删。相反"好"则绝不能删，说明"好看"的语义语法中心是"好"而不是"看"。"好看"中心是"好"，"看"是话题，可以通过赵元任（1979）的三种英译法也得到一定说明。③ 观察：

---

① 参见沈家煊《超越主谓结构——对言语法和对言格式》，商务印书馆 2019 年版。
② 这里排除了非单调推理出的"书，内容好"的高频解读。
③ 参见赵元任《汉语口语语法》，商务印书馆 1979 年版。

ⅰ) beautiful/pretty 【词】

ⅱ) good – looking 【偏正复合】

ⅲ) good to look at 【补充短语】

三种译法共性之一是,显示"好"是"好看"的语义语法中心。二是立足语义说,"看"有话题特性:其中 ⅰ 充分说明"看"就是话题,这样才能在翻译时把它缺省而仅译语义语法中心"好"。ⅱ 与 ⅲ 的 looking 与 look 表面上分别是动名词、动词,其实还是有话题性的,观察二者 D 结构:

ⅱ$_D$: [Looking is good]

ⅲ$_D$: [[Ø to look at] is good]

显然 D 结构里"looking"与"Ø to look at"是话题。至于二者句法上分别变为偏正与补充结构,哪是表达决定的,说明见第三节的"级转移"。

不管从例(13)(14)看,还是从"好看"的英译方式说,"看"都是话题或者说是个名词。基于此,才出现了我们在引言里的语感——觉得其结构关系兼有主谓、状中与补充特征。《现代汉语八百词》曾指出"跟这个'好'相对的是'难'",如"难看、难听、难吃"等。这不仅说明 [$_W$ [好$_A$V$_单$]] 成分接合紧密度有些差或词汇性不高,而且也间接说明"好"就是语义语法中心。

[$_W$ [A$_单$V$_单$]] 凝固性强,语义语法中心是"V$_单$",因为 A 能删而 V 不能删。① 观察:

(15) a. 清唱了一首　小考了三次　红烧茄子

　　　b. 唱了一首　　考了三次　　烧茄子

　　　c. *清了一首　*小了三次　*红茄子

[$_W$ [好$_A$V$_单$]] 中心是"好"而 [$_W$ [A$_单$+V$_单$]] 是"V",前者自

---

① 例外也有,如"小看他"可删去"看"而绝不可删"小"。这至少历时上有"小他"等的现实性,如"孔子登泰山而小天下"。

然就是形容词而后者是动词。这可以消除 D 结构里 [$_W$ [好$_A$V$_单$]] 是"状中"而形式不是的矛盾。结构的定性关键看形式,"状中"解释不了例（14）可变为 a 而不能变为 b 之因,也解释不了既然"好看"是状中,中心语按理应该是"看","看"能带宾语但"好看"又不能带宾语的事实。

最后,[$_W$ [好$_A$V$_单$]] 与 [$_W$ [A$_单$+V$_单$]] 能产性不同。可以跟"好"搭配的"V$_单$"数量相对多,常见如"听、吃、玩、使、用、写、走、笑"等。即 [$_W$ [好$_A$V$_单$]] 的实例能产性（productivity）强,或者说它的图式性（schematicity）强。相对说能跟 [$_W$ [A$_单$V$_单$]] 的"A$_单$"搭配的"V$_单$"数量极少。上文讨论显示进入ⅲa1 的"A$_单$"极其受限数量少,能进入ⅲa2 的"A$_单$"尽管相对多,但可受修饰的动词却是有限的,并且多数动词都不能替换,即使同义词也替换不了。①

[$_W$ [好$_A$V$_单$]] 已去组成性,绝非一个"状中"可概括的复杂结构。它的图式性或能产性比 [$_W$ [A$_单$V$_单$]] 强些。若在其间机械地做个减法,自然会发现跟"好"有关。那么"好"跟一般的"A$_单$"形容词比,究竟有何特性？

"好"本谓"女子貌美"。关联的对象明确具体,是一个典型形容词。引伸为"凡美之称"之后,尽管仍表示事物或事件的性状,但已泛化抽象为一切"美"的上位词。如《现代汉语八百词》就把它刻画为"优点多的"或"令人满意的"②。例如：

（16）这条路好。

理论上例（16）的"好"识解起来可以是 {干净、整洁、宽敞、平坦……笔直} 的一个、几个或所有成员。换言之"好"不仅本身表示事物、事件的性属,而且还可以对这些"性属"再定性。例如：

（17）多活动,吃清淡些……少操闲心,好。

---

① 除了可由"小看"类可以推出"高看"外,其他的词语基本没有图式性,即其词汇性显著。

② 吕叔湘主编：《现代汉语八百词》,商务印书馆 1980 年版,第 256 页。

例（17）的"好"不仅对"活动""吃""操闲心"有定性评价的作用，而且，对三者的性属"多""清淡""少"也有定性评价作用。从语义功能看，形容词都是作物性评价的，但"评价"性弱，基本属于性属的揭示或说明，如"这条路平坦"。"好"则不同，它就是一个作物性说的专词，如例（17）的"好"是个涵括性强的虚义形容词，功能性显著而词汇性弱。并且现代汉语中"好"关联的事物不一定有"美"的基础，只要说话人认为是"好"的，不管是中性的还是消极的都可以用它去涵括。特别在日常表达中，常常跟"不""没"组配去取代或统括负向消极的性状形容词。例如：

（18）那条小路起起伏伏、弯弯曲曲、阴森森、残枝败叶满地……人都没有，一点都不好。

"好"是积极的"代形词"，基于其语义虚、泛化、涵括的形容词广等特征，它才会具有主观性并进而语法化为表"适宜"的助动词及表"容易"的副词。这前贤时彦已有研究。"好"是作评说的专词，自然搭配的 $V_单$ 面广数量大，因此 $[_W[好_A V_单]]$ 的图式性强，相应的能产性也强。$[_W[A_单 V_单]]$ 的"$A_单$"受限，跟其语义具体实在有关。语义具体实在，搭配对象自然受限，这是语义选择制约。

参照朱德熙（[1956]1990）对 $[_W[A_单 V_单]]$ 系统刻画，可发现 $[_W[好_A V_单]]$ 跟它仅组配相同，语义语法中心、功能、性质及动态变换等方面是成系列的对立。综合看，$[_W[好_A V_单]]$ 复杂结构，兼有状中、主谓、补充等关系的特征。虽然 $[_W[好_A V_单]]$ 比 $[_W[A_单 V_单]]$ 图式性或能产性强些，但基于其已去组成性等，如《八百词》所言，它确实似词。

三 $[_W[好_A V_单]]$ 的形成、结构特征及其性质

$[_W[好_A V_单]]$ 形成及其结构关系。句子由"题述"型问答对话链

(Question – and – answer routines)入句之后凝缩而来的,①"题述"即"话题·述题"。整句都是由一问一答的对话对直接组成的。② 基于这两方面,观察下例:

(19)这朵花好看。

它可用"问答对话链"分解为连续的 T1 与 T2 话轮对(sequential – turn pairs)。观察:

T1. $\begin{cases} Q: 这朵花怎样? \\ A: 好。 \end{cases}$

T2. $\begin{cases} Q1: 好_i 在哪儿? \\ A1: \emptyset_{i/j}(在)看(上)。 \end{cases}$ 或 $\begin{cases} Q2: 哪儿好_i? \\ A2: (在)看(上)\emptyset_{i/j}。 \end{cases}$

"好"在 T1 里是述题,在 T2 里则是既可以作话题,如 Q1;也可以作述题的,如 Q2。与之不同,"看"是话题,因为它是 T2 的疑问焦点"哪儿"的答语。既然"看"是话题,就可选择性地给它加标记"上"或"在"等。③

可能有人觉得例(19)的 T2 的"看"是话题,有点怪。其实很正常,只不过是被表达在 T2 的谓语里而非句首。话题在句首与谓语的差异仅在于前者是高度凸显的(prominent),而后者除非被标记,否则是非凸显的。就是说话题的句位表达多样,这是跨语言普遍现象。请观察:

(20)从前有一个小姑娘$_j$,继母很不喜欢她$_j$,每天让她$_j$做很多家务,弄得 e_j 满身灰尘,继母的两个女儿叫她$_j$"灰姑娘"。(《365夜好故事》)

例(20)的话题"小姑娘"在第二、五句处在宾位,在第三句是兼

---

① 参见萧国政《右向传递句延展和凝缩——关于传息语法思考》,《语言学通讯》1991 年 1 – 2 期。
② 参见沈家煊《超越主谓结构——对言语法和对言格式》,商务印书馆 2019 年版。
③ "上"作话题标记无须说明,"在"作话题标记见陈昌来《介词与介引功能》,安徽教育出版社 2002 年版,第 227—230 页。

语位置，在第四句则是补语的内嵌主语。再观察 Tagalog（他加禄语）：①

(21) a. Malapit　sa　babae　ang　bata.
　　　　near OBLIQ woman TOP child（The child is near the woman.）

　　 b. Malapit　kay　Maria　si　Juan.
　　　　near　OBLIQ　Maria Top　Juan（Juan is near Maria.）

例（21）的 OBLIQ 与 TOP 分别是旁格与话题。显然话题 babae 与 Maria 就不在句首。必须指出例（19）T2 的话题"看"以光杆式出现不自然，是韵律问题，古人称为"偶语宜安，奇字难适"。再推衍便是"独字"更难安。第二节给"看"加的"在""上"等，其实在标记它是话题之时，也是为了韵律之安。值得指出的是，这是句内实现韵律之安的方式。当然，还可像例（13）一样，以对句方式实现单音节话题"看"的自安，这是句外之安。

回头再看例（19）T1 与 T2 可发现两点：一是"这朵花"与"看"是"整体－部分"语义关系，二者分别是"好"的主、次话题。二是 Q1－A1 的"好"既可以作"看"的述语，也可以作"看"的话题，这两种情况对应的句法结构类是述补、主谓。若从 Q2－A2 观察，"好"与"看"的关系可以同时解读为状中与主谓。总之，T1 与 T2 显示"好看"的句法结构关系是可以解读为状中、主谓或述补的。

下面根据沈家煊（1989，2019）及萧国政（1991），进一步把例（19）的 T1 与 T2 改为独白流水句 M1，以观察"好"与"看"的关系。如下：

(19) M1：这朵花（啊），好（啊），（在）看（上）（啊）。

T1 与 T2 改为 M1 原则是，后者即流水句的每个零句对应于前者或话轮对的一个话轮，一次一个信息·韵律单元。②似乎例（19）的 T1、T2 改为 M1 没有遵循这一原则，其实不然，因为我们为了表达经济而把 T1 与

---

① Schachter, P. & Shopen, T. *Parts - of - speech Systems. Language Typology and Syntactic Description: Clause Structure*（vol. 1），Cambridge：Cambridge University Press，2007，pp. 1 – 52.
② 参见沈家煊《超越主谓结构——对言语法和对言格式》，商务印书馆 2019 年版。

T2 里两个"好"扣合为一体,二者可扣合的基础是形义相同。顺及指出在 T1 与 T2 改为 M1 时,每个零句后面都选择性的加语气词"啊""吗"等提顿语气词。

当然 M1 也可说成 M2 或者说 T1 与 T2 也可改为 M2。为了简练,M2 没有加"啊"。观察:

(19) M2:这朵花,(在)看(上),好。

M1 与 M2 序位有异但真值相同,因为汉语基本句法关系都是成对指称语的并置,换位时形式不受限制,颠倒语序只是表达侧重点不同而非倒装。① 换言之,M1 与 M2 的零句顺序取决于表达,凸显哪个就把哪个往前放。据此看,T1 与 T2 还能改为 M3 等。观察:

(19) M3:[?](在)看(方面),这朵花,好。

M3 的可受性有点低,是有违"先易后难"的息序原则。②"这朵花"的指别度高,是典型旧信息。"看"是"这朵花"物性的一个方面,信息是可及的(accessible),虽说有旧的特征,但指别度低,识解时得经过推理,相对于前者显然有难度。基于此,自然有"新"的特征的,因此二者最自然的息序是"这朵花"在"看"的前面而不是相反。当然"先易后难"的息序原则,要排除对比等特殊语境。

再观察 M1 与 M2 里"好""看"的关系。二者在 M1 里是零句,其关系尽管是复句性逻辑事理关系,但仍是"述补"或"主谓"性质的。"述补"或"主谓"是句法术语,为避免二者跟 M1 与 M2 的逻辑或事理关系混同,下面把复句里零句间的"述补"或"主谓"称为"补充""解释"关系,概括说就是"解说"关系。如 M1 的零句"好"是解释"这朵花"的,"(在)看(上)"补充"这朵花,好"或"这朵花"或"好"。尽管如此,我们基于研究需要,还是把"解说"关系细化为"补

---

① 参见沈家煊《超越主谓结构——对言语法和对言格式》,商务印书馆 2019 年版。
② 参见沈家煊《超越主谓结构——对言语法和对言格式》,商务印书馆 2019 年版。

充"与"解释"两类,以便和句法"述补"或"主谓"对应比照。①

M2 的"看"可转喻方所,带上"在""上"标记更明显。此时它作零句的独立性差,可解读为零句"好"的状语,即二者可构成状中句法关系。当然它也可是独立零句,此时就是"好"的解释对象以及"这朵花"的补足句,即其跟"好"与"这朵花"是补充或解释的逻辑关系。总之,不管 M2 的"看"怎么解读,真值都相同。综合 T1 与 T2 及 M1 与 M2 看,形简的"好看"确实是一个复杂结构。下面把它在 T1、T2 与 M1、M2 之内的两类结构关系反映在表 1 里。

表1　　　　　　　　"好看"在 T 与 M 里的结构关系类

	句法关系			复句关系	
	中补	主谓	状中	补充	解释
T1/2	+	+	+		
M1/2			+	+	+

复杂结构"对话化""独白流水化"及其语法效应。用问答式的对话链从例(19)提取出 T1 与 T2,然后把 T1 与 T2 改为 M1、M2,结果是把复杂结构透明化、平面化了。这种变换分析手段,目前实践虽有限,但说明了它是一个切合汉语实际的有效分析手段甚或模型,如萧国政(1991),沈家煊(2019)及薛宏武(2006,2011,2013)等。② 相对于"易位",它在透明化、平面化复杂句子或结构上更彻底,理据与表现有三:

一是"易位"能把立体复杂结构扁平化但不一定能把它平面化。如

---

① 大一《现代汉语》教学中常遇到把主谓分析为补充、解释关系的,其来源就是词语的结构还原为句关系的心理操作,语感朴实自然客观,这必须予以肯定。
② 相关实践如下:参见薛宏武《现代汉语"有""有"字结构与"有"字句》,博士学位论文,武汉大学,2006 年。参见薛宏武《"有请"语法化及"有"作为主观表达词缀的形成机制》,《汉语学报》2011 年第 2 期。参见薛宏武《"有着"语义语法功能的形成及其"着"的问题》,《汉语学习》2012 年第 5 期。

"给我炒一个菜"可易位为"炒一个菜！给我"，仅是把复杂立体结构扁平化了，"炒一个菜"还是个立体复杂结构而不是平面结构。二是揭示与解释如 [w [好$_A$V$_{单}$]] 事实方面，"易位"可适性作用有限，达不到透明化。三是"易位"不一定能展示复杂结构动态形成过程、机制。限于篇幅，第二、三方面就不再正面说明了，相关的解释可比较张伯江（2019）及本文对相关事实的分析。

上述"好看"的结构分析相继采取了"对话化"与"对话的独白流水化"手段。这里有必要对二者关系作一简要的说明。就差异而言，主要在于变换形成的成分类型及其之间关系、紧凑度方面有异。对话化的句子之间是明确紧凑的"题述"问答对，句与句之间相对紧凑，句内成分是句法关系。独白流水化是把对话里引发话题的问句"先行一步"处理为话题，句与句以零句身份并置形成复句关系。他们的序列相对随意，可断可连而形断义连。当然是"连"还是"断"，取决于语用场状况。[①]如熟人聊天基于共聚关系且是非规范场，那么不仅可"断"，甚至还可以稀稀拉拉、有一句没一句、前言不搭后语地"断"。反之，多数情况则要"连"起来。

二者共性是把复杂结构平面化、透明化。经其变换后的语句，一方面不管是对话对还是独白流水句，句与句之间都是环环相扣的题述关系。另一方面都会产生一系列语法效应，如单位级别、性质、结构变化、语义增减及风格的差异等，例如（19）的 T1、T2 与 M1、M2。

[w [好 V$_{单}$]] 的形成及语法效应。把例（19）的 M1 与 M2 的后两个零句之间的停顿取消，就可以连成或凝缩为例（16）a、b。"连为"或"凝缩"即融合或语法化。观察：

（19）a. 这朵花，好（在）看（上）。　b. 这朵花，（在）看（上）好。

例（19）a 是递系句，"好"是主话题"这朵花"的述题，也可以是

[①] 参见徐思益《重谈语用场》，《新疆大学学报》（哲学社会科学版）2005 年第 4 期。

"看"的话题；当然还可是"看"的补足中心。因此"这朵花""看"都可删去，"好"绝不能删去。之所以这样，在于"这朵花"与"看"是旧信息而"好"是新信息。当然旧信息"这朵花"与"看"有异，如前文所言前者是旧的，后者有点儿"新"。同样 b 的"好"还是语义语法中心，"这朵花"与"看"还是话题。

尽管例（19）a、b 已融合为递系式，但还不充分不彻底，因为"看"的话题标记或安顿其与韵律的"在"或"上"也可删除。如下：

（19）a1.$^?$这朵花看好。　　b1. 这朵花好看。

即使 a1 "看好"形式合格（well-formed），但在表达例（19）a、b 的真值方面却晦暗多歧，① 效度差。基于此，可把 M2 易位为 M1 再融合，结果便是 b1。很明显 b1 的"好看"不仅形式合格，而且还最大限度地保留了它在 M1 或 M2 的语义信息。

M1 或 M2 删除"在""上"遵循"善删者，字去而意留"原则（《文心雕龙·熔裁》）。"善删"就指删去功能成分，因为它们不负载信息而仅是信息关系的体现者或联结者。换言之，交际中词汇成分才是根本，语法成分并非绝对强制。这在系统与个体发生学上都有充分体现，如甲骨文与儿童语言习得中普遍存在着无功能词或语法词句子。尽管如此，我们还是可以根据情景解读出所传递的信息；反之，没有词汇而用功能词传递信息是不可思议的。说白了，二者的关系就是吕叔湘先生的经典比喻"钱"与"钱串子"关系。这方面即使在高度形式化的印欧语也是一样，如"I did it my way"里，即使"my way"之前没有"用"之类的介词 by、in 等，我们照样可以解读出该句子是表示"我以我的方式去做"（特立独行）。基于此，我们才把例（19）a、b 的功能成分"在"或"上"删去的。无之，同样可解读出例（19）的"好看"的意义及其具有的主谓、述补等关系，就像下文黎锦熙、赵元任的用例等一样。但是"好看"经融合、删除而最终构词后，却产生了两个不可避免的结果：

---

① 因为语境不充分或没有语境时，还可以解读为表示"（认为）将要出现的好势头"的动词。

结果之一"看"与"好"原本关系的模糊化与丢失。二者在例（19）T1、T2 与 M1 或 M2 里关系相对清晰，见表1。当 M1 或 M2 凝缩融合为词后，特别是删去了关系标记"在""上"，表1 的两类关系都模糊得厉害。这种情况下，人们必然会用既存的词法或句法关系给"好看"定性以解读其意义（其实定性关系就是解读意义）。基于"形容词+动词"通常系统体现为状中，有人便把"好看"分析为状中。可见认为"好看"是状中，是静态孤立片面的定性，把原有的主谓、补充的句法关系以及补充、解释性的复句关系都丢失不顾了。

需要指出"好看"作为补充式不是罕见的而是类现象。黎锦熙（1924，1992）认为"他们叫我老哥"的"老哥"就是"我"的补足语，"简直是专属于宾语的一个说明了"①。即我们现在所说的等同双宾句的远宾语有补语性。赵元任讨论兼语句单列了"兼语后别种谓语"，其实也是补语。如"买了一个桌子三条腿"，"三条腿"就是补充说明或解释"桌子"的②。当然"我"与"老哥"，"桌子"与"三条腿"也都可以解读为主谓，尽管其间没有系词。换言之，主谓与补充是相通的。再看古代汉语：

（22）巧文辩惠则贤，强毅果敢则贤。（《国语·晋语九》）

（23）《五经》圣人所制，万事靡不毕载……诸益于经术者，不爱于王。（《汉书·宣元六王传》）

例（22）的"巧文"韦昭注为"巧於文辞"，即名词"文"是"巧"的补语。这是从形式而言的，从语义语用看"文"就是"巧"的主事或话题。即"巧文"形式是述补，实为主谓，主谓与述补相通。例（23）的"爱于王"颜师古注为"爱，惜也，于王无所惜也"。即"王"是"爱"的补语，但语义语用上"王"却是"爱"的主事或话题。可见"爱于王"虽然形式是述补，实质还是主谓，主谓与述补相通。进一步观察，述补"巧文"与"不爱于王"都可以易位为主谓"文巧""于王不

---

① 黎锦熙：《新著国语文法》，商务印书馆1992年版，第26页。
② 参见赵元任《汉语口语语法》，商务印书馆1979年版，第72页。

爱"的。

上述讨论不仅说明名词"看"作"好"的补语是汉语常态,同时说明用主谓、偏正、述补等结构框架之一是不能充分、准确定性一个事实的。吕叔湘(1979,2002)曾指出,汉语动词的后续词语一直是一个大问题。或者说是汉语句法问题里的总问题……光靠宾语、双宾语、兼语等这几个概念不足以辨别。① 萨丕尔(1921,1985)早曾说过一段与我们相关的发人深省、中肯深刻的话,引述如下(着重号是本文加的):

> 语言都有一种力求表达精简的内在潜势。要是这种趋势完全停顿,也就没有语法。语言都有语法,那不过是普遍地表达一种感觉:类似的概念和类似的关系最宜于用类似的形式做符号。假如有一种完全合乎语法的语言的话,它就是一部完善的表达概念的机器。不幸,也许正是大幸,没有一种语言是这样霸道地强求内部一致的。所有的语法都有漏洞。②

"好看"由 T1、T2 及 M1、M2 融合而来。用状中、主谓及补充的任何一个结构类型去定性,都是用近似"形式"框定的,都有漏洞。比如根据它跟 [w [A单V单]] 组配一致及其在 T2 的 Q2－A2 里表现,定性为状中就不充分:因为前者从形义及功能看,跟"清唱"之类的状中没同一性。同样,根据 T2 的 Q2－A2 定性为状中,解读率却很低。再把上述两方面综合起来定性,会出现中心之间不对应:形式的中心是"好",语义或信息中心是"看"。此外"好看"定性为状中,若从 M1 或 M2 看还丢失了"好"陈述"这朵花"的主谓关系以及"看"与"这朵花"的部分、整体关系。总之,用现有的句法或词法框架去描述形形色色的事实或现象总是不充分有丢失的。主谓、述补等框架不过是有限事实经有限的专业分析之后的学术表述,受分析主体观察的充分性、视角、理论方

---

① 参见吕叔湘《吕叔湘文集》(一卷),商务印书馆 1990 年版,第 180—181 页。
② [美] 爱德华·萨丕尔:《语言论》,陆卓元译,商务印书馆 1985 年版。

法、研究兴趣等影响，在分析定性一个多面复杂的语言事实或现象是不可能做到充分的。沈家煊（2022）曾就此以摆事实提问题的方式作出过说明，如指出"狗叫"解读为主谓不客观，还有状中、定中等。① 本文正是为了最大限度克服复杂结构的结构定性中的顾此失彼或不充分，才基于发生学提出了以"对话对·独白流水化"手段周延地揭示其内在关系，然后再予以最优化的定性，这一点见下一节。

结果之二是级转移（rank shifting）。"好"与"看"在例（19）的T2是作为单句的两个句法成分，在M1或M2则基本是复合句的两零句，而在例（19）是词内成分。从信息"表达"方式看，这三方面概括就是以词代句或以句代词。具体说就是单/复句（T1、T2/M1、M2）的内容用词表达例（19），这是降级（degrade）表达；反之，就是升级表达。语法单位的降级表达必然会出现语义语法信息的遗漏，因为静态的词包含的语义语法信息等绝对少于动态句子的。当然句子降级为词时，也是会有新意义产生的，说明见下文。

《中国文法要略》专辟"词句论"讨论语法单位级转移，如"叙事句转成词组"及"词组代句"②。句子用词、词组表达是降级；词、词组意义也可用句子表达，是升级。降级与升级都是级转移。级转移是着眼于"意义"的表达形式之间在语法单位上的级变换。从信息表达看，级转移就是信息的解压开包释放或压缩打包封存。上文从例（19）提取出T1与T2，又把T1与T2改为M1或M2，就是解压开包释放语法信息的解构过程；M1与M2经过取消提顿及删去"看"的范畴标记或韵律安顿成分而形成"好看"，就是压缩打包封存语法信息的结构过程。

"好看"成词前后的级转移（形式）跟其内在语法关系的模糊化、丢失是一体两面关系，降级转移必然会引发"好"与"看"的关系模糊及原有的语法信息的丢失。反之，关系的模糊化及语法信息的丢失会引发

---

① 参见沈家煊《动主名谓句——为朱德熙先生百年诞辰而作》，《中国语文》2021年第1期。
② 吕叔湘：《吕叔湘文集》（一卷），商务印书馆1990年版，第69—88页。

其降级转移。

[w[好ₐV单]]形成、性质与结构类型。例（19）的 M1、M2 融为词"好看"之后，一方面原有的句法与复句关系都成为潜在的底层，因此才出现了汉语"没有什么形式能明确表示一个字组是什么结构"的状况。① 这种说法尽管有些激进，但也道出了试图用某一静态结构定性一个事实的结构所具有的不确定性。同理，一个结构体的结构类型也必然是不确定的而不会是唯一的。另一方面 [w[好ₐV单]] 形成中还产生了新义，如"好看"成词后就产生了"视觉效果好"新义。相应的，便是它获得了不同于一般的双音性质形容词的特性（见第二节）。

如表1所示，"好看"有状中、主谓、补充或解说等客观的多样关系。试图用目前任何一个结构框架去定性描述它的结构类型都不可能达到充分，一方面在其形成中级转移导致了语义语法信息的模糊、丢失，同时也是句与词两级单位的差异所致；另一方面即使平行，功能也有异，句法层面跟词法层面的主谓。

通常认为汉语的词法与句法结构有平行性，其实是不是或有多大程度的"平行"并不清楚，至少目前尚缺乏系统的探究。因此，这一说法是止于现象描述而非充分解释之后的定性。尽管如此，我们还是可以综合"好看"在级转移前后的形义、功能特征，优选出一个可逼近或涵括其本相的结构。这不仅是研究目标之所在，更是解读这类词语意义的心理依凭——结构体解读除了情境依凭之外，还有一方面就是已有的描述框架（结构形式）。这一过程可以称作"以形逆义"。基于此，我们"好看"的结构类型优选定性为主谓，理据有三：

一是"好"与"看"在例（19）的 T2 里是主谓，而主谓是句子最高层的句法结构，各种结构都可统摄于其中。二是主谓函补充。例（19）的 T2 与 a 里的"好（在）看（上）"从句法、语用看，是主谓与题述；从 M1 的句与句关系看，是补充、解释关系。即主谓、题述跟

---

① 参见沈家煊《超越主谓结构——对言语法和对言格式》，商务印书馆2019年版。

解释补充对应，或者说词语里的陈述性语义结构关系就是句子之间的补充或解释关系。"好看"成词之后，补充或解释是作为主谓的底层的隐性存在或隐性的逻辑事理结构。结构关系的定性是以句法结构形式为主导而不是后者，因为主谓（形式）是能够"函"补充（语义）的。"函"即打包或容纳语义结构关系或逻辑事理关系的工具。语言就是形式，结构关系的定性更以此为准或核心参数，至少除应用语言学之外的本体研究如此。① 三是用汉语主谓"题述"或超越印欧语的主谓看，它完全可以函涵、统摄状中。"好看"在 M2 里解读为状中，是立足于句法的，因为"看"是"好"的状语。再具体地说就是"看"是"这朵花好"的方所。方所"看"从信息层面或语用看就是话题（主），"好"则是它的述题（谓）。总之汉语"主谓"可函涵、统摄状中。这不仅仅可适于"好看"，对其他的复杂结构体亦此，如"鬼哭""周末去"等也可用主谓涵括状中。

主谓是"好看"的最优化结构定性，可统摄、函涵状中、补充关系。张伯江（2021）甚至认为汉语各种语法结构都看成可易位的广义"题述"关系，② 有道理。这里的"题述"就是指超越印欧语的汉语的主谓。当然语感上主谓也并不能充分地畅达"好看"的实际结构，但至少把它的主要结构特征反映出来了。再如"买了一个桌子三条腿"的"三条腿"与"桌子"在我们的结构描述体系里同样是主谓，它可以涵括补充而不是相反。

[$_W$ [好$_A$V$_{单}$]] 结构定性的意义。语法单位的结构定性似乎是专业内的事情，对大众似乎没有必要，因为能用它交际即可，其实不然。多个基本概念接连在心里出现（静态表现为并置）之时，人们总在设法用某

---

① 本文认为以"应用"为参数、指向或目标，语言学的传统分类可整合为两类，一是研究符号及其系统本身的本体语言学，涵括结构、形式语言学，重形式，形式是根本。二是应用语言学，涵语文学与智能语言学，三者重语义。这不仅凸显出各语言学流派的特色以及功能，也能彰显其研究的时代取向、认知语言学趋向甚至终极选择。

② 参见张伯江《复杂句式的扁平化——纪念朱德熙先生百年诞辰》，《中国语文》2021 年第 2 期。

种关系把它们结合在一起。这里"某种关系"就指内化在心理层面上的各种"句法结构",表现为直觉或意识。汉语没有裸露在外的形态,识解并置单位或语串意义之时显得尤其依赖结构。当然印欧语也不例外,萨丕尔曾以 sing 与 praise 的并置为例,指出解读其意义有种种可能的潜在的安排法,即可用几种通常叫人满意的形式表达出来。① 例如:

(24) sing praise（to him）!（歌颂他）【动宾】
　　 singing praise（用唱来表达的颂扬）【定中】
　　 sing and praise（又唱又颂扬）【并列】
　　 One who sings a song of praise（唱颂歌的人）【间接性动宾】
　　 He sings a song of praise（to him）（他对他唱一个颂歌）【间接性动宾】

例(24)里每个表达式都是用【】之内的结构关系去组织或安排概念 sing 与 praise 的。其中的"间接性动宾"指 sing 的宾语是"a song of praise",而名词 praise 仅是宾语中心 song 的定语,sing 与 praise 是间接动宾关系。总之(24)是从 sing 与 praise 概念表达出发而作出的句法结构选择,即用例句之后的"结构"方式把二者结构化起来进而解读出它的意义。

汉语结构化概念 sing 与 praise 没英语复杂,从表达看似乎语义搭配即可放在一起成为"并置"结构。但从解读看,却必须用各种内化在心理的结构形式去逐一尝试识解二者可能具有的结构关系进而得出意义,如"好看"。可见,说汉语是意合的也不充分,至少在语义理解时是离不开结构形式的。要说汉语是意合的也成,至多对半开,即表达上相对于印欧形态语言基本是意合,解读方面看则一定是形合的。

从系统、个体发生学看先有对话或独白。所谓词法、句法,是对并置关系的有限定性而形成的形式描述框架。它不可能与每个事实本相契

---

① 参见 [美] 爱德华·萨丕尔《语言论》,陆卓元译,商务印书馆1985年版。

合而只能逼近。并置是一切结构的初始态，任何的层次结构都由此派生的。① 结构形式的定性对语言及其使用者、研究者都是必需的，只不过不同的语言在概念表达时采取的结构形式有异，但解读完全一致，都离不开用已有的或内化在心理的结构形式去框合对象，从而解读出它的意义。可见从表达看汉语是"意合的"，但从语义解读看汉语跟形态语言一样，也是形合的。这里再赘一点，虽然结构定性对大众与专业人士一样，但还是有所区别的，专业人士不仅靠语感，而且有理论、方法等的加持，大众就是靠内化的语言能力或语感。

四 "对话对·流水独白化"揭示 [w [好 V单]] 形成及其结构的特征

上文基于表达揭示了"好看"的形成及其结构类型、特征。其形成的过程及特征表现为以词代句，采取的主要程序与手段是"对话对·流水独白化"，具体运算中还采取了压缩合并与删除。压缩是合并的手段，合并是压缩的结果，下概称"合并"。整个揭示、刻画过程依据的是发生学的事实状况、遵循的是语感，追求的是逼近系统且在方法或手段上的简约、客观、通俗。"系统"指并非就事论事，而是可类推到相关事实；"简约"是方法及其操作的经济；"客观"指无须假设或太多的理论依据；"通俗"指不需太多的理论推理与深奥表述。

再看熊仲儒（2011）关于"好写"生成的研究。为方便讨论，把(1) a 引述如下。观察：

(1) a. … [_A好] [_vP [ ] [_v' [_vUSE] [_vP [这支笔] [_v写]]]]

按照熊文"这支笔写"是形容词汇成分"好"的补足语，"这支笔"是"写"的工具论元。该文认为"好看"是"写"向"好"移位形成的，移位动因是保持后者的范畴性。这一动因不充分，"好"在词库里就有默认的可重叠、可受程度副词修饰等范畴标记，没必要一定依赖动词"写"标记。并且，即使为保持其形容词范畴的需要显性标记，也不是

---

① 参见沈家煊《超越主谓结构——对言语法和对言格式》，商务印书馆 2019 年版，第 185—186 页。

"写"能明确标记的，因为它不是形容词专职标记。退一步说，即使"写"能标记"好"的词汇范畴，但移位是不可理喻的，因为不自利（greed）。当然还有个可能，移到"好"后是为保持它的动词性。这也是不必要的，因为它在（1）a即使不移位，也是动词。

总之"写"移位动因的不充分，（1）a跟语感有距离。这应是先入为主地认为"写"绝对是动词并且一定是"这支笔"的题元、格位指派者。把"写"跟类似英语的动词"write"对当，认为论元结构及题元关系与"write"的平行。按照我们的分析，"这支笔"与"写"分别是"好"的主、次话题，即是说"写"是"好"的主题（theme）或方所，"这支笔"才是"（在）写（上）好"的主事。可见（1）a是印欧眼光关照下的D结构，而非基于汉语语感的，抹杀了"写"是主题的语感。

观察还发现（1）a在"这支笔写"之上还设置了一个轻动词USE，表示v是个表"使用"的功能性语素。这与语感合拍，排除了"这支笔写"解读为其他意义的可能，但必须承认这是人为"设置"而非"衍生"，一是掩盖了"这支笔"与"写"是物性领属关系的语感。二是把"这支笔写"的动程限定为动作DO而排斥了是状态BE的语感。据此看，若"这支笔写"是DO，那么它很明显是跟例（1）的状态性不相符；若是BE，那么USE的设置是不充分的。

基于（1）a上述两方面的不足以及本文对例（19）的分析及观点，下面将本文对例（1）的D结构刻画如下：

(1) d. [$_{CP}$…[$_{TP}$ [$_{DP}$这支笔] [$_{vP}$ [$_v$BE] [$_{VP}$ [$_N$写（方面）] [$_A$好]]]]

其中"写"是"这支笔"物性表现（次话题），是"好"的主事，题元角色是主题。轻动词BE表示VP的动程是状态（state）。总得看例（1）符合语感且简要，不需要设置"USE"就可以表示"这支笔写方面效果好"。再观察熊文关于"好写"生成过程的刻画：

(1) e. [$_{AP}$ [$_{vP}$ [$_{v'}$ [$_v$USE] [$_{VP}$ [这支笔] [$_v$写]]]] [$_A$好]]

 f. [$_{AP}$ [$_{vP}$ [$_{v'}$ [$_v$写] [$_{VP}$ [这支笔] [$_v$写]]]] [$_A$好]]

g. [$_{AP}$ [$_{vP}$ [$_{v'}$ [$_v$写] [$_{VP}$ [这支笔] [$_v$写]]] [$_A$好—写]]

注意（1）e 轻动词 v 上的 USE 是本文为详细说明加上的。（1）e 是熊文把 a 的"好"右向移位形成的，移位依据的是"嫁接与移位同向假设"假设，句法设置时把词汇范畴的核心放在最右边（即 x–bar 的最底层），基于此"好"自然应位于结构的右侧。与此同时，"写"也应向右侧的"好"移位并嫁接在它的后面以保证它的词汇性，这样就形成了"好写"。如前文指出"写"移位动因不充分，不自利也不能完全标记"好"的词汇性。

熊文还指出"写"在右向移位嫁接到"好"之后的同时，还如（1）f 与 g 所示必须左向移位并填充在 USE 之上以满足它对形式载体的需要。之后，再把扩展"写"的功能范畴 VP 与 V'上的"写"去掉，这样才能生成最终的例（1）或"好写"。显然，这些运算是严格按照形式程序操作的，但有两方面不足：一是"写"为兼顾"两头"之需而"分身"移位不仅动因不充分，并且操作也不经济。① 退一步说，即使它的"分身"移位动因充分且操作经济，那么"分身"的依据何在，不得而知。

（1）a 及其 e→f→g 运算说服不了我们的语感。比如"写"的左移是前面有 USE，移到上面可以得到最大投射扩展（EPP）与解释。但"写"为保持"好"的形容范畴移到它后面，好像二者之间没有必然关系，因为"写"不是形容词专职标记或形态。另一方面没有"写"的标记，它还是形容词。那么是不是"写"为了保持动词词汇范畴，移到"好"后可以并跟"好"一起得到范畴的保持？好像也不是，因为它在 VP 内就是动词性词汇。所有这一切难以说清的问题，归根到底是由两个先入为主的前提造成的，一是维持动词"写"为中心及其相应的论元结构，二是假设"嫁接与移位同向"。

最简方案认为合并（merge）是最经济的运算，② 按照两叉分支原则，

---

① 所谓"两头"指右边标记"好"的词汇范畴身份，左边满足位于它上面的扩展其功能范畴的 USE 及轻动词 v' 等对载体的需要。

② Noam Chomsky, N. *The Minimalist Program*. Cambridge：MIT Press, 1995. p. 226.

两两相配将中心语与补足语合并，然后再把得到的结构与指示语合并。Berwick 与 Chomsky（2018）进一步又把它修正并指出它是可能的最简单的自然而然的操作，因为两个要素合并所产生的 {XY} 是不讲次序的或没有限制。① 即 X 与 Y 语序可自由易位而非强制的。基于此，目前生成语法取消了"移位"独立性，把它重新解释为合并的子类。一句话即使满足了贪婪、自利及短距等之后，"移位"还是高成本受限操作，合并才是最经济的。Berwick 与 Chomsky 修正后的"合并"至少理论上与并置有相通性，表现在合并的 {XY} 可以不讲次序和并置成分可根据表达需要进行的易位之间可以通融。据此，下面把基于（1）b 生成"好写"的运作及过程刻画为树。（见图 1）

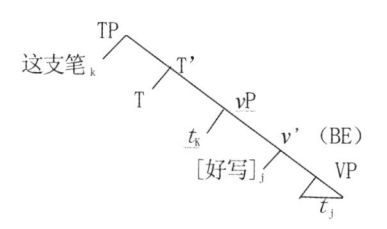

图 1 "这支笔好写"的生成过程

图 1 的 VP "好写"由次话题"写"与"好"易位、合并而成的，易位是为凸显"好"，说明见例（19）a。总之"好写"主要是合并形成的。当然在此过程也有移位，一是图 1 所示"好写"的向左或向上移位，动因是给轻动词 v 赋予形式载体，并满足其最大投射扩展与解释。二是"这支笔"从 vP 的指示语位置移到 TP 的指示语位置，动因是特征核查。因为 vP 没有时间成分，是不定式的，因此其指示语位置上的"这支笔"得不到特征核查。基于此以及 TP 是一个具有强指示语特征的句法语义范

---

① Robert C. Berwick and Noam Chomsky, N. *Why Only Us: Language and Evolution*. Cambridge, MA: The MIT Press, 2016.

畴，需要一个主语核查特征，"这支笔"就顺理成章移到了上面。

图 1 是基于（1）b 的句法运算，经济且动因充分。不过，这个运算操作的基础或前提已经是改良修正后的汉语化的 D 结构了。这已经跟第三节讨论的（19）的形成有所相通了，表现在 D 结构与合并操作两方面。

总之，通过（1）a 及 e→f→g 生成"好看"过程中存在的跟语感不合拍、经济性不够、操作动因不充分等问题，更显示出用"对话对·流水式独白化"手段揭示其结构关系、动态形成过程等具有的简约、通俗及客观特征。当然，它更可以优化地为"好看"这类复杂结构的结构类型定性提供诸多客观的参数、甚至还可为生成主义在汉语研究的实践提供一个客观的 D 结构及经济的运算方式等。此外，本文分析复杂结构的思路、方法对形态语言也有可适性，这方面沈家煊（2019）已有一定论述。下面再赘述两个密切相关的研究实践，说明作为一种平面化、透明化复杂结构的方法的普适性，如英语关系句就可分解为"问 – 答"两部分而还原为语篇/对话内的句子。① 观察：

(25) The sheep which he stole was Squire Trelawney's prize ram.

　　Q：Which sheep did he steal?

　　A：the sheep was Squire Trelawney's prize ram.

即 Hopper & Traugott 用"问答对"把例（25）还原为问答句 Q 与 A，然后以之讨论二者是如何在语篇/对话里语法化为关系句的，具体研究见原著第七章。Shir 也用这类思路与方法考察了作为句法与语篇界面的信息结构，只是把本文的"题述"结构变通为"话题·焦点"，见原著导论部分。②

五　结论

复杂结构或句子定性是本体研究的永恒话题，也是 NLP 中语言理解

---

① Hopper, P. J. & Traugott, E. C.《语法化》（第二版），北京大学出版社 2005 年影印本，第 201—202 页。

② Nomi, Erteschik – Shir. *Information Structure*：*The Syntax – Discourse Interface*. Oxford：Oxford University Press, 2007.

的一个棘手问题。传息语法揭示了汉语句子是连续相扣的"对话对"组成,对言语法认为句子是零句并置,各种结构都由之推衍而来。本文基于二者提炼出一个分析复杂结构或句子的手段与持续"对话对·流水式独白化",用它经济、直观且跟语感相宜地展示了 $[_W[好V_单]]$ 的结构本相、特征及形成等,为优化定性该结构为主谓提供了充分有益的参数。

生发于汉语的"对话对·流水式独白化"作为一个变换手段或分析程序,操作起来跟语感相契无违而能自然地逼近事实本相,可把复杂立体句子或结构平面化、透明化,而没有采取形式主义理论、方法的排异感,在认识论与方法论上达到了一致。该手段不仅在汉语本体研究中已有实践且取得了成绩,而且在 NLP 的复杂句处理中也得到了有效检验,如定中名词短语、[1] 连谓、兼语等复杂句子的加工。[2] 当然,它还需要在实践中进一步检验、修正、提高、完善。就像"易位",虽然作为生发于汉语的用来分析复杂结构或句子的创新手段,也有局限一样。

"对话对·流水式独白化"复杂结构或句子的本质是解构,它可充分解释对象本有的语法信息,从表达上看是"以句代词"。相反把"对话"与"流水式独白"压缩打包为静态词语,是结构,表达上是"以词代句"。"结构⇌解构"以及"以句代词"或"以词代句"就是级转移。就本文对象 $[_W[好V_单]]$ 而言,引发了语义语法关系的显本相、去本相或本相的损益等变化。用升级前的"对话对·流水独白句"作参照,可观察到 $[_W[好V_单]]$ 形成中语义语法关系信息漏洞或减损。本文正是根据上述,最优化地把"好看"结构定性为主谓,因为它可函涵、统摄状中、补充等。

---

[1] 萧国政:《汉语偏正名词短语层次构造与语言理解》,载《中文电脑国际会议论文集》,COLIPS,2005 年。

[2] Yan, Mengyue. *on Computing Multi – predicate Sentences in Mandarin*, *CLSW*. Springe,2012.

"千万"与"万万"的平行与对立[*]
——来自情态、立场、预期的证据

鲁 莹[**]

内容提要："千万"和"万万"从大数量数词演变至今，数词与副词的角色同生共存。作为语气副词，两者在句法功能与使用环境上既平行又对立，以情态表达作为句法佐证。通过对两者与情态动词的共现情况分析，我们发现它们的语用本质存在根本差异，导致其个性远多于共性。其中，"千万"专注于建立认同立场，"万万"则以评价客体、构建主体两种立场为主职，虽也能实现双方的交互，但交互与认同并非典型功能，且有逐渐让渡于"千万"的趋势。并且，这种分野也显著地体现在与之共现的人称结构中。进一步来说，意外因素通过语用迁移使"万万"受限于肯定语义，而"千万"呈现的是对可能事件与现实事件的反预期表达。不过，意外是超预期表达，与反预期表达一起，都会引发强调这一语用后果，由此呈现出"千万"与"万万"语用机制的参差貌态。总之，"千万"与

---

[*] [基金项目]国家社科基金"汉语强调表达的句法、语篇形式及语义来源研究"（19BYY173）；北京社科基金"基于北京自然口语语料库的强调标记研究"（YYC019）；北京联合大学科研基金"汉语强调表达中的概率、信念、情感研究"（SK70202101）。初稿于第四届互动语言学与汉语研究国际学术讨论会（北京，2021年4月）报告，修改稿于第十一届现代汉语语法国际研讨会（哈尔滨，2021年7月）报告。

[**] [作者简介]鲁莹（1982— ），女，北京联合大学师范学院副教授，硕士生导师，研究方向为句法语义学、话语分析。

"万万"形似实异,将其句法表现、情态表征、立场表达及预期表型串联起来,就会看到他们之间平行又对立、聚焦对分散、单调对丰富的多样特性。

关键词:"千万";"万万";祈使;情态;立场三角;意外;反预期;强调

"千万"和"万万"在现代汉语中用作数词和副词,作数词时都表示大数,也都能用作确数和概数。用作确数时,"千万"是"一千个万","万万"是"一万个万,亿";用作概数时,常用"千万"或"千千万万"来形容成千上万的大数量。其中,不论表示确数还是概数,"万万"都用得不多。例如:

(1) a. 全市人口约一[千万]。
　　b. [千万]颗星星在夜空闪烁。/[千千万万]个家庭得到了幸福和安宁。①

(2) a. 它的面积有三个美国那样大,它的人口有两[万万]。
　　b. 太阳红,太阳亮,太阳的光辉[万万]丈。/祝陛下万岁,[万万]岁!②

例(1)和例(2)是"千万"和"万万"用作数词的例子,a 句表确数,b 句表概数。可以看出,例(1)中"千万"的用法较常见,而例(2)a 句中,表示确数的"万万"现已被"亿"代替,表概数的"万万"除了出现在 b 句这样的贺词中,已经很少见到。为了掌握这两个词在真实语料中数词和副词用法的比例,我们使用 BCC 语料库分语体(文

---

① 参见吕叔湘主编《现代汉语八百词》(增订本)中"千万"的例句,商务印书馆 1999 年版,第 447 页。
② 例(2)来自于 BCC 语料库"万万"的例句。本文所用例句如无特别说明,均来自于北京语言大学 BCC 汉语语料库(http://bcc.blcu.edu.cn/)。

学、报刊、对话）统计了"万万"的例句比例，发现它在报刊和对话语料的数词用例不到全部语料的2%，在文学语料中数词用例最多，接近10%，剩下均为副词用例。因此，"万万"的数词用法不是主要方面，使用频率高出数十倍的"千万"[①]的表现也类似：它在报刊语料中数词用例最多，达41%，但在文学和对话语料中数词用例不到5%。所以，尽管兼具数词和副词两种身份，现代汉语中"千万"与"万万"的副词用法更加普遍、高频，研究成果也更多。

前贤关于"千万"与"万万"的研究共识，可以大致概括为对其历时共性（词性的演化）与共时个性（句法环境与语用功能的差异）的讨论。具体来说，两者的副词用法虽都经历了从数词到程度副词到语气副词的演化[②]；但句法表达中的情态与时态是对立的[③]；它们有祈使和强调的共性功能，也有陈述和意外的个性功能[④]。这些结论和观察是可靠的，不过，现象背后的规律吸引着我们，也驱使我们探究："千万"与"万万"都是表示大数量的数词，也都因大数量和高程度使用过程中逐渐发展出副词身份，为什么在副词用法上有如此多的句法和语用对立？其个性远多于共性，是什么因素造就这些差异之处？

一　表现：功能与环境

要问什么原因，先要搞清差异所在。从副词的句法功能与环境特征，

[①] BCC现代汉语语料库"文学"领域中"万万"共计873例，其中数词语料89例（10%）；"报刊"领域语料6608例，数词用例1.9%；对话语料2194例，数词用例1.8%。比较来看，"千万"的语料数量高出"万万"三至八倍："文学"领域中"千万"共计4138例，数词用例1.5%；"报刊"语料25579例，数词用例40.9%；"对话"语料18121例，数词用例5.1%。总之，现代汉语中这两个词的数词用例都非主流，副词用法更普遍，使用更高频。

[②] 参见柴延艳《副词"千万、万万"的语法化研究》，硕士学位论文，华中师范大学，2010年；袁伟《"（X）万"从数词到副词的发展》，《汉语学习》2012年第3期。

[③] 参见孙琴《现代汉语否定性结构专用副词的考察》，硕士学位论文，广西师范大学，2005年；陈佳宏《与否定项无标记关联的语气副词研究》，硕士学位论文，上海师范大学，2006年；蒋珠铸《"千万"与"万万"在对外汉语教学中的本体研究》，《安徽文学》2009年第5期；郑玉贵《现代汉语否定极性副词研究》，博士学位论文，上海师范大学，2017年。

[④] 参见张德鑫《"百、千、万"小考漫议（之二）》，《汉语学习》1999年第4期。马真《现代汉语虚词研究方法论》，商务印书馆2004年版，第26页。

来看三组例子对比：

(3) a. 既然挡不住也劝不下，让他们去吧！你可万万去不得。
   a' 既然挡不住也劝不下，让他们去吧！你可千万去不得。
   b. 如果他们就此一别又是四年怎么办？她万万不想再落入寄人篱下的境地。
   *b' 如果他们就此一别又是四年怎么办？她千万不想再落入寄人篱下的境地。

首先，从例（3）看，"万万"既可表达祈使义"让受话人不要做某事"，如 a 句；也可陈述高程度义"强调不想某事发生的程度之高"，如 b 句。将"千万"与之替换，a' 句是成立的，b' 句则不成立，这说明"千万"有祈使功能，却没有陈述功能。

(4) a. 孔令侃驰骋官场，有恃无恐，万万没想到一个跟头折在蒋经国手上。
   *a' 孔令侃驰骋官场，有恃无恐，千万没想到一个跟头折在蒋经国手上。
   b. 这些朋友也许会成为孩子们的知音知己。我们万万不能阻止他们和朋友们交往。
   b' 这些朋友也许会成为孩子们的知音知己。我们千万不能阻止他们和朋友们交往。

其次，从例（4）看，a 句是已经发生的事情，b 句还没发生，"万万"均可驾驭；若替换为"千万"，则 a' 句不合格，b' 句成立。可以看出，"万万"表达事件不受现实性制约，而"千万"只能表达非现实的未然事件①。

(5) a. 我带了五百多,还差一点,一会儿就送来。请千万先给孩子治一治!

  *a' 我带了五百多,还差一点,一会儿就送来。请万万先给孩子治一治!

  b. 他懂得了:头脑要复杂一些,再复杂一些,千万不可幼稚,不可轻举妄动。

  b' 他懂得了:头脑要复杂一些,再复杂一些,万万不可幼稚,不可轻举妄动。

最后,例(5)呈现的"千万"既能表达肯定祈使,比如 a 句中强调要让对方做某事;也能进行否定祈使,比如 b 句则让对方不要做某事。将"万万"与之互换,则 a'句不成立,b'句成立,这说明"万万"虽然也能用于祈使表达,但仅限于否定语义的祈使表达。

综上可知,"万万"的句法功能更多样(祈使、陈述),现实性更丰富(现实与非现实),但"千万"的语义环境更丰富(肯定、否定)。这三组例子,前一组讨论句法功能,后两组比较句法环境,权威词典与虚词辞典也基本沿用这样的解释:基于概念语义,指出句法功能,描述句法环境。比如:《现代汉语八百词》和《现代汉语词典》对"千万"作副词的释义是"务必",表示恳切叮咛,否定句比肯定句用得多;对"万万"作副词的释义是"绝对、无论如何",表示极强烈的否定禁止语气,只用于否定句。有别于上述例句的差异表现,从词典释义上看,两者的共性更多:不管是"务必",还是"绝对",都显示了发话者强烈的祈使

---

① "现实(realis)与非现实(irrealis)"是情态研究的概念。现实是已经发生或正在发生的情境,非现实是现实之外的情境(Chafe, 1985)。现实描述实现了的、一直在发生或实际上正在发生的情境,可以通过直接感知了解;非现实描述的情境纯属思维领域,只能通过想象了解(Mithun, 1999)。参见彭利贞《现代汉语情态研究》,中国社会科学出版社 2007 年版。

意图；不管是"否定比肯定用得多"，还是"只用于否定句"，都说明两者主要用于否定环境。结合词典释义和语料数据，我们依据两个参数比较两者：一为功能，二是环境。

首先，"千万"和"万万"的句法功能既平行又对立。平行表现在两者都能以祈使结构表达请求、建议、邀请、提醒、劝说、命令等言语行为，都不能用于疑问结构；对立表现在句法功能上"千万"的单一和"万万"的多维："千万"只能表达祈使，"万万"不仅用于祈使，还能表达陈述、感叹，除了以言行事还能以言述事①。例如：

(6) a. 总之，我们千万要记住：我们的忠奸之判，自有标准，绝不是国民党的标准。
b. 陆小艺站起来，"为什么？千万别对我说这只是直觉。"

(7) a. 雇主会选择推荐资料过硬的求职者，因此这一部分的准备是万万不能轻视的。
b. 除非万群自己提出异议，而万群又是万万不肯求人的。
c. 他万万不会想到，在白色的手电光束中，映现出了一张死人的脸！

例（6）中，a 句肯定式告诫与 b 句否定式提醒，都是要求对方做某事或不要做某事，是言有所为。例（7）中，只有 a 句行使同样的功能，而 b 句陈述，c 句感叹，都是言有所述。进一步看，若将"千万"替换例（7）的"万万"，只有 a 句能换，其他两句都不能，例如：

(7') a. 雇主会选择推荐资料过硬的求职者，因此这一部分的准备是千万不能轻视的。

---

① 参见 Austin 最初对施为句（Performatives）和表述句（Constatives）的区分，即叙述某事和用语言做某事的区别。J. L. Austin, *How to Do Things with Words*, London: Oxford University Press, 1962, p.5.

*b. 除非万群自己提出异议，而万群又是千万不肯求人的。

*c. 他千万不会想到，在白色的手电光束中，映现出了一张死人的脸！

从例（7'）看，b 句陈述，c 句感叹，替换后句子不成立，这也证实"千万"无法像"万万"一样以言述事。语料库数据也支持这一结论："千万"的所有例句只支持祈使功能，而"万万"的语料数据呈现三分：祈使功能在文学、报刊和对话语料中分别占比47%、90%和54%；陈述功能次之，占比40%、5%、41%；感叹最少，占比12%、0.6%、2.4%。

其次，"千万"和"万万"的使用环境也呈现平行又对立的特征。在这里，使用环境包括两种参数：逻辑语义和现实性，它们各有两个取值"肯定、否定"和"现实、非现实"。综合参数和取值可以描述使用环境：其一，语义环境，"千万"多用于否定，也可用于肯定；"万万"只与否定表达共现。其二，现实环境，"千万"只表达非现实事件，比如可能的、假设的、希望的、命令的等；"万万"不受现实性制约，可表达现实事件，也可表示与现实世界相对的可能世界中的事件。用四象限和四分图表示如图1。

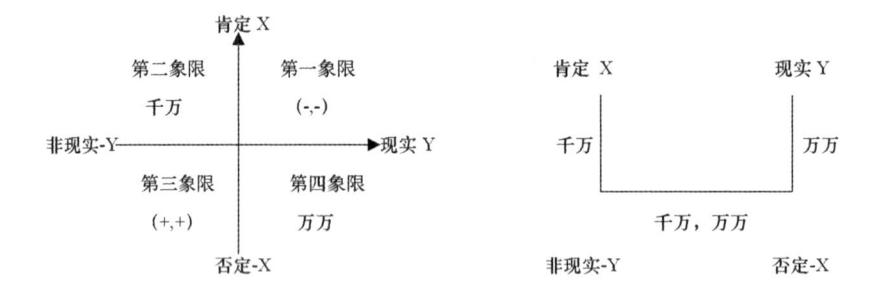

图1　象限图和四分图①

---

① 四分图中有一条边是空缺的，我们不画出这条边，表示 X、Y 这两个参项组合（肯定/现实）的句法环境下，"千万"和"万万"都不出现。

最后，从图1看，"千万"和"万万"都能出现于否定性非现实环境（-X-Y），都不能出现在肯定性现实环境（XY）。相对于这些共有属性，两者的特有属性表现在：只有"千万"能进入肯定性非现实环境（X-Y），只有"万万"能进入否定性现实环境（-XY）。究其原因，"千万"受限于非现实性事件，而"万万"受限于否定语义。这两个参数组成联言命题时，"千万"与"万万"的句法功能呈平行关系；组成选言命题时，呈对立状态。①

二 情态：形式化佐证

从上文可知，"千万"与"万万"的语法表现平行而对立，证明两者虽然常常相提并论，比如做副词常被当作强调标记，做数词都表示大数量和高程度，但其差异不止体现在强调程度或数量多少上，他们的使用条件是不同的。那么，进一步看，这些不同有没有句法形式上的依据？有没有规律性的表现？造就这些不同的原因是什么？

"千万"与"万万"作为语气副词，修饰其后的动词。在它们和动词之间常常有"要、能、可以、应该、敢、肯、愿意、会"等情态动词。这也很好解释，它们都能表达祈使功能，祈使是言者要求听者做或不做某事的句子，常常与指令行为（directives）放在一起讨论②，在指令和让人做事的言语行为中，情态动词是表现言者情态的典型手段。通过考察与之共现的情态动词，就能从形式上验证句法语义上的平行对立。

依据Palmer对情态的经典分类③，我们以命题和事件情态两分与

---

① 关于"共有属性vs特有属性""联言命题vs选言命题""平行关系vs对立关系"的概念及解释，参见彭漪涟、马钦荣《逻辑学大辞典》，上海辞书出版社2010年版，第284—305页。

② 比如：认为指令行为比祈使范围宽泛得多，祈使句是指令行为的一种，参见尹相熙《现代汉语祈使范畴研究》，博士学位论文，复旦大学，2013年，第14—15页；或认为狭义指令行为包括情感性指令和实施性指令，其中实施性指令（禁止、命令、请求、允许及建议）就是祈使句的功能，参见赵微《指令行为与汉语祈使句研究》，上海社会科学出版社2010年版，第41页。

③ 15 F. R. Plamer, *Mood and Modality*, Cambridge University Press, 2001, pp. 24–70. 其中，命题情态（Propositional Modality）是指说话人对命题的态度与判断，事件情态（Event Modality）是指用于未实现、未发生，但有潜在可能的事件。

"千万、万万"共现的情态动词,分别将其对应于认识、动力、道义情态,并依据彭利贞的情态语义系统将其归为六种语义小类:可能、勇气、意愿、许可、义务、必要。"可能"表达推测,属于认识情态,是言者对命题的观点与态度;"勇气""意愿"常归入动力情态,涉及能力、意愿,与句子主语关系更近;"许可""义务""必要"可以理解为道义情态的三个等级情态,是道义可能性与必然性。另外,这些情态动词多受否定词"不"修饰,常常一起出现。否定也能滤除情态词的多义,最典型的有"会、能、要"[①]。此处选取六种情态小类的代表性例句,例如:

(8) 什么事他都可以忘记,惟独这件事他万万不会忘。

[可能－认识]

(9) a. 大敌当前,我是万万不敢造次的。　　［勇气－动力］

b. 他当然万万不愿意参与,也绝对没有理由去参与。

[意愿－动力]

(10) a. 他们说,评议的目的是改进工作,千万不能走过场。

[许可－道义]

b. 他知道自己只熟悉供销工作,万万不可不懂装懂。

[许可－道义]

(11) a. 但求你说得客观些,千万不要抬捧我。　［义务－道义］

b. 这时我不得不说:"你千万别一个人进去!"

[义务－道义]

c. 下次来您千万要住我家,咱们再好好唠唠。

[义务－道义]

---

① 文中只呈现代表性例句和情态分类,不再说明情态分类原因。否定对多义情态词的滤除作用,可参见彭利贞《现代汉语情态研究》,中国社会科学出版社2007年版,第52页、317页。如:"可以"被否定以后不再有［能力］［条件］等动力情态,只剩道义情态［许可］;"要"被"不"否定后,只剩下道义情态［义务］义,滤除了动力情态［意愿］、认识情态［必然］义,等等。

（12）王娜的信，给我看了，她信任我，叫我千万得保密。

［必要－道义］

例（8）和例（9）是认识和动力情态的代表性例句，只有"万万"能与之共现。例（10）和例（11）是"千万"与"万万"都能共现的道义情态，表达许可和义务两种语义类，每种内部弱情态动词与之共现的最多，与强情态动词共现的例句很少，此处不引。此外，例（10）和例（11）是与两个副词共现最多（千余条）的情态动词的例句。例（12）是道义情态的另一类，例句数量不多，但它代表只有"千万"与之共现的情态类型：必要。

基于以上分类，我们搜索了BCC语料库"千万"与"万万"的所有例句，总数量是58747、8030条。根据与其共现情态动词的情态类别、语用行为、共现频率，统计数据如下（见表1）①：

表1　　　　　　　　　　情态动词共现　　　　　　　　单位（次）

情态大类	语义小类	语用行为	情态动词	与"千万"的共现率	与"万万"的共现率
命题情态	认识	［可能］［推测］	不会	0	94
事件情态	动力	［勇气］	不敢	0	131
		［意愿］	不肯、不愿、不想	0	14、6、1
	道义	［许可］［禁止］	不可（以）、不能	**1518、4365**	**958、890**
			不准、不许	4、14	0、2
		［义务］［指令］	别&不要/要	**14507&14208/2125**	42&8/10
		［必要］［命令］	不用/不必	10/13	2/0
		［保证］	一定、得（děi）	11、101	0、0

① 表1中，有的情态动词的肯定和否定式都能与"千万"或"万万"共现，就用"/"表示它们是一对相反的情态动词；用"&"表示完全相同的情态动词，比如"别&不要"；用"、"表示同一语义类和语用行为下不同的情态动词及其例句数量；用粗体表示共现率最高、共现最多的情态动词及其例句数量，表示共现显著度。

由表1归纳"千万、万万"与情态动词的共现偏好（Co‐occurrence preference）① 如下：

第一，"千万"的情态表达单一，只与道义情态动词共现；而"万万"的情态表达丰富得多，可与道义、认识、动力情态动词共现，囊括所有情态类型。两者的交集是道义情态。

第二，道义情态不仅是两者唯一共有的情态表达，道义情态动词与两者共现的频率也是最高的。不过，与两个语气副词共现的情态小类与情态动词存在差异："千万"与表义务的"不要、别"共现率最高，达万余条（24%、25%），与表许可的"不准"共现率最低，不到十条（0%）；"万万"与表许可的"不能、不可（以）"共现率最高（11%、12%），不与表许可的"不准"、表必要的"得、不必、一定"共现。

第三，从情态类别看，呈现两极分化的共现频率，最高和最低的都来自道义情态。与"千万"共现率最高的是义务（"别、不要"），次高的是弱许可（"不能、不可（以）"），最低的是强许可（"不准"）；与"万万"共现最高和次高的都是弱许可（"不能、不可（以）"），其他各类情态词的共现率低得忽略不计。

第四，从语用行为看，许可情态被否定以后表示禁止行为，强度高的反而共现率低，强度低的共现率高；义务情态对应指令行为，必要情态对应命令和保证，语力依次增强，其中指令的语力最弱，共现率却最高，表示命令和保证的语力最强，共现率最低，且相差千万倍。

第五，除表示义务的道义情态动词是成对出现，其他情态动词都带有否定词"不"，一是因为其他情态动词没有共现的肯定形式，二是被否定的情态动词滤去多义，表现为单义情态。情态动词的逻辑语义表现，既从句法形式上验证了"千万"与"万万"的语义环境，亦能区

---

① "共现偏好（Co‐occurrence preference）"描述的是句法结构中词汇单位之间的组合语义关系，这种关系决定结构的合格性（Well‐formedness）与常态性（Normality）。详情参见 Cruse A, *Meaning in Language*: *An Introduction to Semantics and Pragmatics*. Third Edition. London: Oxford University Press, 2010, p. 177。

分其所实施言语行为的主次功能。比如：道义情态最普通的类型就是指令，而"千万"表达道义情态中的指令行为时例句数量最多，使用频率最高。指令就是让别人做事，与祈使功能遥遥呼应；"万万"则不然，与道义情态的义务小类共现率非常低（0.5%），指令与祈使也不会是主要功能，那它在言语行为中主要充当什么角色呢？

三 立场：行为与人称

Croft 曾从语言类型学对句子功能三分化：获取知识、实施行为、表达情感[①]，并将其与情态范畴对应起来，比如知识对应认识情态，由疑问句表达；行为对应道义情态，由祈使句表达；情感对应强调和评价，由宣告句表达。与此分类异曲同工的是 Du Bios 关于言语行为的立场三角理论[②]，"立场三角（Stance Triangle）"是通过言语行为互动，社会交际者同时评价客体、为主体设置立场以及达成主体间的认同立场。我们认为，情态差异化只是句子的句法形式表现，它反映的其实就是言语行为中言者立场的差异，立场差异表现为立场表达的三种后果，我们结合例（8）和例（9）两组旧例分析，例如：

(8) 什么事他都可以忘记，惟独这件事他万万不会忘。

[认识－评价立场]

(9) a. 大敌当前，我是万万不敢造次的。　[勇气－评价立场]

　　 b. 他当然万万不愿意参与，也绝对没有理由去参与。

[意愿－评价立场]

(13) a. 大家当然都十分诧异，万万想不到会有这样出奇的事。

[惊异－情感立场]

---

① 参见赵微《指令行为与汉语祈使句研究》中 Croft（1994）句子类别连续统的图片，遗憾未找到原文。

② Du Bios, John W. The Stance Triangle. Englebreston, Robert（ed.）, *Stance-taking in Discourse: Subjectivity, Evaluation, Interaction*, Amsterdam and Philadelphia: John Benjamins, 2007, pp. 139–182.

b. 老子甚么险都能冒，就是这断香火的事，万万不做。

[坚决－情感立场]

（14）a. 这时我不得不说："你千万别一个人进去！"

[指令－认同立场]

　　b. 王娜的信，给我看了，她信任我，叫我千万得保密。

[保证－认同立场]

　　c. 他们说，评议的目的是改进工作，千万不能走过场。

[禁止－认同立场]

　　从情态看，例（8）～例（12）体现了"千万"与"万万"情态表达的分野。情态是言者态度或意见的句法表现，所折射的言语行为也会呈现分歧。即表达一个立场时，言语行为可以产生三类立场后果：一是立场表达者评价（Evaluation）一个客体，体现客观性；二是立场表达者通过情感级阶（Affective Scale）设置主体立场，反映主观性；三是立场表达者建立主体间的认同（Alignment），体现交互主观性。

　　具体而言，例（8）是言者对事件可能性的推测，例（9）是言者对句子主语勇气和意愿的估计，推测和估计分别体现言者对事件的事实性和事件主体潜在能力和意愿的评价，这是一种立场后果。例（13）的立场表达没有情态动词参与，"万万"呈现并加强了句子主语的情感立场，表达了句子主语在预期之外的诧异情感，以及反预期的坚决情感立场。这是另一种立场后果。这其中，"万万"不能替换为"千万"，因为"千万"没有情感立场的表达，它表达的是认同立场，如例（14）所示，通过发出指令、保证与禁止等言语行为，言者试图调节听者对自身立场的认同度，建立言语双方之间的结盟关系，暗含了言者和听者两个立场表达者，这是第三种立场后果。

　　以上，通过为受关注的客体对象赋予价值，为社会角色和相关客体对象定位，表达立场主体的情感级阶，调整立场表达者之间的关系，"千万"和"万万"分别扮演了言语行为中的不同角色，完成了评价、情感和认同三种立场互动。其中,"千万"专注于建立认同立场,"万万"则更多地表达评价和情感立场。所以,立场并非一个人具有的内在心理特质,而是需要去做、去实施的行为事件。它是作者或言者对信息的态度、情感、判断及承诺度的公开显性表达①。这种显性表达不仅有情态佐证,亦能体现于人称结构的表达中。我们搜索了语料库中分别与"千万、万万"共现的人称代词,有如下发现(见表2)②:

表2　　　　　　　　　　人称代词共现率　　　　　　　　　单位(次)

共现的人称代词		与"千万"的共现率			与"万万"的共现率		
		单数	复数	总计	单数	复数	总计
第一人称	我(们)	247	299	546	258	45	303
第二人称	你(们)、您	**3281**	309	**3690**	71	7	78
第三人称	他(们)	148	42	90	**471**	63	**534**
	她(们)	132	4	136	**296**	4	**300**
	它(们)	5	1	6	2	0	2
				232			836

Du Bios 提出,"我们使用语言做的最重要的一件事就是表达立场"。语气副词体现了言者态度、评价、情感等主观立场,而主观立场的主体角色由人称代词扮演,聚焦人称代词与语气副词优势组合的等级序列,就能较为可靠地找出该副词主要和次要的言语行为功能。既然"千万"和"万万"主要表达的言语行为和立场后果不同,那么行为和立场的主体也一定会体现相应的差异。于是,我们将所有人称代词与"千万、万万"组合,逐个检索,发现了一个非常有趣的现象:"千万"与"万万"偏好的人称代词组合是完全倒置的,请参看表2中粗体与常规字体的显著度对比。表2显示,第二人称与"千万"组合最多,第三人称最少;

---

① Biber and Finegan, *Adverbial Stance Types in English*. Discourse Processes, 11 (1), 1988, pp. 1–34.
② 表2的数据基于BCC语料库检索得出,用粗体标示与"千万、万万"共现率最高的人称代词及其数量,呈现共现偏好。

第三人称与"万万"组合最多,第二人称最少;第一人称在与两个副词的组合中都处于中位。这一现象说明了什么问题?为什么会这样?

首先,"千万"的最优选人称是第二人称,且组合率高出其他人称至少7倍,这充分证明"千万"的核心在于交互性,交互性也体现于本文第二节的情态表达,道义是其最优选的情态表达,道义情态最核心的功能就是让别人做事;交互性同样也体现在第一节句法功能中,"千万"的所有语料都是祈使句,祈使功能是其专职功能。由此可知,语气副词"千万"在言语行为中主要与听者互动,加强道义情态,实施指令行为让听者执行,使言语行为双方达成认同和结盟关系。由于道义情态管辖的事件在时间上指向将来、未发生,具有非现实性,所以不能被现实性的"没"否定,可以被非现实的"不"否定。又因为道义情态的基本功能就是发出指令,让别人做或不做某事,所以既有指令也有禁止,存在肯定和否定形式。总之,"千万"的时间指向(非现实)、谓词语义(肯否定)、情态语义(道义)、言语行为(指令)、言语立场(交互)、句法功能(祈使)构成循环往复、互为佐证的语义语用链条。

其次,"万万"的最优选人称是第三人称,组合率更高出第二人称10余倍。这一对比数据有力地解释了为什么人们直觉中"万万"常表达强调而"千万"多用来祈使。与第三人称的优势共现说明"万万"所表达言语行为的核心不是交互,而是建构自我立场。自我立场基于评价客体(他人)、设置主体(他人与自己)而建构,不管评价他人,还是表达他人和自我的情感级阶,过程中所涉及的行为主体最多的是第三人称,其次是第一人称,第二人称用得很少①。

最后,可以看到,语气副词"万万"与"千万"形似而实异,不像"千万"般聚焦而专职,"万万"以评价客体、构建主体两种立场为主职,也能实现双方的交互,但交互与认同并非典型功能,且有逐渐让渡于

---

① 上文提到"万万"表达祈使的例句与其他功能例句呈三分局面,原因可能是祈使句中的第二人称时隐时现,造成"万万"与第二人称共现不多但实际祈使句不少的情况,因为祈使功能不要求第二人称必须出现。

"千万"的趋势。同样地,其情态和立场的三分,呼应了现实性的多维。到了这儿,还要回答最后一个问题,为什么"万万"只出现在否定环境中①?

四 预期:参差性面貌

正如陈振宇所说,"修辞语用机制是大海,而句法语义是海上的浮冰"②。上文比较了"千万"和"万万"在时间指向和句法功能上的参差相背。综合上文的分析,我们虽然看得清大海运动的方向,摸得清"千万、万万"的差别与共性,但尚未找到浮冰运动的行为动因,因为我们仍未能解释逻辑语义对"万万"的语境限制,即为何"万万"只出现在否定语境中,而对于"千万"来说,却没有这种语义限制?先来看"万万"的两组例子:

(15) a. 一个晚上万万不够!我们的组织完全破坏了,敌人的监视很严,——那是冒险!
　　　b. 他们只想尽快回到父亲身边,可他们万万想不到,这竟是父亲写给他们的最后一封信。

例(15)是"万万"的例句,展现了言者对于事件(包括非现实和现实)的评估和认识。事件1:言者被要求用一个晚上的时间整理群众队伍,第二天发动新攻势,是非现实事件;事件2:父亲给他们写了最后一封信,他们想回到父亲身边,是现实事件。评估1:时间不够;认识2:不知道这是父亲的最后一封信,没想到与父亲从此诀别。由此

---

① "万万"经常作为否定极性词讨论,除前文引用文章外,相关研究亦可参见:郑剑平《13个否定性结构专用副词考察》,《西昌师专学报》(哲学社会科学版)1996年第4期;尹洪波《否定词和语气副词共现的语序问题——兼论负极性语气副词的来源及形成机制》,《北京广播电视大学学报》2011年第1期;张妍《否定极性副词"万万"的情态类别分析》,《河北北方学院学报》2022年第2期。

② 详情参见陈振宇《汉语的指称与命题》,上海人民出版社2017年版,第526页。

看，评估 1 表明非现实事件 1 完全超出了言者的预期，言者对此感到惊讶、诧异，不仅用评估 1 拒绝对方要求，还否定了对方要求的合理性"你的要求是让群众冒险"。同样，认识 2 也说明现实性事件 2 远在他们的意料之外，他们想尽快回到父亲身边，说明在他们的预期中没有与父亲诀别的意识。在这里，副词"万万"加强了言者对于意外事件的否定评价。再看两例：

(16) a. 如果他们就此一别四年怎么办？她万万不想再落到寄人篱下的境地。

b. 姐姐这话，我可是万万不敢承当！我是什么人？怎敢如此大胆，起意要把三姨太撵出府去？

例（16）是句子主语基于事件（包括非现实和现实）对自身意愿和情感立场的表达。事件 1：他们有可能一别四年，她又会寄人篱下，这是非现实事件。事件 2：姐姐认为言者要撵走三姨太，是现实事件。情感 1：不想再面对可能发生的意外分离，寄人篱下；意愿 2：不敢起意赶走三姨太，自认地位不符、否定对方判断的合理性"我是什么人，怎该如此大胆"；在这里，言者通过"万万"否定了已经发生或有可能发生的意外事件，摆明自己的意愿和情感立场，摆脱意外事件对自身立场的威胁和伤害。

由此，我们发现，意外（Mirativity）这一语用因素导致了语用否定。人总是以自身为世界的尺度，以自身预期为标准，对预期之外的事情会产生本能的负面感觉，这包括非现实的意外事件，如例（15）的要求和例（16）的分离，以及现实性的意外事件，比如例（15）的诀别和例（16）的误会。这些已发生或有可能发生的意外事件，导致言者对其或强或弱的否定，比如例（15）的拒绝、哀恸和例（16）的分辩、拒绝等。

所以，我们认为，是意外这一语用因素导致"万万"受到肯定语境限制，这一过程既与意外相关，也与语用迁移相关。"语用迁移"指的是在修辞语用机制作用下发生的错位现象：A 类形式在实际语篇中却具有 B 类意义功能（A‐form B‐function）①。意外因素引起了言者指向感叹，即言者遭受外部信息而产生意外的强烈情绪，不一定对他人产生影响，而是言者自身情感和意愿的立场构建，表现为以言述事的言语行为。用公式将整个语用迁移过程表示为：A 类形式 + 触发特征→B 类意义功能——"万万" + 意外特征→语用否定 + 言者指向强调。

再来看"千万"的两组例句，例如：

（17）a. 房地产企业千万不要丢掉精品意识，千万不要"皇帝女儿不愁嫁"。
　　　b. 他们说，评议的目的是改进工作，千万不能"走过场"，搞劳民伤财那一套。
（18）a. 我想她不会愿意接受任何施舍，所以你帮助她时千万得不露痕迹才行。
　　　b. 千万要遵守交通法规，万不能再为了贪图方便而冒险！

例（17）和例（18）中"千万"分别修饰否定和肯定谓词，逻辑语义比前两组例句丰富，句法功能也转为祈使，言者预期亦有不同表现。具体而言：在例（17）中，事件1：房地产企业丢掉了精品意识，且房企皇帝女儿不愁嫁；事件2：评议沦为"走过场"、劳民伤财。祈使1：不要丢掉精品意识，不要皇帝女儿不愁嫁；祈使2：评议别"走过场"、劳民伤财。在例（18）中，事件1：她不愿意接受施舍；事件2：为了贪图方便而冒险。祈使1：要不留痕迹地帮助她；祈使2：不能为了贪图方便而冒险。

以上两组例句，言者都采取了一种与当前情况相反的祈使，比如例（17）所劝阻和例（18）所建议的事，都与实际情况相反：丢掉了—别丢

---

① 参见陈振宇、杜克华《意外范畴：关于感叹、疑问、否定之间的语用迁移的研究》，《当代修辞学》2015 年第 5 期。

掉,冒险—不能冒险等;这些违逆当前实际情况的要求和建议,会违反听者的预期,是一种他反预期的表达[①],即违反对方预期的表达,"千万"加强了这种反预期的语力。当然,祈使句本身就带有对听者的原生预期,因为当你要求别人做某事或不做某事之前,就必须评估和判断对方做这件事的合理性与可能性:他能不能、会不会做这件事。评估一旦完成,预期就会形成,并决定言者其后祈使的方式和内容。"预设性是祈使范畴最重要的特性"[②]。所以,"千万"不仅专职于祈使,加强了祈使语力,更重要的是标记了祈使内容的反预期。

除了这些因为违逆实际情况而导致他反预期的祈使对话,语料库还有这样的例子:

(19) a. 谁推荐个润肤乳啊?…千万要回复啊,不回复我会很尴尬的。
b. 她在心中暗暗祈祷,这次儿科考试千万要过!

例(19)中"千万"修饰"要"的动力情态,而非道义情态,表达的也不再是对听者的指令,而是个人强烈意愿的呼告和祈祷。一般来说,典型的情态表达言者立场,而动力情态则表达句子主语的立场,因为动力情态动词对主语来说是可控的,所以句子主语借助"千万"凸显自身意愿。不过,尽管情态语义和语用行为不同,例(19)仍是反预期表达,原因在于,句子主语有"回复消息"和"考试要过"的意愿,正是因为有"没人回复"和"考试不过"的可能性,所以"千万要"否定了这种可能性,也否定了对这种可能性产生的预期,是一种因为反预期而导致的强调语力。

综上所述,副词"千万"对可能事件与现实事件的反预期表达,产

[①] 预期的分类,有自预期、他预期和常识性预期。参见代表性文献:吴福祥《试说"X不比Y·Z"的语用功能》,《中国语文》2004年第3期;陈振宇、王梦颖《预期的认知模型及有关类型——兼论与"竟然""偏偏"有关的一系列现象》,《语言教学与研究》2021年第5期。
[②] 王丹荣《现代汉语祈使范畴及其表达手段研究》,博士学位论文,武汉大学,2017年,第24页。

生了两种语义后果：一是言者发出指令或自我呼告往往有强调意味，引发了听者指向感叹，即言者表现出强烈情绪试图影响对方或某方，或促使对方认同，或希望特定结果成真；二是面对不同事件，指令或呼告不受逻辑语义限制。将其语用迁移过程表示为：A 类形式 + 触发特征→B 类意义功能——"千万" + 反预期特征→听者指向强调。

结　语

"千万"和"万万"自汉朝从大数量数词演变至今，由数量、程度语义逐渐发展出副词身份，时至今日，数词与副词的角色同生共存，现代汉语中其副词用法更加普遍、高频，是本文的研究对象。

首先，作为语气副词，它们在句法功能与使用环境上表现得既平行又对立，并且，能以情态表达作为句法验证。原因在于，情态动词的逻辑语义表现，既能从句法形式佐证两者的语义环境，亦能区分其所实施言语行为的主次功能。

其次，通过对情态动词的共现分析，我们发现两者的个性远多于共性，因其在言语行为中扮演不同角色，语用本质有根本差异。这其中，"千万"专注于建立认同立场，"万万"则更多表达评价和情感立场。同时，这种显性的立场表达也体现在人称结构的表达中，人称结构反过来又呼应其句法功能。

最后，我们认为，意外这一语用因素导致副词"万万"受到肯定语境限制，这一过程既与意外相关，也与语用迁移相关；与此不同的是，副词"千万"呈现的是对可能事件与现实事件的反预期表达。不过，意外是超预期表达，与反预期表达一起，都会引发强调这一语用后果，由此呈现出"千万"与"万万"修辞语用机制的参差貌态。

总体来看，我们比较了"千万"与"万万"这两个副词的句法表现、情态表征、立场表达及预期表型，它们循环往复、互相印证，像一条时隐时现的语义、语用链条，串联起了它们之间平行又对立、聚焦而分散、丰富亦单调的多样化特性。

主观极量构式"是有多X"的多维考察

程文文[*]

内容提要：通过统计分析法证明了"是有多X"具有统一的认知功能，其构式义为"说话人对主体的性状做出主观极量评价"。"X"具有可计量特征，量级变化是一个连续统，是连续统中的最低级，当说话人认为人和事物的行为状态达到"X"的最高级时，构式"是有多X"表达极量程度的主观评价。就该构式而言，"X"倾向于双音节词，与汉语双音化的特点有关。变量"X"与构式义高度吻合，具有可计量的语义特征，从"X"的感情色彩看，构式"是有多X"对变量"X"有比较鲜明的语义选择倾向，贬义词占明显优势。"是有多X"在进入句子时，所处的句法位置和充当的句法功能较为灵活，在句中可以作谓语、定语、补语等，也可以单独成句，还可以对举出现。重新分析和类推是"是有多X"构式化的重要机制，隐喻是其构式化的主要原因，即"是有多X"通过隐喻映射完成了认知域里从数量域到性状域的扩展。

关键词：是有多X；构式语法；句法特征；主观极量

"是有多X"是现代汉语中新兴的表达式，该格式表极性程度义，常指人、物的性状超出了说话人的一般认知，经常带有质疑、感叹语气且

---

[*]〔作者简介〕程文文（1986— ），女，重庆师范大学文学院副教授，硕士生导师，研究方向为汉语语法与文献整理。

多表负面评价。例如：

（1）（飞禽走兽除了不帅之外就没什么特点了。）今天飞禽走兽到手，才真的明白是有多差强人意。（新浪微博 2018 - 03 - 22）

（2）这些年网络小说改编的影视作品越来越多，为了博得观众的眼球，很多小说里面毁三观无下限的台词被搬上荧幕，有的作品甚至还没有台词有名！这么多雷人"台词"成了经典，编剧是有多无聊？（新浪网 2018 - 08 - 15）

（3）火锅店老板庆祝离婚全场打折，称太开心感觉解脱！是有多恨前妻……如果不是炒作，这位老板平日里日子过得是有多憋屈？离婚时才能如此扬眉吐气、喜大普奔，难道这位也是常年受家暴的男士？（搜狐网 2019 - 12 - 11）

（4）哎，也不是说不让他谈恋爱，他公不公开也无所谓，只是觉得他领着女朋友住在别人家这件事我真的不能理解，他脸皮是有多厚啊。（新浪微博 2020 - 03 - 31）

例（1）画线部分表示"非常、极度"，"差强人意"是褒义词，指结果尚可使人满意，实际上"我"在收到飞禽走兽之后倍感绝望。"是有多差强人意"使用正话反说的方式表示结果已经过分到了极高的程度。例（2）画线部分属于强负面质问，说话人并不是询问"无聊"的程度，而是感叹"无聊"已经超过了自己的心理预期，即"难以忍受"的极限，表示强烈的不满。例（3）则是说话人认为火锅店老板对前妻的"恨""憋屈"达到了极点，通过反问式表述，传达了说话人的主观极量评价。例（4）说话人认为"他"的脸皮"极厚"，"厚"的程度已经超出预期，在反问的同时用程度副词"多"增强不满语气。以上主观极量语义不能从构成成分直接相加得出，也不能通过其他已知构式推测出来。Goldberg 指出"构式的形式和意义并不是完全透明的，形式或功能不能直接从构成成分或者已知构式推测出来"①。很显然，"是有多 X"是一个典型的主

---

① Goldberg, A. E, *Construction*: *A Construction Grammar Approach to Argument Structure*, Chicago: The University Chicago Press, 1995. p. 62.

观极量表达构式，该构式在形式上还有变体，"多"有时表现为"多么"，但是并不影响构式义的表达。

"是有多 X"是一个新兴的典型构式，主要用于表达言者主体的主观倾向，对于该构式的性质、特点、生成机制等问题尚未有专文探讨。基于此，本文拟从"是有多 X"构式语义、句法特征、生成机制等问题展开研究。

一 "是有多 X"的构式义的解析及适切语境

申莉指出"构式本身也有意义，不同的构式其意义也不一样，对构式的理解过程为：构式整体意义——构式的组成意义——综合（组成成分意义+整体意义）"[①]。"是有多 X"是由变量"X"与结构位置已经凝固的"是有多"组成的。本文随机抽样检索了北京语言大学汉语语料库、北京大学中国语言学研究中心语料库、新浪微博、百度百科共计 1519 条"是有多 X"例句，其中不重复的变项 X 共计 462 个。由此可见，该构式具有很强的能产性。通过实例分析，本文将"是有多 X"构式的构式义概括为：言者主体认为事物凸显的状态已达到了最高的程度量等级，高出了说话人所能接受的最高值，经常带有质疑、感叹的主观极量评价。该构式表达的是一种主观极量，即说话人根据自己的判断主观上认为"X"达到了最高值。

现代汉语中的主观极量表达构式有很多，如"要多 X 有多 X""X 得不能再 X 了""X 得不得了"等，每个构式都有独特的适切语境。孙鹏飞指出："构式语法强调说话人对情境的'识解'，认为任何构式都应具有其独特的构式义及适切语境，这与功能主义主张的'形式上的不同必然会带来功能上的差异'是一致的"[②]。"是有多 X"作为一个新兴的构式，也有其独有的适切语境。"是有多 X"基本语义指说话人承

---

① 申莉：《"V 得/不了"与"V 得/不着"的构式分析》，《语言教学与研究》2011 年第 2 期。
② 孙鹏飞：《主观倾向构式"X 还来不及呢"》，《汉语学习》2017 年第 6 期。

认"X"的存在，但是"X"的性质或呈现出来的状态偏离了说话人的认知。如：

（5）我特意"不耻下问"我的妻子，得到了这样的回答：丑帅就是看上去长得不好看，但就是让人越看越喜欢；雅痞就是这个人彬彬有礼举止优雅，但却有一股子痞气在里面。我说，你们<u>是有多</u>拧巴，明明是颜控，却喜欢丑的人，我就不一样，我只喜欢美女。妻子赏我一个大白眼，继续舔屏去了。（百度快照 2018 - 12 - 14）

（6）三番五次差点被冯青波干掉，还傻不楞地相信对方能让他当上处长的白日梦。徐天和金海也多次提醒他，冯青波不是好人，小心别栽跟头，他还就是听不进去。只想问问：铁林你到底<u>是有多</u>蠢？为了升官发财愚蠢至极！（百度快照 2020 - 02 - 03）

（7）连这种非常规的技术手段都用上了，这些人<u>是有多</u>恨他！是多想把他拉下来！（新浪微博 2022 - 04 - 06）（东方头条 2020 - 01 - 16）

例（5）说话人认为"丑""帅"与"雅""痞"是形容人外貌的两组反义词，认为颜控应是喜欢"帅""雅"的人，但是"丑帅""雅痞"完全偏离了说话人的认知和心理预期，所以用"是有多拧巴"来凸显主观极量评价。例（6）"蠢"本来就是贬义词，含有不满、否定的语义，"是有多蠢"，在说话人眼里，铁林的行为是非常愚蠢的，其心理预设就是：你能想象出一个人愚蠢的最高程度，铁林就能达到这种程度，后面的"愚蠢至极"是对构式义的进一步补充。例（7）"恨"本身还有一定的主观性，"是有多恨"用来表明说话主体对事件的主观态度，描述"恨"的程度，"是有多"成为表主观高量的语法手段。

由此可见，"是有多X"的适切语境可以概括为："X"具有可计量特征，量级变化是一个连续统，"X"是连续统中的最低级，当说话人认为人和事物的行为状态达到"X"的最高级时，构式"是有多X"表达极量程度的主观评价。

二 能进入该构式的变量"X"的特征

构式"是有多 X"的语义中心是变量"X",本文对 1519 条语料进行了统计分析,能大体反映出进入"是有多 X"构式中变量 X 的特点。总体而言,变量"X"在音节形式、语义类型和感情色彩方面都有其独特的特点。

(一)音节形式

在搜集到的 462 个不重复"X"中,其中单音节词有 113 个,双音节词有 242 个,两者所占的比例分别为 24.5%、52.4%,就该构式而言,在单音节、双音节词的选择上倾向于双音节词,这主要与汉语双音化的特点有关。值得注意的是,一些单音节和双音节近义词、同义词也可自由进入"是有多 X"构式,如"蠢/愚蠢""冤/委屈""差/不好""痛/痛苦""牛/厉害""狠/狠心""惨/悲惨"等。例如:

(8)我没经历过盒宰的那一段时期,对某女也不关注,但是爱盒宰的多少也知道他那段时间<u>是有多难</u>,看看 Dear. Two 吧!(新浪微博 2020 - 02 - 01)

(9)不管现在的生活看上去<u>是有多困难</u>,总是会转好的。人生也好,生活也罢,严格的去说,是没有一个准确而标准的模式,我们也无须过多的依葫芦画瓢似的白描,更无须照本宣科似的呆板。(新浪微博 2017 - 02 - 06)

(10)只能说天下兴亡匹夫有责吧,这次彻底感受到了,停滞了发展<u>是有多可怕</u>。社会进步了我们每个人才有自由有空间去成就小我,自己才能获得更多机遇吧。(新浪微博 2020 - 02 - 01)

"X"也有三音节、四音节及以上的例子,但是数量不多,其中三音节有 48 例,四音节及以上有 59 例。例如:

(11)一直想说的一句话就是,每次看见复盘比赛研究对手,我都在想你们教练组究竟<u>是有多不作为</u>。(新浪微博 2022 - 02 - 24)

（12）一场大雨后的惠州，惨不忍睹，最可怜的是那个推着自行车的学生，看着就心酸。这个城市的排水系统是有多不堪一击？（新浪微博2014–05–16）

（13）见过一位辞掉月薪4万工作的IT男，就为每周组织同龄人活动——读书分享、外语经验讲座、户外游戏、舞蹈练习。他之前一直挤时间做这个，现在辞了收入那么棒的工作就为干这个！这是有多耐不住寂寞，多喜欢热闹！（新浪微博2019–10–15）

"是有多X"具有特定的语义功能的套语，沃尔特·翁指出"套语有助于增强话语的节奏感，同时又有助于记忆，套语是固定词组，容易口耳相传"[1]。因此，构式"是有多X"的待嵌构件对韵律有一定的要求，即基本以单音节和双音节词为主，三音节、四音节级以上词或者短语用例比较少。

（二）语义类型

构式义会对构式的组成成分选择性压制，"是有多X"的构式义是构式框架和"X"共同作用的结果，语义中心是变量"X"，构式框架赋予"X"主观极量表达，变量"X"与构式义应该高度吻合，即需要具有可计量的语义特征。从词类上看，能够进入构式的变量"X"主要有以下四种类型。

1. 形容词性成分。根据表达功能，形容词包括性质形容词和状态形容词，变量"X"主要由性质形容词充当，共373个，用例也最多。例如：

（14）你想啊，花那么多时间在一起吃饭喝咖啡聊天送温暖，内心却是看不惯和委屈，一个人这么拧巴的表演是有多辛苦啊。（新浪微博2019–11–15）

（15）最近比我考试还忧郁的事情是，很多粉丹尼的小姐姐又有了新

---

[1] ［美］沃尔特·翁（Walter J. Ong）：《口语文化与书面文化：语词的技术化》，何道宽译，北京大学出版社2008年版，第26页。

墙头，陈粒农，更忧郁的是，我，因为还没时间，不知道这个农农是<u>有多可爱</u>，竟然可以和妮妮相比。（新浪微博 2018 - 01 - 23）

（16）喜忧参半的 2019，属于你的最后一个夜，最近才越发发现，自己<u>是有多幸福</u>，有多爱我的爸妈们，多爱我的老公，多可爱的朋友们，多美好的这一切，用最热烈的心去迎接 2020 吧！（新浪微博 2019 - 12 - 31）

（17）对方造谣辱骂这么多天了，每一条都有理有据能澄清，<u>是有多丧心病狂</u>揪着小孩中学时期恶意揣测。（新浪微博 2022 - 04 - 06）

（18）今天医院报到，身份证复印件上交。"这个是你？""是我，高中的时候拍的""越活越年轻了，你这照片感觉都有 30 岁了"这是被神吐槽了吗？我高中的时候<u>是有多老气横秋</u>，我都不知道怎么回答未来的同事了。硬伤。（新浪微博 2013 - 07 - 31）

（19）各种被骂……玩雪被骂，看电视被骂，逗小 Q 被骂，论文拖到现在被骂，塞耳朵睡被骂。我这<u>是有多丢人现眼</u>！（新浪微博 2013 - 02 - 09）

以上各例的"辛苦""可爱""幸福"都是典型的性质形容词，具有形容词性质的成语、固定短语如例（17）"丧心病狂"、例（18）"老气横秋"、例（19）"丢人现眼"也可以进入"是有多 X"构式，说话人认为人或事物的性状特征在程度量等级上达到最高值。张国宪指出："性质形容词具有弥散性，在量性特征上的表现是无界的，没有明确的起点和终点；而状态形容词表现为有界量值，在量性特征上不具有延伸性"[①]。因此，性质形容词专司性状表达，具有典型的程度量，可以在量性特征上无限延伸，量性特征具有可计量性，与之相对，状态形容词很难被切分，其量性特征具有规约性，难以计量。构式"是有多 X"中的变量"X"需要具有可计量性，"X"的量性特征越显著，"是有多 X"主观极量义才越容易被激活。

[①] 张国宪：《现代汉语形容词的典型特征》，《中国语文》2000 年第 5 期。

2. 表示心理活动的动词。心理动词具有较强的主观性，在量性特征上可以切分出性状特征语义。例如：

（20）当你遇到有人用你对待别人的口气跟你说话时，你才知道自己<u>是有多讨厌</u>。（新浪微博 2018 – 02 – 16）

（21）对她没有过多了解，但知道她很美，上几次热搜被议论很多。连死都不怕，抑郁症<u>是有多可怕</u>，公众人物是高危职业，愿你来生做个可爱的普通人吧。（新浪微博 2019 – 10 – 15）

（22）想了一晚上的悄悄话，开口却成了早安。攒了一天的新鲜事，开口却成了晚安。我就想问问你，你到底<u>是有多喜欢</u>他？（新浪微博 2020 – 01 – 12）

（23）一个博爱天下，有胆识有能力，能忍能打无间道，敢叫日月换新天的大英雄，硬是给加个"表白都是拿着女人当幌子，利用这个女人为他造福天下的计划做挡箭牌"的设定，<u>是有多恨</u>角色？（新浪微博 2017 – 11 – 14）

例（20）"讨厌"意思指"让人烦恼、令人心烦意乱"，本身没有程度义，但是在进入构式"是有多讨厌"之后，其原有的语义被抑制，凸显"讨厌"的量性特征，即在说话人眼里，"讨厌"也是可以切分、测量的，"是有多讨厌"达到了说话者所能接受的最大值。同理，以上各例的"可怕""喜欢""恨"原有的动作义被压制，在进入构式框架"是有多X"后，凸显的是可以进行切分的性状特征义。

3. 述宾类短语。述宾类短语可以对人或者事物的性状进行描述，其作用与性状类形容词一致。例如：

（24）翻个身都能扭伤后背的人<u>是有多缺乏锻炼</u>啊。（新浪微博 2020 – 02 – 02）

（25）中午睡觉没有被冻醒，可是结果梦见我的股票涨停了，开心醒来。我这<u>是有多缺钱</u>呀，多想发财呀。（新浪微博 2018 – 01 – 29）

（26）您<u>是有多缺爱</u>，才会把这些鸡毛蒜皮的小恩小惠给我讲无数遍。（新浪微博 2017 – 07 – 28）

（27）今天搭公车，一个中年阿姨和我打招呼"看你比在学校的时候瘦好多哦"，以前的老师？聊开才搞清楚是贺州高中那时的饭堂阿姨，都快 17 年了，这位不知是分菜还是分饭的阿姨，<u>是有多记得那时的我</u>，不过我还是很惦记得高中那时的物价。（新浪微博 2019 - 05 - 15）

例（24）"缺乏锻炼"是述宾短语，在进入构式框架之后用来形容不热爱运动的人。"是有多缺乏锻炼"，其心理预设就是：一个人在普通情况下翻身是非常正常的动作，但是一个人在长期不锻炼的情况下，翻个身就非常困难，甚至扭伤后背，你能想象这个人有多久没有锻炼，那么这个人就有多久没有锻炼，即没有锻炼的程度已经到达了极限。例（25）的心理预设是：你可以想象一个人缺钱到什么程度，我就能到什么程度，甚至在梦里都能看到股票涨跌。例（26）描述说话人自己"缺爱"，其心理预设是：你可以大胆想象，不管你想的程度有多严重，说话人总能达到你想象的程度。例（27）17 年前的饭堂阿姨竟然能认出"我"，完全意料之外，"是有多记得那时的我"凸显了说话人的惊讶。

4. 程度性名词。刘顺指出"将能够受程度副词修饰、意义上能够表现出程度义，句法功能上与性质形容词相似的名词"[①]，这部分名词为程度性名词，程度名词也可以进入"是有多 X"构式。例如：

（28）只是穿了新衣服，都说看不惯淑女的我，真是被你们气死了，我平时<u>是有多不淑女</u>？（新浪微博 2016 - 03 - 22）

（29）现在送个生日礼物还得自己来取，<u>是有多形式主义</u>。（新浪微博 2019 - 09 - 26）

（30）许多人总把错归结到女人身上。不和公婆住是女人的错，不做家务是女人的错。这究竟<u>是有多男权</u>啊？（新浪微博 2013 - 02 - 02）

例（28）"淑女"指贤淑美好的女子，在进入构式后，凸显的是淑女的特征，诸如言行举止、仪容仪表、家庭教养等纯真善良的品质。"是有

---

① 刘顺：《现代汉语名词的多视角研究》，学林出版社 2003 年版，第 94—95 页。

多不淑女"指不具有淑女应有的品质，说话人认为缺乏女人味达到了极值。例（29）"形式主义"指在处理问题时，没有实事求是，只关注事物的表面形式，不剖析本质的做事方法，进入构式后，表达说话人对"形式主义"这一现象达到极量程度的主观评价。例（30）"男权"指"男权主义"，是男子在家庭、社会中的支配性特权，在进入构式后，其量级特征被凸显，指男性的支配性特权达到极值。

（三）感情色彩

通过对语料的 462 个"X"进行分析，发现消极意义的词汇或短语有 339 个，如"无聊""难""闲""黑""差""低""恨""痛""绝望""懒""嫌弃""坏""可怕""烂""委屈""恶心""不要脸""讨厌""不好""丧心病狂"等；积极意义词汇有 108 个，如"辛苦""认真""英雄""好看""开心""可爱""幸运""自信""迷人"等。从"X"的感情色彩看，构式"是有多 X"对变量"X"有比较鲜明的语义选择倾向，贬义词占明显优势，褒义词也可以进入该构式，有两种用法，一是原有语义的量级特征被凸显，例如：

（31）超会穿的佟丽娅百搭服饰指南，完美气质尽显，曼妙身材，甜美的微笑，陈思诚这辈子<u>是有多幸运</u>，才娶到了佟丽娅。（新浪微博 2018-11-16）

（32）傻傻呵呵地过吧，哪怕是表面的开心也好，生活对我太不好了，哪怕让我无知地活也好啊，让我这么清醒地知道自己活得有多烂，上天<u>是有多开心</u>呢？（新浪微博 2018-01-20）

二是表达质疑、反问，即褒义词进入该构式后，褒义不复存在，整个构式表达的是质疑、负面的语气。例如：

（33）某集团某公司的投后岗位，公开招聘时没有注明，但通过猎头推荐时则明确要求只要男性，我都不明白这个工作到底<u>是有多辛苦</u>都不要女性。（新浪微博 2020-01-30）

（34）不联系还以为自己在对方心里<u>是有多重要</u>，其实她从一开始就注定是朋友罢了，把心放下来，把事做到底，才会一身轻松无牵无挂，有缘总会再见，无缘终会分离。（新浪微博 2018 - 02 - 07）

以上两例"是有多 X"的语义重心在"多 X"，指说话人认为人、物性状方面的特征高量幅偏移。例（33）"辛苦"、例（34）"重要"如果超出了说话主体的认知，便会进入"是有多 X"构式，产生抑贬义，即"辛苦""重要"是不值得肯定、赞许的状态。

三 "是有多 X"的句法特征

"是有多 X"在进入句子时，所处的句法位置和充当的句法功能较为灵活，在句中可以作谓语、定语、补语等，也可以单独成句，还可以对举出现。

（一）"是有多 X"在句中作谓语

"是有多 X"构式经常出现在"S + 是有多 X"中，"是有多 X"在句中作谓语是最典型的用法，表示 X 已经达到甚至超出了说话主体所能接受的极值这一语义。例如：

（35）不知道你的内心到底<u>是有多脆弱和畸形</u>，才能因为别人写的一段和你无关的经历被刺痛到如此地步！雷子写三十岁的女人是他的经历他的感触，至于您这么大岁数了也不消停！（新浪微博 2017 - 02 - 28）

（36）今夜零点 20 分左右，5 个水瓶接连从对面男生宿舍楼扔下来，发出爆炸般的巨响！惊得我差点从床上冲下来！你们这群禽兽<u>是有多无聊</u>啊？（新浪微博 2011 - 10 - 13）

（37）始于颜值，陷于作品，忠于人品！不懂那些整天炫耀时尚资源时装周艳压和大牌代言的演员粉<u>是有多肤浅和虚荣</u>？（新浪微博 2016 - 10 - 21）

（38）（节目组给了每家粉丝票，现场直接说李永钦家没有报名额）<u>是有多不作为</u>才能做到这种程度。（新浪微博 2022 - 02 - 23）

（39）人有时候很矛盾，一边享受着孤独，一边又自怜着孤独。哪儿都不能去，没一个人能说说话的时候是真的发现<u>是有多空虚</u>、<u>有多寂寞</u>、<u>有多孤独了</u>。（新浪微博 2020 - 01 - 30）

（40）前线抗战的医生们，<u>是有多英雄、多悲壮</u>。看到他们的新闻总是让人心疼。可惜不一定能有几个配得上这些英雄的英明的指挥家。（新浪微博 2020 - 01 - 31）

以上例句中，"是有多 X"的主语可以是实指的人，如"演员粉"，还可以指具体的事件，如"没有报名额"。在搜集到的语料中也有两个或者三个构式连用的情况，连用的构式一般都是并列关系，作为共同谓语陈述同一主语，如例（39）"是有多空虚、有多寂寞、有多孤独"三个构式连用，"是有多 X_1""有多 X_2""有多 X_3"连用，构式义没有变化，均表说话人认为某一主体某些性状已经达到了极高的程度，突破了说话人的认知。例（40）画线部分的"是有多 X_1""多 X_2"共同陈述主语"前线抗战的医生们"。"X_1""X_2""X_3"虽然是不同的形容词性成分，但具有相同的感情色彩。

（二）"是有多 X"在句中作定语

形容词充当在现代汉语中的典型用法是作定语，"是有多 X"出现在名词性成分 NP 之前，表示 NP 所指的人或事物超出了说话主体的认知范围。"是有多 X"在句中作定语时，都要用"的"。例如：

（41）<u>是有多没文化</u>的人才会看到别人说几句话就觉得别人是"仗着读过几本书就高人一等"啊，未免太搞笑了也。（新浪微博 2020 - 01 - 31）

（42）今天朋友圈又被霸屏了，这<u>是有多大</u>的关系网？（新浪微博 2018 - 08 - 06）

（43）今天带我们晨训的学长生病了，原本是想不来的，但他想到这是他的职责，最后还是来了。我当时在想，学生会到底<u>是有多大</u>的魅力啊，才会让学长忍着疼痛来带我们晨训。（新浪微博 2019 - 10 - 31）

（44）天啊，<u>是有多自大</u>的人才能说出这样的话，这世界你不知道、

不了解的圈子与文化太多了。(新浪微博 2020 - 01 - 30)

(45) 没有比这更鸡肋的东西了，到底<u>是有多闲</u>的人才会去看，好与不好不能自己感受吗？(新浪微博 2019 - 11 - 12)

(46) 看孩子期末总结，<u>是有多脑洞大开</u>的诗，看完我是真的服了，近日一则小学生的期末总结，别在家长会上吓唬我爸！(新浪微博 2017 - 12 - 07)

例(41)"没文化"虽指目不识丁的人，是述宾结构，但还有性状义，具有和形容词一样的语法特征，语义上主要是表述事物的性质、性状，指缺乏常识的人，其同构表达形式有"没常识""没学问""没墨水"等。以上释义主要侧重性状描述，由此可以决定他们能够进入"是有多 X"构式。"是有多 X"主要具有主观极量表达的特点，性质形容词诸如例(42)、例(43)"大"、例(44)"自大"、例(45)"闲"专司性状表达，在待嵌构件"X"中具有很强的典型性，用例也较多。具有形容词性质的固定短语例(46)"脑洞大开"也可以进入该框架。

(三)"是有多 X"在句中作补语

"是有多 X"构式可以出现在 V 或 VP 的后面充当补语，即"V/VP 得 C"结构。例如：

(47) 放假五天回去一天就被召回上班了，以为很远的疾病突然出现在自己面前，才觉得<u>是有多可怕无助</u>。(新浪微博 2020 - 01 - 31)

(48) 这几个公司闹得<u>是有多不愉快</u>啊，这才第一天就已经各回各家，各找各妈了。(新浪微博 2018 - 04 - 07)

(49) 昨天，看完音乐节太兴奋了，一心一意想要和哥哥睡觉，所以睡得比较晚，然后今天中午我起来之后，我妈说，你说你睡得<u>是有多晚</u>，眼睛都肿了。(新浪微博 2019 - 05 - 19)

例(47)"是有多可怕无助"作"觉"的补语，表示言者主体对"病毒"的恐惧之情已经到了极高的程度。例(48)"是有多不愉快"说明关系的僵化达到了极点，且后面"感觉得罪了全世界"是对"不愉快"的进一步说明，凸显了补语"是有多不愉快"的程度量特征。例（49）"是有多晚"语义指向"睡"，从表达功能上看，"是有多晚"是描写性的，指一个人由于某些原因出现的状态，也是句子的信息焦点，后面的"眼睛都肿了"是对构式义的补充。

（四）"是有多 X"单独成句

"是有多 X"单独成句的例子不多，一般情况下，该构式前面或者后面会有一个主题，或者省略了更高层面的话题 S，即"S。是有多 X""是有多 X。S"例如：

（50）是有多无聊！每天妈妈负责洗碗，爸比负责做饭。（新浪微博 2019-01-30）

（51）2020 年 2 月 1 号，阴天。是有多无聊。无聊到一向话少的老爸都开始怼人了。（新浪微博 2020-02-01）

例（50）画线部分形容的主体是后面"每天妈妈负责洗碗，爸比负责做饭"这一情景，在说话者眼中，这一情景是无聊透顶的，"是有多无聊"单独成句主要表达说话人对后述场景的感叹。例（51）省略了新型冠状病毒爆发的这一背景，春节是最隆重的传统节日，春节前后更是喜气洋洋、熙熙攘攘，今年 2 月 1 号俨然是两个对比，为了应对新型冠状病毒疫情的严峻形势，全国各地几乎封城，这一背景使作者感到无聊至极，甚至"话少的老爸都开始怼人"。"是有多无聊"表示言者主体对前面背景的主观极量评价。

四 "是有多 X"极量义的形成机制

陆俭明说："'修辞构式'里的'修辞'用的不是传统意义上'为了某种修辞目的而采用某种修辞手段'这一含义，而是泛指在交际过程中由各种因素致使出现大量不典型、非常态、使用受到一定情境局限的句子"①。"是有多 X"在现代汉语中使用频率很高，也有独特的适切语境。因此，"是有多 X"也是修辞构式，其语义是"X"具有可计量特征，言者主体认为"X"凸显的状态已达到了最高的程度量等级，高出了说话人所能接受的最高值，经常带有质疑、感叹的主观极量评价。值得注意的是，"是有多 X"的构式义是如何形成的？通过实例分析，"是有多 X"极量义的获得主要有以下两种机制。

（一）数量域——性状域："是有多 X"义的隐喻化

"是"为关系动词，表示主体 S 与"X"之间的类属关系。"多"的本义是指数量大，与"少""寡"意思相对，其原型当为"多少"，正如吉益民所说："除了整体构式语义发生主观化演变外，构式框体构建'多'也经历了语法化和主观化演变，原始用法应与'要多少有多少'有关，由数量大隐喻为极性义，成为高程度副词，通常用在感叹句中修饰性状类成分，表程度之甚，如'多好''多美''多快''多漂亮''多贤惠''多勤快'等"②。因此，从构式的原型性上来看，"是有多 X"的原型构式为"是有多少 X"，关注的是数量。例如：

（52）这早就不是第一次这样了，某 K 传出的照片也是这样，真是一天一变脸，不仅让人质疑她到底<u>是有多少副脸孔</u>，每次亮相的时候都仿佛变了个人一般。（搜狐网 2020 - 02 - 03）

（53）因为，一方面是因为男孩可以陪伴自己一生，而女孩结了婚之后就是别人家的人了，当你们看到这句话时肯定会反驳，为什么会这样说呢？女孩们，请你们静下心来想一想，自己一生中<u>是有多少时间</u>可以陪在父母身边的？（百度快照 2018 - 07 - 01）

（54）中国最严景区，仅 4A 却有武警 24 小时守护，这<u>是有多少宝贝</u>在其中？（百度快照 2019 - 05 - 05）

---

① 陆俭明：《对构式理论的三点思考》，《上海外国语大学学报》2016 年第 2 期。
② 吉益民：《汉语主观极量构式"要多 X 有多 X"》，《海外华文教育》2017 年第 7 期。

"是有多少 X"主要用在疑问句中,表达的是数量义,例(52)凸显了"多少"的计量性,画线部分是对数量的疑问。例(53)画线部分表达的是数量,"时间"是独立存在,可以计量的,"多少时间"可以用"多少天""多少小时"等计量,是典型的离散量。例(54)画线部分可以重新分析:一是说话人强调的是"宝贝"的数量,"多少"的计量性显著,二是"多少"表程度,说话人根据自己的判断主观上认为"宝贝"的数量达到了最高值,表达的是一种主观极量。

"是有多少 X"由表示 NP 数量上的多少到说话人主观上认为 NP 的数量达到了极值,隐喻是人类认知世界的重要方式,是从一个认知域投射到另一个认知域。由此,"是有多少 X"通过隐喻映射完成了认知域里从数量域到性状域的扩展。在概念隐喻的作用下,表数量的构式"是有多少 X"推演出了构式"是有多 X"。正如陆俭明所说:"构式都是人的认知域里的意向图式投射到该语言而形成的,每一个构式都是某个具体语言之中所存在的、由以该语言为母语的人在认知域中所形成的意向图式投射到该语言所形成的语义框架在该语言中所具体呈现的、表达人对客观世界某一方面认识的句法形式"[①]。"是有多 X"继承了原型构式的理据性比较强,在一些情况下,也可重新分析,尤其在疑问句中尤其明显。例如:

(55)这个假期<u>是有多长</u>呢?以前微信上未读消息是一串省略号,找我必须打电话。这段时间,微信被我安排的干干净净。以前总是睡不够,现在一整晚睡不着。(新浪微博 2020-02-06)

(56)朋友圈还能走一万步的人,你们的家<u>是有多大</u>?(新浪微博 2017-08-02)

(57)移动电源租赁现在<u>是有多火</u>,连王校长都已经关注上了。来电科技 4 月份宣布完成了 2000 万美元的 A 轮融资,小电科技获得腾讯和元璟资本领投的亿元级 A 轮融资,街电更是疯狂,拿到 IDG 领投的亿元级

---

① 陆俭明:《构式与意向图式》,《北京大学学报》2009 年第 3 期。

A 轮融资刚过去半个月,又在昨天宣布得到聚美优品 3 亿元的注资,陈欧将出任街电科技的董事长。(凤凰科技 2017 – 05 – 05)

当"是有多 X"产生后,在其原型构式的影响下,往往可以重新分析,例(55)"是有多长"具有两层含义:一是表数量,说话人强调的是假期的时间,即关注的是假期结束的时间;二是说话人感叹假期太长,长到了极点,超出了说话人的心理预期。此外,为了凸显构式语气,"是有多长"后面出现了反诘语气词"呢",传达的是一种肯定的信息,表示"显而易见"。例(56)画线部分"大"既可表"家"的面积大,又可表说话人的主观上认识,即认为"家"的面积之大达到了极值。"是有多大"即表数量大,又表程度深。例(57)画线部分不表数量,表程度,"火"具有连续性,在"火"的量级模型中,"是有多火"表示说话人认为"移动电源租赁"火热的程度等级最高。由此可见,"是有多 X"构式通过隐喻映射完成了认知域里从数量域到性状域的扩展。"是有多少 X"到"是有多 X"是认知域里的跨域映射。如图 1 所示:

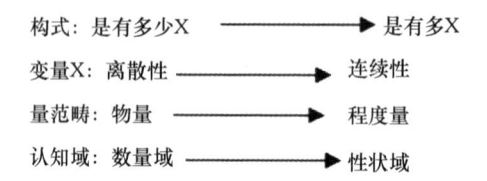

构式:是有多少X ⟶ 是有多X
变量X:离散性 ⟶ 连续性
量范畴:物量 ⟶ 程度量
认知域:数量域 ⟶ 性状域

图 1 "是有多 X"由数量域到性状域投射意向图

(二)现实量度 + "是有多 X"——主观极量:结构语义的主观化

上述分析显示,主观极量构式"是有多 X"属于认知域的跨域投射,符合人类的一般认知规律。"是有多 X"的主观化与其现实量度密切相关,即语境对构式义的影响很大。如:

(58)都是 12 年前了,还记得是在芒果台晚上十点播出的,当时看预告守着电视等十点看，印象最深刻的就是第一集他爷爷找回她，家是城堡，怕她迷路给了她一个导航仪，在家里要用导航仪，这家<u>是有多大</u>。（新浪微博 2019 – 07 – 11）

（59）一段时间以来，我一直是陪宝宝睡次卧，先生睡主卧，就在刚刚睡主卧的先生给睡次卧的我打电话说：''让我把明天的早饭食材从冰箱拿出来''我想说，我们家<u>是有多大</u>啊！都得靠电话交流了，我的奇葩先生。（新浪微博 2019 – 11 – 12）

以上两例同样是感叹"家是有多大"，但是极量义却截然相反。例（58）画线部分出现的语境是家是一个"城堡"，而且在家里面还需用"导航仪"规划路线，说话人感叹"这家是有多大"，其心理预设是：你能想象这个家是有多大，它就有多大，即面积之大达到了极限。例（59）画线部分意味着家的面积并不大，可以看作是"正话反说"，这种修辞手段的言外之意是家的面积并不大，"是有多大"的主观极量义是通过语境间接体现出来的，"我的奇葩先生"是对极量义的补充说明，进一步凸显了程度量特征。由此可见，现实量度或语境可赋予对"是有多 X"主观极量义有直接影响。

我们认为，早期人们使用"是有多 X"表示主观极量有可能是一种临时的语用修辞，许娜指出"修辞动因能够促使客体挣脱原范畴形成新的范畴，因为修辞动因毕竟是加进了各种变量的语法功能，它带来的意义既然是依托这些变量而形成的，那就必定会超出原先的结构编码范围，游离在推导关系之外，此时听话者只得转战到句外话语场所寻找线索与依据，从而再次恢复其可推导性。推导的过程是非直接的、不容易的"[①]。当"X"为负向形容词时，由于形容词的"正""负"概念是本身固有的，不是与其他成分组合时体现出来的意义，所以，当人们抒发"负"面的情绪时，一般的程度量构式难以将这种情绪表达到位。如：

（60）翻着我以前的照片，不晓得我这几年过的<u>是有多好</u>！长了这么

[①] 许娜：《警戒性构式"我叫（让）你 VP"—语法构式向修辞构式的转化》，《汉语学习》2019 年第 5 期。

多肉，每个看到我的人都说我胖了。（新浪微博 2022 - 03 - 04）

（61）翻着我以前的照片，我这几年过的<u>是非常好</u>吗！竟然长了这么多肉，每个看到我的人都说我胖了。（新浪微博 2022 - 01 - 06）

（62）翻着我以前的照片，我这几年过的<u>是太好了</u>吗！长了这么多肉，每个看到我的人都说我胖了。（新浪微博 2021 - 08 - 04）

以上几例的言外之意都是否定对方的想法，但是语用效果差别很大。例（60）"是有多好"是用"正话反说"的方式反对对方的观点，这种语义表达具有一定的评价性。吉益民说："愿望和现实之间往往有很大的距离，人们的主观愿望往往具有超前性、夸张性、虚幻性，天马行空式的恣意遐想是其常态，于是就有了'空想''幻想''妄想''臆想'等表达，通常之下，愿望和现实之间很难取得协同，愿望受制于现实，现实滞后于愿望"①。"是有多好"说话人的预设是：听话人认为自己的生活质量远远高于老师，现实却截然相反，含有质疑的主观极量评价。例（61）和例（62）画线部分是反问句暗含否定。从说话者角度看，关注的并不是听话者过得好否，而是传达否定观点。言语交际实际上是说话人编码与听话人解码的过程，反问句的否定意蕴在于反问语气，也是一种语用否定，语义具有自足性。肯定形式、否定形式、反问形式都可表否定语义，在同一语言环境中，肯定形式的否定力度最高，主观性也最强，需要听话者结合语境推导语义。

在具体的对话场景中，诸如"是有多过分""是有多无聊""是有多黑暗""是有多菜""是有多傻"，一般的程度量构式"太过分了""很无聊""非常黑暗""菜极了"等都不能很好地将说话人的情绪表达出来，说话人是有"是有多X"自问自答，表示性质、状态已达到了最高的程度量等级，超出了说话人所能接受的最高值，尤其是两个或几个构式连用时，其主观极量义更为突出。如：

（63）其实也侧面反应了她现在<u>是有多火，多受重视</u>，被认可度有

---

① 吉益民：《汉语主观极量构式"要多X有多X"》，《海外华文教育》2017年第7期。

多高，以至于直接用新浪后台推送，不要太明显啊！（新浪微博2020-01-18）

（64）当我正式上岗穿上防护服戴上护目镜，才知道鼻子<u>是有多难受</u>，<u>多憋的慌</u>。（新浪微博2020-01-31）

（65）<u>是有多大的仇多大的恨</u>才能下如此毒手，真不知道学医是为了什么，治得了病，却拯救不了人性和良知，你这一辈子拯救了许多生命，却唯独救不了自己，最终死在了自己一生追求的信仰之下，愿你安息。（新浪微博2019-12-27）

"是有多X"连用一般而言都是并列关系，可以是三个构式连用，如例（63）"是有多火，多受重视，被认可度有多高"远远超出了说话人的心理预期和可接受度；也可以是两个构式连用，如例（64）"是有多难受，多憋的慌"、例（65）"是有多大的仇多大的恨"，两个连用的构式尽管形式上不一样，但是构式义不变，而且变量"X"的感情色彩一样，"难受""憋得慌"都是身体不痛快，"底气""后台"都是指背后操纵的人、团体。

五 结语

本文基于构式语法理论，以现代汉语中比较常见的主观极量构式"是有多X"为研究对象，对该构式的句法特征、语义表达、建构机制等相关问题进行了详细考察。结论如下：

本文通过统计分析法证明了"是有多X"的确是一种常用构式，"X"具有可计量特征，量级变化是一个连续统，"X"是连续统中的最低级，当说话人认为人和事物的行为状态达到"X"的最高级时，构式"是有多X"表达极量程度的主观评价。就该构式而言，倾向于双音节词，与汉语双音化的特点有关。变量"X"与构式义高度吻合，具有可计量的语义特征，从"X"的感情色彩看，构式"是有多X"对变量"X"有比较鲜明的语义选择倾向，贬义词占明显优势。"是有多X"在进入句子时，所处的句法位置和充当的句法功能较为灵活，在句中可以作谓语、定语、补语等,也可以单独成句,还可以对举出现。"重新分析"和"类推"是"是有多 X"构式化的重要机制,隐喻是其构式化的主要原因,即"是有多 X"通过隐喻映射完成了认知域里从数量域到性状域的扩展。

除了本文讨论的"是有多 X"构式外,现代汉语中还有很多主观极量构式诸如"敢不敢再 X""能不做再 X"等,这些主观极量构式之间异同点是什么?各构式之间有无明显的情感强化倾向?将是我们进一步研究的方向。

"管他 X（呢）" 构式探析[*]

赵芸芸[**]

内容提要："管他 X（呢）"是现代汉语中一个高频使用的图式性构式，其构件 X 较为复杂，从形式上可分为列举式和总括式两大类，每个大类下又可细分出一些小类。该构式除了具有"不管他 X（呢）"的概念功能外，还具有人际功能和语篇功能：首先从人际功能上看，该构式一方面具有主观性，可以表达说话人对某人/某事无所谓、不关心、不在乎的轻视态度；另一方面还可以用来实施"劝止"的言语行为，即对受话人或说话人自己进行劝慰或制止。其次从语篇功能上看，该构式一方面可以起语篇衔接作用，这主要依靠"管"后人称代词的照应以及构件 X 对上文某一成分或命题的引述回应来实现；另一方面还可以用来结束话题，进而终结语篇。

关键词："管他 X（呢）"；构式；人际功能；语篇功能

"管他 X（呢）"是现代汉语中高频使用的一个口语格式，它指的是如下这样一种语言现象：

---

[*]［基金项目］重庆市教委人文社会科学规划一般项目"语篇视野下的现代汉语构式研究"（21SKGH053）、重庆师范大学校级基金项目"基于语篇的现代汉语构式研究"（21XWB008）。
[**]［作者简介］赵芸芸（1992— ），女，重庆师范大学文学院讲师，硕士生导师，研究方向为现代汉语语法与第二语言教学。

(1) 所以人们又称这四方台为'仙人台',可是谁家没了人,谁都焦急,<u>管他成仙不成仙</u>,还是得找亲人回来。(曲波《林海雪原》)

(2) 她走了几步,却又折回来,叹息着说:"<u>管你是神是鬼呢</u>,也许你只就是个可怜的孩子。"(莫言《拇指铐》)

(3) 晃了半天,有一个伪军骂道:"他妈的瞎诈唬!哪儿有八路?"另一个伪军就说:"没有就没有吧,<u>管他呢</u>?不诈唬着点,鬼子干哪?"(刘流《烈火金刚》)

上述三例中的"管他 X(呢)"① 在形式上均表示肯定,但在意义上表示否定,比如"管他成仙不成仙"意思是"不管他成仙不成仙",其余两例类推。本文将要研究的就是这类以肯定形式表示否定意义的"管他 X(呢)"格式。

最早对这类格式的考察主要集中在"管"字身上,如吕叔湘主编的《现代汉语八百词》认为"管"为连词,"表示动作行为的进行不受任何条件的限制,相当于'不管'"②,其后必须紧跟人称代词"你"或"他(它)"后才能接上别的成分。随后,一些学者对由"管"参与组构的句式进行了考察:如蔡丽(2001)认为表否定义的"管"字句在语义上可以细分为三种,具有独特的语用效果,如表达说话人的轻视情绪和厌烦态度③;邵彤彤(2008)从复句角度出发,考察了作为无条件复句的条件分句的"管"字句的句法、语义、语用特征,包括"管"后主语的类型、后续成分的语义特征以及"管"字句的语用效果等,认为它倾向于表达极端情绪,常带有说话人轻蔑、顶撞甚至威胁的语用效果④;赵丹丹

---

① 为称说方便,不管其中的人称代词如何变换,我们都将它统称为"管他 X(呢)"构式。
② 吕叔湘主编:《现代汉语八百词》(增订本),商务印书馆2012年版,第241页。
③ 参见蔡丽《表否定义的"管"字句考察》,《暨南大学华文学院学报》2001年第1期。
④ 参见邵彤彤《无条件条件句中的"管"字句研究》,硕士学位论文,吉林大学,2008年。

(2011)①、王竹梅（2012）② 从三个平面理论出发对所有表示否定义的"管"字句进行了综合探讨；高增霞（2021）则对"管……呢"的否定义的来源进行了分析③。此外，还有一些学者专门对语法化程度较高的"管他（呢）"做了探讨，如张田田（2012）认为"管他"已经连词化和话语标记化了，经常位于句首起衔接作用④。

从以上研究可以看出，前人关于"管他 X（呢）"的研究已经取得了一定成果，但对其性质、构成成分以及整个格式究竟表示何种语气，具有什么样的语用功能（尤其是语篇功能）等还有进一步探讨的空间。基于此，本文拟运用构式语法理论和主观性、主观化理论对上述问题一一作出解答。

一 "管他 X（呢）"的构式性

本文借鉴 Goldberg 的认知构式语法理论对构式"管他 X（呢）"进行分析。她将"构式"定义为"C 是一个构式，当且仅当 C 是一个形义配对体，而且它在形式或意义方面的某些特征不能从其组成成分或业已建立的其他构式中完全预测出来。"⑤ 根据一个构式的组成部分是由固定词项还是由开放性的成分填充，Fillmore 等将构式分为实体性构式和图式性构式两类⑥，前者包括语素、词、复合词及形式完全固定的习语，其构成成分具有不可替代性，后者包括半固定的习语以及抽象的句型、句式、句类等，具有开放性和能产性。

参照上述定义和分类，我们认为本文的研究对象"管他 X（呢）"是

---

① 参见赵丹丹《现代汉语"管"字句研究》，硕士学位论文，河南大学，2011 年。
② 参见王竹梅《现代汉语"管"字句的多角度研究》，硕士学位论文，南京师范大学，2012 年。
③ 参见高增霞《"管……呢"否定义的来源》，《湖南师范大学社会科学学报》2021 年第 50 卷第 1 期。
④ 参见张田田《句法结构"管他"的连词化与标记化》，《古汉语研究》2012 年第 1 期。
⑤ Adele E. Goldberg, *Constructions: A construction Grammar Approach to Argument Structure*, Illinois & Chicago: The University of Chicago Press, 1995, p. 5.
⑥ Fillmore Charles, Paul Kay and Mary Catherine O'Connor, "Regularity and idiomaticity in grammatical constructions: The case of let alone", *Language*, Vol. 64, No. 3, September 1988.

一个图式性构式：首先，作为一个构式，"管他 X（呢）"的意义已经虚化，其整体意义不是各组成成分意义的简单相加，它在形式上表示肯定，意义上却表示否定；其次，作为一个图式性构式，构式"管他 X（呢）"可以有无限多的实例，第三人称代词"他"可以被别的人称代词如"他们""它""你"等替换，X 的选择范围则更广，甚至还可以省略不现。例如：

(4) 他问蔡六："你刚才说傻二那些事都是真的？""<u>管它真假</u>，唬住他就成！"蔡六接过茶碗，不客气地喝了。(冯骥才《神鞭》)

(5) 杨清民苦恼地说："我就是为这事找你来的，最近局里的领导一劲点我，也不知道是哪个给我们捅出去了，说我们是不务正业。这事怕是要黄。"许建国笑道："<u>管他们呢</u>。您就盖您的，盖好了再说。"(谈歌《城市警察 (5)》)

(6) 二和淡笑道："你进去说一声，我名字叫……"听差道："<u>我管你叫什么</u>！大爷不在家，我去对太太说一声罢。你先在门口等着。"(张恨水《夜深沉》)

例 (4) "管它真假"中的代词"它"指代上文提到的"那些事"，X 为"真假"，整个构式具有否定义，表示"不管它真假"；例 (5) "管他们呢"中的代词为第三人称复数，用以指代上文提到的"局里的领导"，X 在句法上为空，整个构式同样具有否定义，表示"别（不要）管他们"；例 (6) 同理，"我管你叫什么"中的代词为第二人称单数"你"，它指代的是言谈交际现场中的受话人，整个构式表示"我不管你叫什么"。

由上可知，"管他 X（呢）"在句法形式上具有不可分析性，在语义上已经规约化了，我们无法用常规的句法结构规则和语义组合规则对它作出解释，因此说它已经凝固为了一个以肯定形式表示否定意义的图式性构式。

二 "管他 X（呢）"的构件分析

虽然构式语法强调整体大于部分之和，但其组成成分（即构件，construct）对整个构式义的形成仍有十分重要的作用。图式性构式"管他 X（呢）"主要由不变项（"管"）和可变项（人称代词，X，呢）两部分构成，下面逐一分析。

2.1 构件"管"

"管"的形式较为固定，它既不能被别的成分所替换，在句法上也不能省略。关于构式"管他 X（呢）"中"管"的词性问题，目前还有不少争议，有的学者认为它是连词，有的学者认为它是动词。我们认为，整个构式的否定义与"管"的词性并无关系，它既可以是连词，也可以是动词，通常需要根据语境（上下文）进行判定。例如：

(7) "<u>管他是什么事</u>！反正不会出乱子。我信任外国人维持秩序的能力！我还觉得租界当局太张皇，那么严重警戒，反引起了人心恐慌。"（矛盾《子夜》）

(8) 达庆有点慌乱："这个这个……老曹，你怎么这么说话？这是生意，你卖人家才买，又没谁逼着你，<u>你管他是谁呢</u>！"（电视剧《乔家大院》）

例（7）中的"管"是连词，引导的是无条件句的条件分句，相当于"不管"，后面紧跟有表示结果的小句"反正不会出乱子"。例（8）"你管他是谁呢"中的"管"同样表示"不管"之义，但它不是连词，而是动词，因为整个构式前后没有表示结果的小句与之同现。因此，我们认为构式"管他 X（呢）"中"管"的词性要联系上下文进行判定：一般来说，如果它所在的构式是无条件句的一个分句，那么"管"为连词；如果它所在的构式可以独立使用，不依赖后续句，那么"管"为动词。

但无论"管"的词性如何,当它构成"管他 X(呢)"构式时,整个结构都是以肯定形式表示否定含义。

2.2 构件"他"

不少文章均已指出,人称代词"他"作为构式"管他 X(呢)"的一个变项,可根据需要被替换为"他们""你""你们""它"等。此外,我们的考察还发现,第一人称代词"我(们)"也可以出现在该构式中,形成构式变体"管我(们)X(呢)",其中"我(们)"一定实指。例如:

(9)他一脸血,牙也掉了。问我是谁,我说:"<u>你管我是谁</u>!"(莫言《食草家族》)

(10)琴还没有答话,淑华抢着答道:"<u>你管我们到哪儿去</u>!"(巴金《春》)

例(9)"管"后的人称代词为第一人称单数"我",整个格式同样具有否定义,表示"你别管我是谁";例(10)"管"后的人称代词为其复数形式"我们",整个格式是以肯定形式表示否定含义,意思是"你别管我们到哪儿去"。

和第一人称代词"我"不同,当"管"后的人称代词是"他"或"你"时,它们可能发生虚化,产生出虚指或任指用法。例如:

(11)a. 他爬起来,……笑着说:"你们来看,这小人儿长得像谁?""我看不出。"春儿说,"<u>管他像谁哩</u>?"(孙犁《风云初记》)

b. 华通商场碍事就拆掉它,<u>管他总经理是谁的小舅子</u>!(莫言《红树林》)

(12)a. 富家骏道:"那倒不是,这不过是给一个同学要的。"杨杏园道:"<u>管你给谁呢</u>?我只要看你怎样实行唯命是听这句话就得

了。"（张恨水《春明外史》）

b. 刘凤林也接下去说："老邓师傅的话对，今天咱们国家就是跟过去完全不同了，过去国民党反动派要征用民房，<u>他管你有处住没有呢</u>！立刻就让你搬走。"（《人民日报》1954.8.19）

c. 北京牛街南口一清真餐厅小吃部出售大葱肉馅包子，有时用盘子盛，有时只给张黄毛纸。据一位老顾客说：服务员懒得涮盘子时，就给你一张纸托着吃，<u>管你卫生不卫生</u>！（《人民日报》1986.3.6）

例（11）展示了人称代词"他"在构式"管他 X（呢）"中的两种用法：例（11a）中的人称代词"他"实指，其所指对象确定，即是上文提到过的那个"小人儿"；例（11b）中的人称代词"他"虚指，已经丧失了指代功能，只起衬音作用。例（12）展示了人称代词"你"在构式"管他 X 呢"中的三种用法：例（12a）中的"你"实指，它指代的是言谈现场的受话人"富家骏"；例（12b）中的"你"任指，其指代对象较不确定，可以是一定范围内包括说话者或听话者在内的任何人；例（12c）中的"你"虚指，其意义发生了虚化，相当于虚化的第三人称代词"他"，同样只起衬音作用。

此外，"管"后的人称代词"他"也可以带有詈骂语，如"管他妈的、管他娘的、管他舅子的、管他个球"等，这类构式通常语气更强，情感更烈，常用来表达说话人目空一切、不容置喙的强硬态度。但无论如何，"管"后的人称代词在句法上必须强制出现，删除它后句子一般不合语法。试比较：

(13) 梁森……，不免勃然大怒道："谁叫你乱鸡巴胡嚼的！<u>你管他有没有良心</u>？你只要供你为什么进村就行！"（欧阳山《苦斗》）

(14) *梁森……，不免勃然大怒道："谁叫你乱鸡巴胡嚼的！<u>你管有没有良心</u>？你只要供你为什么进村就行！"

2.3 构件"X"

吕叔湘主编的《现代汉语八百词》曾经指出,"'管'后小句的谓语或者包含肯定和否定两部分,或者是一个疑问代词。下文多用副词'都、也、就'等词呼应。"①本文在对所搜集到的语料进行全面考察的基础上,结合邢福义对无条件句中条件分句的分类②,从形式上将构件"X"分为以下几类:

2.3.1 列举式

顾名思义,列举式是指构件"X"将两种或几种具体情况一一列出的情形。各列举项之间是选择关系,通常可以加上"还是、或者"之类的选择性词语。常见的列举形式主要包括并举式、然否式和对立式三种。

(一) 并举式

邢福义认为并举式在形式上主要表现为"a+b(+c+…)",即构件X是对一个集合中几种具体情况的列举,列举项必须是两项及以上③。根据各列举项之间形式标记的有无或异同,又可将它分为以下几种情况:

① "ab……"

这一类是指构件"X"的各列举项之间没有任何连接词,他们要么直接相连,要么只用顿号或逗号隔开。例如:

(15) 一旁的乐梅已骤然爆发,狂喊如裂帛:"……所以你也不在乎我的感受,反正不是柯起轩就好,<u>管他张三李四王二麻子</u>,我都人尽可夫!"(琼瑶《鬼丈夫》)

(16) "我不会这样做,我打工喜欢做独行侠,做好本分的事,自己出色就好,<u>管他墙角老鼠、初生之犊</u>,扶是不会的了,总之闲事莫理。"(岑凯伦《还你前生债》)

---

① 吕叔湘主编:《现代汉语八百词(增订本)》,商务印书馆2012年版,第241页。
② 参见邢福义《汉语复句研究》,商务印书馆2002年版。
③ 参见邢福义《汉语复句研究》,商务印书馆2002年版。

例（15）的三个列举项"张三""李四""王二麻子"直接相连，指代的是除"柯起轩"以外的任何一个男人；例（16）的两个列举项"墙角老鼠""初生之犊"之间有"、"隔开，二者连用指代的也是包括它们在内的所有情况。

② "a与b"

这一类是指构件"X"的各列举项之间用并列连词"与""和"等相连的情况，所列举的情况一般只有两项。例如：

（17）可是，我就是要吃，管他脂肪与赘肉，将来才减肥吧。（张小娴《把天空还给你》）

（18）"独坐小楼成一统，管他春夏与秋冬"，国家既然不能给你以归宿，那就去寻找你内心深处的归宿吧。（网络语料）

例（17）连词"与"连接的两项分别是"脂肪""赘肉"，例（18）中"与"连接的并列两项是"春夏""秋冬"。

③ "（是）a，还是b"

这一类是指构件"X"的各列举项之间用选择连词"还是"相连的情况。例如：

（19）只要能在乱糟糟的血腥屠杀中砸烂你敌人的狗头而不受惩罚，管他信奉的是上帝还是天主？（侯焕闳《人类思想的发展是不可阻挡的！》）

（20）在有些人眼中，保密观念形同儿戏，只要对方需要，管他内部材料，还是机密文件，统统可以提供。（人民日报1988）

上两例中选择连词"还是"分别连接的是"上帝"和"天主"，"内部材料"和"机密文件"这两组列举项，表示的是包括这些列举项在内的所有情况。如例（20）"管他内部材料，还是机密文件"代表的不仅仅是这两种性质的文件，而是指代对方所需要的一切文件。

④"a 也好/也罢，b 也好/也罢"

这一类是指构件"X"的各列举项后分别加上"也好/也罢"的情况。例如：

(21) 陆小凤道："但这次我却说什么也不干了，<u>管他会绣花也好，会补裤子也好</u>，都不关我的事，这件事说出大半天来我也不会管的！"（古龙《陆小凤传奇》）

(22) 我当时想，<u>管你当官也好</u>，<u>革命也好</u>，<u>报仇也好</u>，只要能把财主都赶跑，叫穷人出一口大气，就好得很。 （人民日报 1964. 2. 18）

从形式上看，虽然例（21）用"……也好，……也好"列举的只是"会绣花"和"会补裤子"两种情况，但它实际表示包括这两种情况在内的一切情况，即"不管他会干什么，都不关我的事"；例（22）同理，只不过此时的列举项有三项。

（二）然否式

与并举式不同，然否式是指构件 X 将一定范围内的正反两种情况全部列出的情形，它们在语义上是非此即彼、完全对立的关系，二者连用表示的是包括这两种极端情况在内的所有情况。从句法结构上看，然否式中的构件 X 主要有以下几种类型：

① "a 不 a"

这一类是指列举项"a"的肯定形式和否定形式"不 a"直接连用，中间无停顿或连接词。"a"既可以是单词，包括形容词、动词、名词等，也可以是较为复杂的短语。例如：

(23) 李文闹说："<u>管他大不大</u>，牵涉到谁，就杀了谁！"（刘震云《故乡天下黄花》）

(24)"管他信不信！"小玉冷笑道，"我又没有卖给他。"（白先勇《孽子》）

(25)庆玉说："管他脸色不脸色的，咱家窝里的咱不能处理啦?!"（贾平凹《秦腔》）

(26)"管他通八路不通八路，反正俺两家是死对头，我不叫他瞧瞧我的厉害，我不姓杨。"（李晓明《平原枪声》）

上例（23）—（25）中的列举项"a"分别由形容词"大"、动词"信"、名词"脸色"充当，例（26）中的列举项"a"则为动宾结构"通八路"。

②"是不是/有没有 a"

这一类中的构件 X 不是对列举项"a"的肯定形式和否定形式的直接列举，而是通过句法结构"是不是"或"有没有"对两种情况进行整合。例如：

(27)刘宗敏不等闯王回答，不耐烦地说："管他是不是已经勾上手了，都不是善良百姓。如今是特别吃紧关头，宁可多杀几个，免留祸患！"（姚雪垠《李自成》）

(28)有位北京公费女歌手迟迟出不了新专辑，原因很简单，钱少找不到好歌，有些挺知名的词曲作者只认钱不认人，谁开价高把好歌给谁，管他有没有嗓子。（钟川《自费歌手：一夜蹿红？》）

上例（27）构件 X"是不是已经勾上手了"利用正反结构"是不是"对两种极端情况"已经勾上手了"和"还没勾上手"进行整合；例（28）同理。

③"是 a 不是（a）"

这一类构件 X 是在肯定形式"是"和否定形式"不是"后分别加上同一宾语 a，再将它们直接列举而形成的。若将"不是"后的同形宾语省略，那么就形成了相应的简省结构"是 a 不是"。例如：

(29) 他回头望望，村西北角又有三个人空着手儿朝大道上走来，好像把退路也卡断了。"<u>管他是狼不是狼</u>，得做打狼的准备。"（冯志《敌后武工队》）

(30) 他心里说："嫁个人也好，<u>管他是牧师不是呢</u>！再搁几年，她脸上的沟儿变成河道，还许连个牧师也弄不到手呢！"（老舍《二马》）

例（29）中的构件 X "是狼不是狼"是在肯定形式"是"和否定形式"不是"后分别加上同形宾语"狼"而形成的；例（30）中的构件 X "是牧师不是呢"是在原形式"是牧师不是牧师呢"的基础上，省略掉后一个同形宾语"牧师"而成。

④ "有 a 无 a/有 a 没有"

与第三类同理，这一类构件 X 也是在肯定形式"有"和否定形式"没有、无"后加上同一宾语 a 后，再将他们直接列举而形成的。若将"没有"之后的同形宾语删除，那么就形成了相应的简省结构"有 a 没有"。例如：

(31) 站起来，跑起来，<u>管他有鞋没鞋</u>。（自拟）

(32) 今天可不然了，腿根一紧，跟着就得哼哼，没有拿腔作调的工夫！可是一哼哼出来，心里舒服多了——只要舒服就好，<u>管他有腔儿没有呢</u>！（老舍《二马》）

例（31）构件 X "有鞋无鞋"是肯定形式"有鞋"和其相应的否定形式"无鞋"直接列举；例（32）构件 X "有腔儿没有呢"则是在原形式"有腔儿没有腔儿呢"的基础上，为避免词语重复，省略掉后一个同形宾语"腔儿"而成。

（三）对立式

从语义上看，对立式同然否式一样，构件 X 也是对一定范围内的正反情况的全部列举，但二者的句法表现不同。具体来讲，然否式中的构件 X 总是含有否定词，如"不、没、无"等，而对立式的列举项之间只是意义相对，并无形式上的显性标记，可记作"a + z"①。例如：

（33）他们要的是大的。哼，管他是实话瞎话呢？我顺着他的竿儿爬。他的主意打定，就单等着问他。（刘流《烈火金刚》）

（34）"咱们东伙一场，平日我又看你这小人儿本分，我才这样劝你，要是别人，我管他死活哩！"（孙犁《风云初记》）

例（33）中的构件 X 为"是实话瞎话呢"，其中肯定项"实话"和否定项"瞎话"在意义上相对，二者合用表示一定范围内的全部情况；例（34）同理，构件 X"死活"是肯定项"死"与否定项"活"的直接列举，表示"不管别人的任何情况"。

2.3.2 总括式

（一）多面总括式

多面总括式是指构件 X 中包含特殊疑问词"谁"、"什么""哪"等的情况，它们在语义上不表示疑问，而表示任指。例如：

（35）朱千里说："管他是谁！我两个脚指头夹着笔，写得还比他好些！"（杨绛《洗澡》）

（36）去他的，管他是什么呢？我走我的。（刘流《烈火金刚》）

（37）"只要能逃出来就行，管他去哪里。"罗盘是那么无所谓。（彭荆风《绿月亮（6）》）

---

① 邢福义：《汉语复句研究》，商务印书馆 2002 年版，第 344 页。

例（35）—（37）构件 X 中分别含有疑问词"谁、什么、哪里、多少"，他们在语义上均不表示疑问，而表示任指，如例（35）"管他是谁"的意思是"不管他是谁"，"他"可以是任何人，例（37）"管他去哪里"的意思是"不管他去哪里"，即"只要能逃出来，去任何地方都行"；

邢福义指出，"多面列举式所提的是两个或几个确定的条件，而多面总括式所提的则是'一个无限变异的条件'。但从说法的可变性上说，二式是相通的。"① 换言之，以上的多面总括式，均可以变换成列举式，其意思基本不变。如例（35）可以变换为：

（35'）朱千里说："管他是张三还是李四！我两个脚指头夹着笔，写得还比他好些！"

上例（35'）中的构件 X 为"是张三还是李四"，属于列举式中的"并举式"，两个列举项之间用选择连词"还是"进行连接，其意思与例（35）相同，均表示"不管他是谁"。

（二）单面总括式

单面总括式是指构件 X 中包含"怎么（怎样、如何）""多么（多）""多少"等的情况，他们常作状语或定语，用来修饰后面的中心语，并总括中心语所指示的情况的种种度量。例如：

（38）假如沙曼在身边，管他水流怎么漂，管他水流把他们漂到哪里？最好漂到世界的尽头，漂到幸福的国度，漂到传说中的蓬莱仙岛。（古龙《陆小凤传奇》）

（39）一个摩登家庭如何能容蛛网在光天白日里作怪，管它有多美丽，多玄妙，多细致，够你对着它联想到一切自然造物的神工和不可思议处。（林徽因《蛛丝和梅花》）

（40）青青问我笑啥子，我说，我在算吴哥买的玫瑰要多少钱。

---

① 邢福义：《汉语复句研究》，商务印书馆 2002 年版，第 345 页。

青青妙目传情地问，你管他多少钱，可乐你送我啥子喃。（李承鹏《寻人启事》）

例（38）中的"怎么"做状语，修饰中心语"暗箱"，表示"不管暗箱的程度如何"；例（39）"管它多美丽，多玄妙，多细致"总括的是"美丽、玄妙、细致"的不同程度，"多"可看作程度副词；例（40）中的"多少"做定语，修饰"钱"，表示"不管钱的数量"。单面总括式和多面总括式的主要区别在于，前者总括的是一种情况的种种度量，而后者总括的两种或几种不同的情况，这表现在多面总括式一般可以分解为列举式，如上例（35'），而单面总括式却不可以①。

2.3.3 零形式

除上述情况外，构件 X 在一定条件下也可以省略，形成习语性构式"管他呢"，它在语义上更加虚化，主要表示说话人不在乎、不关心、轻视的主观态度。例如：

（41）刘星拿出一根笔在纸上涂鸦，条条框框地乱画一气，可还是想不到好的办法。管他呢，反正大不了就是挨一顿打，也死不了的。（电视剧《家有儿女》）

（42）他站了一会儿，手下意识地往脸上摸挲了一下，说管他呢，要脸干啥，我不要脸了。（李佩甫《羊的门》）

上述两例中的构式"管他呢"均是省略了构件 X 的结果，带有说话人轻视、不在乎的语气，这从上下文"大不了""冷淡的"就可窥见一斑。

---

① 我们在语料中发现，也有极少数"管他 X（呢）"中的"X"似乎归不到本节讨论的任何一种情况中去。例如：(1)"管他们这些乌七八糟的事呢！只要侯扒皮出来，事情就办了多一半。"（冯志《敌后武工队》）上例中"管他们这些乌七八糟的事呢"也是以肯定形式表示否定含义，意思为"不管他们这些乌七八糟的事"。其构件 X 为"这些乌七八糟的事"，虽然它从形式上看归不到本节讨论的任何一种情况中去，但它在意义上仍是表复数的，这从量词"些"就可窥见一斑，因此它与列举式、总括式中的构件 X 在本质上具有相通性，可看作总括式的一种，相当于"管他们什么乌七八糟的事呢"。

2.4 构件"呢"

我们认为,构式"管他 X(呢)"中的"呢"为句末语气词,主要起两方面的作用:一是提请受话人注意;二是缓和说话人语气。它在使用中一般可以省略。试比较以下两例:

(43) a. 达庆有点慌乱:"这个这个……老曹,你怎么这么说话?这是生意,你卖人家才买,又没谁逼着你,<u>你管他是谁呢</u>!"(电视剧《乔家大院》)

b. 达庆有点慌乱:"这个这个……老曹,你怎么这么说话?这是生意,你卖人家才买,又没谁逼着你,<u>你管他是谁</u>!"

一方面,语气词"呢"可以引起受话人注意,起到突出、强调它所述命题的作用;另一方面,与不带"呢"的构式相比,带"呢"的"管他 X(呢)"构式的语气较为缓和,通常能够降低对听话人的面子威胁。

此外,构件"呢"在使用中也可以被别的语气词,如"哩、啊、吧、呐、的、的呢"等替换,替换后整个构式的意思基本不变。但从使用频率上看,一般还是以语气词"呢"最为常见。

三 构式"管他 X(呢)"的语用功能

Halliday 认为语言具有三大元功能:概念功能、人际功能和语篇功能[①]。具体来讲,概念功能是指语言是对存在于客观世界和内心世界的过程和事物的真实反映,它具有命题意义,能够传递新信息;人际功能是指语言作为人类最重要的交际工具,人们可以利用它与别人建立交往、保持联系,并表达自己对世界、对他人的主观看法和态度;语篇功能是指语言作为话语组织的手段,可以将信息组织成意义连贯的语篇,并表

---

① Michael A. K. Halliday, *An Introduction to Functional Grammar*, London: Edward Arnold, 1985.

明信息之间的关系、信息的传递与发话人所处的交际之间的关系等。通过考察，我们发现构式"管他 X（呢）"除了具有上文所述的用肯定形式表达否定含义的概念功能，它还具有人际功能和语篇功能。

3.1 人际功能

构式"管他 X（呢）"的人际功能主要表现在以下两方面：一是它可以表达说话人对某一事物或事件的主观看法和态度，因此具有主观性；二是它可以用来实施"劝止"的言语行为，以达到以言行事的交际目的。

3.1.1 表达主观性

沈家煊指出，"'主观性'（subjectivity）是指语言的这样一种特性，即在话语中多多少少、总是含有说话人'自我'表现的成分。也就是说，说话人在说出一段话的同时表明自己对这段话的立场、态度和感情，从而在话语中留下自我的印记。"[①] 在对所搜集到的语料进行全面考察的基础上，我们发现构式"管他 X（呢）"在使用时总是带有说话人无所谓、不在乎、不关心、不屑和轻视的语气。这表现在它经常与表义相近的词语或表达式同现，比如"大不了、就行/就好/就成/就可以/就是、就、便、而已、X 就 X、无所谓、不屑、不关心"等。例如：

（44）刘星拿出一根笔在纸上涂鸦，条条框框地乱画一气，可还是想不到好的办法。管他呢，反正大不了就是挨一顿打，也死不了的。（电视剧《家有儿女》）

（45）今日社会上很多关系的混乱，都跟母体文化切断有关。过去我会觉得，没关系，切断就切断，管他的。（蒋勋《生活十讲》）

（46）"干爹！"雨杭痛苦的叫著："……今天我已经看透了这个家的真面目，管他什么真儿子、私生子、干儿子，我都不屑为之！"（琼瑶《烟锁重楼》）

[①] 沈家煊：《语言的"主观性"和"主观化"》，《外语教学与研究》2001 年第 4 期。

(47)"只要能逃出来就行,管他去哪里。"罗盘是那么无所谓。(彭荆风《绿月亮(6)》)

(48)"我也不开玩笑。要不是我念着他是你的丈夫,你瞧着,我把他这么一揪,这么一举,这么一扔,就打这个窗口,把他扔到弄堂外面去!管他是什么官,什么长,我可没放在眼里!"(欧阳山《苦斗》)

(49)男人完全不关心,他小声响起:"管他妈的,活该愿意不愿意,反正是干啦!"(萧红《生死场》)

陆俭明提出语义和谐律,其中一条就是"构式内部词语的使用与构式外部所使用的词语在语义上要和谐"①。例(45)—(49)中的画线部分"大不了、没关系、切断就切断、不屑为之、无所谓、没放在眼里、完全不关心"等均带有说话人不以为然、不屑、轻视的语气,他们都能与构式"管他X(呢)"配合使用,这就从侧面证明了构式"管他X(呢)"与这些词语具有相同的表义功能,即它本身也具有不在乎、不关心、不屑和轻视的语气。

3.1.2 实施"劝止"言语行为

言语行为理论(The Speech Atc Theory)由日常语言哲学家奥斯汀提出②,并经由塞尔等进一步完善和修正③。该理论强调"说话就是做事",即说出一句话的同时就实施了一种言语行为。任何一个完整的言语行为都应该由三种次行为组成,包括言事行为(locutionary act)、施事行为(illocutionary act)和成事行为(perlocutionary act)。

通过考察,我们发现说话人在说出构式"管他X(呢)"时,不仅表达了其轻视、蔑视、无所谓、不在乎的主观情感和态度,同时也是在向

---

① 陆俭明:《修辞的基础——语义和谐律》,《当代修辞学》2010年第1期。
② John L. Austin, *How to Do Things with Words*. Harvard: Harvard University Press, 1962.
③ John R. Searle, "Austin on Locutionary and Illocutionary Acts", *The Philosophical Review*, Vol. 77, No. 4, October 1968.

受话人实施一种"劝止"的言语行为。其中"劝"是"劝慰、安慰","止"是"制止、阻止"。例如:

(50)"究竟是谁干的好……好事?"他问道。"不知道。唉!<u>管他的</u>。这些照片都很好看呀!不管是谁干的,都算不上什么坏事嘛!"我安慰他。(村上春树《挪威的森林》)

(51)他对小龙女相爱之忱,世间无事可及,不由得把心横了:"罢了,罢了,<u>管他甚么襄阳城的百姓,甚么大宋的江山</u>?我受苦之时,除了姑姑之外,有谁真心怜我?世人从不爱我,我又何必去爱世人?"当下举起匕首,劲力透於右臂,将匕首尖对准了郭靖胸口。(金庸《神雕侠侣》)

例(50)在说话人看来,换照片是一件小事,不值得受话人生气和追问,因此他用构式"管他的"一方面对受话人进行劝慰,另一方面制止对方就此事继续追问,语句"我安慰他"是对这一功能的明示,后续句"这些照片都很好看呀!不管是谁干的,都算不上什么坏事嘛!"给出了说话人劝止对方继续追究的具体理由;例(51)同理,"管他甚么襄阳城的百姓,甚么大宋的江山"是说话人"杨过"对自身的劝止,即他通过该构式劝说自己不要再犹豫不决,有所顾忌,词语"罢了"的反复是对这一言语行为的明示,紧跟着的后续句同样阐明了说话人做出这一决定的具体理由。"当下举起匕首,劲力透於右臂,将匕首尖对准了郭靖胸口"则是这一言语行为产生的具体结果,属于成事行为。再如:

(52)对!看看他去!他那天说,要跟咱商议点事。什么事呢?哎,<u>管他什么事呢</u>,反正老远的去看他,不至于有错儿!(老舍《二马》)

(53)林佩珊不放心,用眼光去追询杜新箨;她刚才看见杜新箨好像是最镇静,最先料到不会出乱子的。"<u>管他是什么事</u>!反正不会

出乱子。我信任外国人维持秩序的能力！我还觉得租界当局太张皇，那么严重警戒，反引起了人心恐慌。"（矛盾《子夜》）

以上三例中的"管他 X（呢）"同样具有劝止的言语行为功能。例（52）中构式"管他 X（呢）"是说话人对自己的劝止，即劝慰自己放松心态，不要胡思乱想；例（53）"管他是什么事"则是说话人"杜新箨"对受话人"林佩珊"的劝慰，安慰对方放宽心，保证不会出乱子。

3.2　语篇功能

通过考察，我们发现构式"管他 X（呢）"通常用在对话或拟对话语境中，具有语篇衔接和话题终结的语篇功能。

3.2.1　语篇衔接

构式"管他 X（呢）"可以将它所在的语篇组织成前后衔接、语义连贯的整体，它的篇章衔接功能主要表现在"管"后人称代词的照应功能和构件 X 对上文某一成分或命题的引述回应上。

先看"管"后人称代词的照应功能。当"管"后的人称代词"他"尚未发生虚化时，它通常指代的是上文已经提到的某一人物或命题。例如：

（54）庆金说："你四爷脸色咋样?"庆玉说："<u>管他脸色不脸色的</u>，咱家窝里的咱不能处理啦?!"（贾平凹《秦腔》）

（55）成青崖一愣："那……乔致庸能答应吗?"陆大可瞪他一眼："瞧你这个人，<u>管他答应不答应</u>，咱把他叫进来.再把他撵出去，然后就出去说他向你跪地求饶，你给了我面子，不跟这小子过不去了……"（电视剧《乔家大院》）

（56）特刑庭有个王推事，是某要人的心腹，与王震南不是一条路上的人，就必须另外单独"孝敬"；有一位姓周的人，据说可以直接"通天"，<u>管他是真是假呢</u>，也奉上一份厚礼……（杨旭《荣氏兄

弟⑨》）

上述前两例中的人称代词"他"指人，分别指代的是上文已经提到的"四爷"和"乔致庸"；例（56）中的人称代词"他"指事，指代的是上文已经出现过的命题"有一位姓周的人，据说可以直接'通天'"。这表明，通过"管"后人称代词的照应与回指，可以形成一条主体明确的叙述主线，从而使语篇衔接与连贯。

再看构件 X 对上文某一成分的引述回应。通过对语料的考察，我们发现大部分"管他 X（呢）"构式中的构件"X"都含有上文已经出现过的成分，或是对他们的直接引述，或是对比仿造，或是同义转述等。例如：

（57）夏雨说，"什么游戏？""你管他妈的什么游戏，游戏就是游戏。"我对夏雨吼。（苏童《井中男孩》）

（58）马老先生的脸红了，瞪了李子荣的脊梁一眼，开开门出去了。出了门口，嘟囔着骂："这小子够多么不要脸！……<u>管他李子荣，张子荣呢</u>！犯不上跟他生气！气着，好，是玩儿的呢！……"（老舍《二马》）

（59）"是的，只不过是个灰眉灰发，也就是说，灰头土脸的陆小凤。"小老头笑了，他觉得很得意："只要像陆小凤，<u>管他什么头发眉毛</u>！"（古龙《陆小凤传奇》）

（60）春望："想过没有，跟你讲过好几次了。想过没有？"玉兰："他们不会放人的。"春望："<u>管他们答不答应</u>，我们逃了。"（三毛《滚滚红尘》）

（61）陈先生："那要不要不同颜色的？"苏丽珍："一样颜色就行了，<u>管他能不能碰到一起</u>。"（电影《花样年华》）

例（57）中的构件 X 为"什么游戏"，它是当前说话人"我"对受话人"夏雨"话语"什么游戏"的直接引述;例(58)中的构件 X 为并举的两项"李子荣,张子荣",其中前者"李子荣"在上文已经出现,它所指代的是言谈交际中真实存在的人,而后者"张子荣"则是对前者的形式仿拟,它的指代对象在言谈交际中并不存在;例(59)中的构件 X 为"什么头发眉毛",其中"头发眉毛"与上文的"灰眉灰发"相照应。与前几例不同,例(60)构件 X "答应不答应"虽然从形式上看未能直接与上文中已经出现的某一成分相照应,但从意义上看,它是对前面命题"他们不会放人的"的同义引述;例(61)构件 X "能不能碰到一起"则更为隐含。具体来讲,它是当前说话人"苏丽珍"对前一说话人"陈先生"的隐含义的推导和明示。陈先生之所以询问受话人"要不要不同颜色的(皮包)",就在于他担心背着相同颜色皮包的人碰到一起会很尴尬。换言之,命题"要不要不同颜色的"实际上还有"相同颜色的碰到一起会很尴尬"这样一层隐含义。如果将这一隐含义明示出来,那么前面命题就变为了"要不要不同颜色的,相同颜色的碰到一起会很尴尬",因此我们说构件"能不能碰到一起"实际上也是对前述命题的引述,只不过它更为隐含,通常要涉及对听说双方的共有知识或社会常识的推导。

总之,正是通过"管"后人称代词的照应功能以及构件 X 对上文某一成分或命题的引述回应,才能实现语篇的衔接与连贯,使语篇的上下文在意义上成为一个前后相连的整体,从而保证交际的顺利进行。

3.2.2 话题终结

构式"管他 X(呢)"的另一语篇功能表现在说话人可以用它结束话题,进而终结语篇。当说话人对当前的话题不关心、不感兴趣,觉得没有必要再进行下去时,就用构式"管他 X(呢)"否定并终结这一话题。话题的终结最终会导致相关语篇的终结。例如:

(62)"有人叫你。"杨重对于观说。于观回头往身后川流的人群张望:"哪儿呢?我好像也听见一声。""过去了,前面电车里。"电车在街边车站停下,几乎下空了,又在顷刻间塞满,摇摇晃晃开走,

满街仍是熙攘的人群。"管他是谁呢，走吧。"三个人正要转身走，有人又在很近的地方叫了声于观。（王朔《顽主》）

（63）（三舅：）"喔喔，达伟，这房子是动不得的。原住户蒋仞山，目前虽说是汉奸，蹲在监牢里，可说不定哪天就会变成国民党的地下别动队。""怎么会？""嘿嘿，他们会用金条接关系。""管他的，快把钥匙给我。"（陆文夫《人之窝》）

（64）天仇很平静地拿起三个便当走出片场，这时副导和霞姨追了出来。霞姨："尹天仇。"副导："站住。"天仇："霞姨，这些便当是我的。"霞姨："管他呢，有人找你。"（电影《喜剧之王》）

（65）李家妈妈警告女儿："你四嫂可不好惹。你要真生个儿子，她不会给好颜色你的。""管他们呢。"哪来这么多事，他们已经够烦的了。大家等了一天，李小兰风平浪静。（池莉《太阳出世》）

例（62）说话人对有人叫他这件事并不关心，因此他用构式"管他是谁呢"对这一话题进行否定和终结，转而提出一个新话题"走吧"；例（63）说话人"达伟"对言谈交际中第三方"蒋仞山"的身份、地位、社会活动等抱有无所谓、不关心、不在乎的轻视态度，并不希望就此事再讨论下去，因此他用构式"管他的"对当前话题进行终结，并转而提出一个新话题"快把钥匙给我"；例（64）同理，说话人"霞姨"并不关心受话人"尹天仇"拿的便当是谁的，她只关心将"有人找你"这样一则讯息尽快传递给受话人，因此她用构式"管他呢"对"便当"这一话题进行否定和终结，后面紧跟有新话题"有人找你"；与前几例稍有不同，例（65）说话人"李小兰"在用构式"管他们呢"对受话人谈论的话题"四嫂"进行否定后，并未提出新话题，这就说明构式"管他 X（呢）"的语篇功能的确在于话题终结，而不在于话题转换，二者需要区分开来。

四 结语

总的来看，"管他 X（呢）"是现代汉语中一个高频使用的口语格式。

本文对它的考察主要包括以下几个方面：一是对其性质进行了讨论，认为它在句法上具有不可分析性，在语义上也已经规约化了，因此是一个以肯定形式表达否定含义的图式性构式。二是对其构成成分进行了分析，它由不变项（"管"）和可变项（"他、X、呢"）两部分组成，其可变项 X 较为复杂，可分为列举式和总括式两大类，且每个大类下又可细分出一些小类。此外，在一定条件下构件 X 也可以省略，形成虚化程度更高的习语性构式"管他（呢）"。三是对其语用功能进行了概括，该构式除了具有"不管他 X（呢）"的概念功能外，还具有人际功能和语篇功能：一方面，从人际功能上看，该构式一方面具有主观性，可以表达说话人对某人/某事的无所谓、不关心、不在乎的轻视态度，另一方面，还可以用来实施"劝止"的言语行为，即对受话人或说话人自己进行安慰或劝告；最后，从语篇功能上看，构式"管他 X（呢）"能起语篇衔接和话题终结两方面的语篇功能。至于该构式的历时形成过程及机制，我们将另文考察。

汉语多功能伴随类介－连词语义地图研究*

范桂娟　朱　怀**

内容提要：论文以语义地图模型为分析工具，通过对汉语普通话、方言和古代汉语中的 38 个多功能伴随类介－连词的多功能考察，确定了 11 个功能节点，构建概念空间并绘制了语义地图。

关键词：并列连词；伴随介词；语义地图；概念空间

一　引言

多功能伴随类介－连词指既有并列又兼有介引伴随对象功能的一类多功能连词，江蓝生（2012）称之为"连－介词"，由于其介词功能比连词更丰富，本文暂时称之为"介－连词"。学界从类型学角度出发对该词的多功能性研究主要有：1）功能演变研究，如吴福祥发现汉语作为 SVO 型语言有"伴随动词＞伴随介词＞并列连词"的语法化链[①]。2）功能分布研究，如张定借助语义地图理论讨论了汉语方言"工具－伴随"介词的多功能性[②]。上述研究梳理出了汉语伴随类并列连词功能的部分来源，

---

* ［基金项目］国家社科基金一般项目"基于语义地图的汉语连词语义专题研究"（16BYY114）；2021 年重庆市语言文字科研一般项目"汉语方言多功能伴随介词研究"（YYK21204）；2022 年重庆社会科学规划一般项目"汉语转折连词的历时演变研究"（2022NDYB148）。

** ［作者简介］范桂娟（1981—　），女，重庆师范大学文学院副教授，硕士生导师，研究方向为汉语语法学。朱怀（1974—　），男，重庆师范大学文学院教授，硕士生导师，研究方向为汉语语法学。

① 参见吴福祥《再论处置式的来源》，《语言研究》2003 年第 3 期。

② 参见张定《汉语多功能语言形式的语义图视角》，商务印书馆 2020 年版。

但还未出现专门以"伴随"和"并列"功能为核心对该词类进行的专门研究。Anderson[①] 和 Haspelmath[②] 等提出的语义地图是跨语言研究多功能语法形式的重要工具，本文以语义地图模型（Semantic Map Model）为框架，以 38 个伴随类并列连词为样本，构建其概念空间、绘制语义地图。

二　功能界定

多功能伴随类并列连词的意义或功能主要有 11 种，界定如下。

1）并列：具有并列关系的两个实体。如"北京和上海都在中国"中的"北京""上海"。

2）伴随：与某一实体实施动作时相伴随的另一实体。如"弟弟今天和哥哥去游泳了"中的"哥哥"。

3）方向："有生方向"的简称，和"无生方向"相对，指动作行为（如言说行为）指向的有生对象，如"他跟我说了这件事"中的"我"。

4）受益：受益于某动作的有生实体或施惠对象，如"我帮老爷爷写信"中的"老爷爷"。

5）比较：比较或参照对象，如"老王和老李一样高"中的"老李"。

6）使役：某个施事致使或允许其实施某种活动的实体，如"他让我走快点"中的"我"。

7）来源：动作行为的起点（即"处所来源"）或实体转移前的所属对象标记（即"有生来源"），如"他从山上走下来"中的"山上"。

8）接受：某一实体转移传递的对象，如"寄一个包裹给他"中的"他"。

9）处置：施事发出动作处置的对象，如"把饭吃完了"中的"饭"。

10）处所：动作发生的空间或时间位置，如"在厨房做饭"中的

---

① Anderson, Lloyd B, "The 'Perfect' as a Universal and as a Language - particular Category." In Paul J. Hopper, ed., *Tense - aspect: Between Semantic and Pragmatics*. Amsterdam: Benjamins, 1982: 228.

② Haspelmath, Martin, *Indefinite Pronouns*. Oxford: Clarendon, 1997. Haspelmath, Martin, "The Geometry of Grammatical Meaning: Semantic Maps and Cross - linguistic Comparison," In M. Tomasello, ed., *The new psychology of language* (Vol. 2). New York: Erlbaum, 2003: 234.

"厨房"。

11）被施：实施动作或导致状态改变的有意志的实体，如"张三被李四打了"中的"李四"。

需要由于多功能伴随类并列连词功能较多，为免枝蔓，有些关联不大的功能未纳入考察范围。

三　功能分布

考察汉语普通话、古代汉语和方言（涵盖23个方言点）的38个多功能词的分布情况，其中普通话4个、古代汉语8个、方言26个，其功能分布情况如表1所示：①

表1　　　　　　　"多功能伴随类并列连词"样本功能统计

语言或方言	多功能词	并列	伴随	方向	受益	比较	使役	来源	接受	处置	处所	被施	资料来源
普通话	1 跟	+	+	+		+							笔者调查
	2 同	+	+	+		+							同上
	3 和	+	+	+		+							同上
	4 与	+	+	+		+		+					同上
古代汉语	5 及	+	+			+				+			同上
	6 暨	+	+										同上
	7 将	+	+			+			+				马贝加 2002②
	8 共	+	+	+		+							笔者调查
	9 同	+	+										同上
	10 和	+	+	+	+	+							王玮 2018③
	11 替	+	+	+	+								同上
	12 听	+	+	+	+								郑伟 2017④

① 表1桦南和仙桃方言调查合作人分别为：崔秀云，女，1959年生，黑龙江省桦南县金沙乡红城村人；朱虎生，男，1943年生，湖北省仙桃市彭场镇八广村人。
② 参见马贝加《近代汉语介词》，中华书局2002年版。
③ 参见王玮《空间位移域的语义地图研究》，载李小凡、张敏、郭锐等主编《汉语多功能语法形式的语义地图研究》，商务印书馆2018年版。
④ 参见郑伟《吴语虚词及其语法化研究》，上海教育出版社2017年版。

续表

语言或方言		多功能词	并列	伴随	方向	受益	比较	使役	来源	接受	处置	处所	被施	资料来源
北方	北京	13 跟	+	+	+		+		+			+		张定 2020①
	北京	14 和	+	+			+					+		侯精一 2010②
	桦南	15 跟	+	+	+		+		+			+		笔者调查
	徐州	16 给	+	+	+	+		+	+	+			+	张定 2020
	南京	17 告	+	+	+	+								刘丹青 1998③
	仙桃	18 两个	+	+	+		+							笔者调查
	仙桃	19 跟	+	+	+		+	+						同上
	仙桃	20 和	+	+	+		+							同上
	淮阴	21 搞	+	+			+							黄伯荣 1996④
	巢县	22 搞	+	+										同上
吴	上海	23 脱	+	+	+	+	+	+						黄伯荣 1996、许宝华等 1997⑤
	常熟	24 搭	+	+	+	+		+						郑伟 2017
	苏州	25 搭	+	+	+	+	+	+	+					石汝杰 2000⑥
湘	益阳	26 搭	+	+	+	+	+	+	+					崔振华 1998⑦、罗卫贤 2008⑧
	长沙	27 跟	+	+	+	+	+	+	+					鲍厚星等 1998、张小克 2002⑨
	安乡	28 跟	+	+	+	+		+	+					卢青 2013⑩

---

① 参见张定《汉语多功能语言形式的语义图视角》，商务印书馆 2020 年版。
② 参见侯精一《北京话连词"和"读"汉"的微观分布——兼及台湾国语"和"读"汉"音溯源》，《语文研究》2010 年第 1 期。
③ 参见刘丹青《南京方言词典》，江苏教育出版社 1998 年版。
④ 参见黄伯荣《汉语方言语法类编》，青岛出版社 1996 年版。
⑤ 参见许宝华、陶寰《上海方言词典》，江苏教育出版社 1997 年版。
⑥ 参见石汝杰《苏州方言的介词体系》，载李如龙、张双庆主编《介词》，暨南大学出版社 2000 年版。
⑦ 参见崔振华《益阳方言的介词》，载伍云姬主编《湖南方言的介词》，湖南师范大学出版社 1998 年版。
⑧ 参见罗卫贤《益阳方言介词及相关句式》，硕士学位论文，广西大学，2008 年。
⑨ 参见鲍厚星、崔振华、沈若云等《长沙方言词典》，江苏教育出版社 1998 年版，第 209 页。参见张小克《长沙方言的介词》，《方言》2002 年第 4 期。
⑩ 参见卢青《湖南安乡南边话词汇研究》，硕士学位论文，湖南师范大学，2013 年。

续表

语言或方言		多功能词	并列	伴随	方向	受益	比较	使役	来源	接受	处置	处所	被施	资料来源
赣	南昌	29 跟	+	+	+	+								熊正辉1994①
	永修	30 跟	+	+	+	+	+	+						徐静2018②
	石城	31 赢	+	+	+	+			+					曾毅平2000③
	平江	32 搭	+	+	+	+	+		+		+			王众兴2008④
客家	梅县	33 同	+	+	+	+	+		+	+				黄雪贞1995⑤、黄映琼2006⑥
闽	福州	34 共	+	+	+	+			+	+				冯爱珍1998⑦、陈泽平2000⑧
	汕头	35 佮	+	+	+			+	+					施其生2000⑨
平	南宁	36 凑	+	+	+		+							覃远雄2000⑩
徽	歙县	37 搭	+	+										黄伯荣1996
	绩溪	38 tɣ	+	+	+		+							赵日新2000⑪

四 构建概念空间和绘制语义地图

根据伴随类并列连词的多功能分布情况,其概念空间图示如下(受篇幅限制,构建概念空间的具体过程不赘述):

---

① 参见熊正辉《南昌方言词典》,江苏教育出版社1994年版。
② 参见徐静《永修方言虚词研究》,博士学位论文,江西师范大学,2018年。
③ 参见曾毅平《石城(龙岗)方言的介词》,载李如龙、张双庆主编《介词》,暨南大学出版社2000年版。
④ 参见王众兴《平江城关方言的介词研究》,硕士学位论文,湖南师范大学,2008年。
⑤ 参见黄雪贞《梅县方言词典》,江苏教育出版社1995年版,第237页。
⑥ 参见黄映琼《梅县方言语法研究》,硕士学位论文,西南大学,2006年。
⑦ 参见冯爱珍《福州方言词典》,江苏教育出版社1998年版。
⑧ 参见陈泽平《福州方言的介词》,载李如龙、张双庆主编《介词》,暨南大学出版社2000年版。
⑨ 参见施其生《汕头方言的介词》,载李如龙、张双庆主编《介词》,暨南大学出版社2000年版。
⑩ 参见覃远雄《南宁平话的介词》,载李如龙、张双庆主编《介词》,暨南大学出版社2000年版。
⑪ 参见赵日新《绩溪方言的介词》,载李如龙、张双庆主编《介词》,暨南大学出版社2000年版。

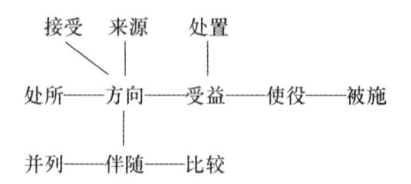

```
                接受   来源   处置
                 \     |     |
          处所——方向——受益——使役——被施

                 并列——伴随——比较
```

下面将空间分布相同的多功能词进行归并,分成不同的概念空间关联模式进行验证。

1) 模式一

古代汉语"暨""同"、巢县"搞"和歙县"搭"只有"并列"和"伴随"两个功能,例如巢县"搞":

(1) a. 老大搞老二都在上高中。(并列)

b. 搞他一块儿去的人都回来吱了。(伴随)

上述多功能词的语义地图为:①

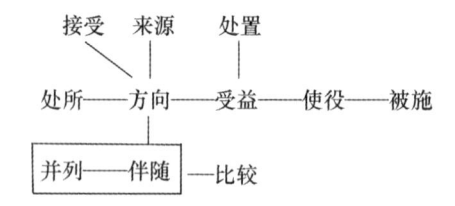

```
                接受   来源   处置
                 \     |     |
          处所——方向——受益——使役——被施

                |并列——伴随|——比较
```

2) 模式二

淮阴"搞"只有"并列""伴随""比较"功能,例如:

(2) a. 晶晶、亮亮搞小强子都是一个班的。(并列)

b. 等等,你搞我一起去。(伴随)

c. 这家伙做事搞人不一样。(比较)

3) 模式三

普通话"跟""同""和",古代汉语"共"、绩溪"口 [tɣ.]"有

---

① 受篇幅限制,这里只展示"模式一"样本中的语义地图,其他地图从略。

"并列""伴随""方向""比较"功能。例如古代汉语"共":

(3) a. 榆生，共草俱长，未须料理。(《齐民要术·种榆、白杨》)(并列)

b. 我今共汝往至于彼，随意角试。(《撰集百缘经》2)(伴随)

c. 遂共赵忠等议。(《后汉书·窦何列传》)(方向)

d. 基同北辰久，寿共南山长。(《先秦汉魏晋南北朝诗·上寿歌》)(比较)

4) 模式四

古代汉语"替""听"和南昌"跟"有"并列""伴随""方向""受益"功能，例如古代汉语"替":

(4) a. 我替你同倒官面前，还你的明白。(《二刻拍案惊奇》38)(并列)

b. 感恩不尽，夜间尽情陪你罢，况且还要替你商量个后计。(《初刻拍案惊奇》6)(伴随)

c. 你要替我唱喏，你也叫一声："老人家，我唱喏哩！"我们便知道了。(《元曲选》)(方向)

d. 愿为市鞍马，从此替爷征。(《木兰诗》)(受益)

5) 模式五

普通话"与"有"并列""伴随""方向""比较"和"接受"功能，例如:

(5) a. 我与小王都是老师。(并列)

b. 我与小王一起去洗澡了。(伴随)

c. 你与他说一下我明天不来了。(方向)

d. 微型课程与讲座一样有用。(比较)

e. 丢失物品已经交与失主。(接受)

6) 模式六

古代汉语"及"、北京"和"有"并列""伴随""方向""比较""处所"功能，例如北京"和(hàn)":

(6) a. 咱俩谁和谁呀，甭说那个！这是哪儿和哪儿啊，八竿子打不着（的亲戚）！（并列）

b. 我和你一块儿去。（伴随）

c. 他和这事儿没关系。（方向）

d. 弟弟和我一边儿高。（比较）

e. 他和哪儿住？车就和门口搁着呢。（处所）

7）模式七

仙桃方言的"两（个）""和"有"并列""伴随""方向""比较"和"来源"功能，例如：

(7) a. 我喜欢红的两（个）绿的。（我喜欢红的和绿的。）（并列）

b. 姐姐两（个）哥哥去逛街去哒。（姐姐和哥哥去逛街去了。）（伴随）

c. 我两（个）他说哒这事。（我和他说了这件事。）（方向）

d. 这本书两（个）那本书一样好看。（这本书和那本书一样好看。）（比较）

e. 这些钱是两（个）他借的。（这些钱是向他借的。）（来源）

8）模式八

北京"跟"、桦南"跟"有"并列""伴随""方向""比较""处所"和"来源"功能，例如桦南"跟"：

(8) a. 桌子跟椅子都放好了。（并列）

b. 儿子跟他赶集去了。（伴随）

c. 这事儿还是跟他说吧。（方向）

d. 他跟我一般高。（比较）

e. 你就跟这儿待着，别到处溜达了。（处所）

f. 我跟他借了点儿苞米。（来源）

9）模式九

南京"告"、南宁"凑"和石城"赢"均有"并列""伴随""方向""比较""受益""来源"功能，例如南京"告"：

（9）a. 我告他一阵去。（并列）

b. 我不告他合伙了。（伴随）

c. 有意见你直接告我讲好了。（方向）

d. 他就告他爹一个脾气。（比较）

e. 你就不要去了，我去告你买回来吧。（受益）

f. 他告你借了多少钱？（来源）

10）模式十

古代汉语"和"、上海"脱"、常熟"搭"有"并列""伴随""方向""比较""受益"和"使役"功能，例如上海"脱"：

（10）a. 我脱我兄弟从小是阿拉爷拖大个。（并列）

b. 苹果脱生梨侪烂脱勒。（并列）

c. 我脱侬一淘去。（伴随）

d. 每日上半日脱伊吹吹牛皮，讲讲。（方向）

e. 我勿是脱侬讲过几化趟勒。（方向）

f. 我脱侬一样个。（比较）

g. 箇桩事体我脱侬去办。（受益）

h. 脱大家办事体。（受益）

i. 侬脱我滚出去。（使役）

11）模式十一

汕头"佮"有"并列""伴随""方向""来源""受益"和"使役"功能，例如：

（11）a. 床顶摆着够堆酒佮饮料。（并列）

b. 叫伊佮你去。（叫他跟你一起去。）（伴随）

c. 我佮你呾。（我和你说。）（方向）

d. 我佮老师借了本书。（我向老师借了本书。）（来源）

e. 我佮你画张像。（我给你画张像。）（受益）

f. 我佮伊煿药。（我替他熬药。）（受益）

g. 你佮我老老实实坐放块！（你给我老老实实地坐着！）（使役）

12）模式十二

仙桃"跟"、苏州"搭"、长沙"跟"、安乡"跟"、永修"跟"和益阳"搭"有"并列""伴随""方向""比较""受益""来源"和"使役"功能，例如苏州"搭"：

（12）a. 倪爷搭倪兄弟一淘到苏州来哉。（我父亲和我弟弟一起到苏州来了。）（并列）

b. 阿记得我勒学堂里搭耐打相打个日脚？（还记得我在学校里跟你打架的日子吗？）（伴随）

c. 哀桩事体晏歇搭耐说。（这件事待会儿跟你说。）（方向）

d. 我年纪轻个辰光，搭耐差勿多，也欢喜游泳个。（我年轻的时候，和你差不多，也喜欢游泳。）（比较）

e. 耐来搭大家读一读。（你来给大家读一下。）（受益）

f. 舺种办法我是搭倪阿爹学个。（这种办法我是跟爷爷学的。）（来源）

g. 耐还勿快点搭我滚出去！（你还不快给我滚出去！）（使役）

13）模式十三

梅县"同"和福州"共"有"并列""伴随""方向""比较""来源""受益"和"处置"功能，例如梅县"同"：

（13）a. 教书同耕田都一样欸。（并列）

b. 同佢赴墟。（伴随）

c. 这件事情同你了解一下。（方向）

d. 今年个情况同旧年唔一样。（比较）

e. 同你借本书。（来源）

f. 这本书同佢拿去还。（受益）

g. 佢同伢传欸扯烂欸。（他将我的小人书撕烂了。）（处置）

14）模式十四

平江"搭"有"并列""伴随""方向""比较""来源""处所""受益"和"使役"功能，例如：

（14）a. 我搭他咸不想去。（我和他都不想去。）（并列）

b. 你搭姐姐去外婆他哩。（你同姐姐去外婆家。）（伴随）

c. 他搭我说他明朝去长沙。（他对我说他明天去长沙。）（方向）

d. 我哩是不搭你样，娘爷啊不晓得要。（我跟你不一样，你连父母都不知道要。）（比较）

e. 搭你借一百块钱，明朝就把你。（向你借一百块钱，明天就给你。）（来源）

f. 我伙搭汽车东站候车室见面。（我们在汽车东站候车室。）（处所）

g. 他咯屋里太乱哒，我搭他捡拾干净哒。（他的房子里太乱了，我帮他收拾干净了。）（受益）

h. 你搭我好兴丫企哒。（你给我好生点儿站着。）（使役）

15）模式十五

徐州"给"有"并列""伴随""方向""比较""来源""接受""受益""处置""使役"和"被施"功能，例如：

（15）a. 徐州人喜欢吃煎饼给烙馍。（并列）

b. 小王给同学们游泳去了。（伴随）

c. 他昨天给我说了件事儿。（方向）

d. 哟，几年不见，恁闺女给你般/一般高了吭。（比较）

e. 他给老师借了一本书。（来源）

f. 他扔个球给我。（接受）

g. 老师给我们课外辅导了。（受益）

h. 我给衣服洗好了。（处置）

i. 你给我气毁了。（使役）

j. 他这事儿没弄好，给领导熊骂一顿。（被施）

38个多功能词中有37个语义地图已经绘制完毕，其功能均分布于概念空间的连续区域，只有古代汉语"将"另外，其语义地图为：

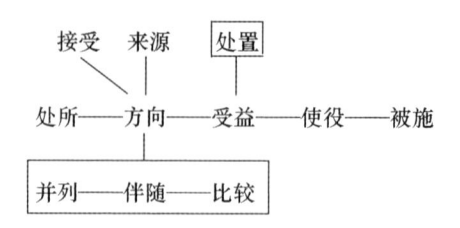

```
        接受  来源  ┌──┐
              │    │处置│
              │    └──┘
        处所──方向──受益──使役──被施
        ┌──┐
        │并列├──伴随──比较
        └──┘
```

"将"之所以违反连续性原则,主要是因为没有将"工具"功能列入考察范围,导致"处置"功能逸出空间。马贝加(2002:288-289)发现"将"有"工具"功能,例如:

(16) 下官乃将衣袖与娘子拭泪。(《游仙窟》)

吴福祥先生发现汉语处置式源于"工具"功能①,可以将"工具"和"处置"直接关联。"工具"还可以和"伴随"功能关联起来,如西宁方言"俩/啦"具有"并列""伴随""工具""比较"功能,其中只有"伴随"和"工具"语义较接近。若"将"的"处置"功能可以通过"工具""伴随"功能连接,并不违反连续性分布原则。

综上,多功能伴随类并列连词主要涉及11种意义或功能,其分布模式主要有15种,不同模式的显赫度不同,造成这种差异的原因主要是词汇源义的影响和语义倾向导致,其次是多功能词的扩展能力及同义词的竞争导致。

---

① 参见吴福祥《再论处置式的来源》,《语言研究》2003年第3期。

区域文化与语言应用研究

主持人语

主持人：张春泉

主持人语：

朱怀教授创设的"区域文化与语言应用研究"栏目，学术眼光深远，特色鲜明，十分有意义。诚如邢福义先生《文化语言学》（增订本）的《增订本序》开篇所言："社会发展越急剧，人的思想越活跃，语言和文化的交合也就越发加速，越是多姿多彩。"① 区域文化与语言应用的交合多姿多彩，蔚为大观。本栏目所刊发的3篇论文即在一定意义上呈现了其多姿多彩的一面。3篇论文都直接或间接地综合运用了语言学、社会学、文化学、统计学的理论、方法，具有一定的前沿性，都有一定的跨学科意识，十分注重本体与应用的有机结合，重视实证，分涉语言应用的不同领域。

殷树林、杨帅《黑龙江省哈尔滨市A级景区语言景观调查报告——以南岗区、香坊区为调查对象》选题新颖，立论允当，语料翔实。作者在对景区进行实地调查的基础上，统计分析了室内景区和室外景区语言景观总量和密度的差异。难能可贵的是，作者还在充分调研的基础上，指出景区语言景观存在大量失范现象，并提出了相应的整改建议。文章颇具社会语言学、文化语言学意义，也具有直接的应用价值。

曾广煜、官品《多语背景作为策略：语言竞争中的非洲中文教育》，选题具有强烈的现实性和应用性。作者指出，非洲中文教育事业面临着与其他强势语言良性竞争的挑战，借助并利用学生的多语背景也是多语

---

① 邢福义：《文化语言学》（增订本），湖北教育出版社2000年版，第5页。

竞争环境下发展非洲国际中文教育事业的一种策略。文章研究了非洲多语种环境下学生如何利用已掌握的语言辅助中文学习并将多语作为策略的过程。如果说"黑龙江省哈尔滨市"是带有狭义性质的一般意义的"区域",则"非洲"和"中国"可看作是地理意义上的广义的"区域"。不妨说,"区域文化"这个关键词很重要的一个关键义素是"[特色+]"。

张春泉《基于认知语境的中国特色经典理论话语——习近平总书记"七一"重要讲话特色语词举隅》,阐述了习近平总书记《在庆祝中国共产党成立100周年大会上的讲话》话语建构的中国特色。该"讲话"是经典理论话语,也是书面语。"任何一种书面语言,都有若干代表性作品。"① 文章指出该理论话语代表性作品内容与形式有机结合的重要枢纽之一是认知语境及其语用逻辑,其中特色语词的适当运用可作为"观测点",至少表现为科技语审美化运用、文化语词的日常型使用、日常语词的综合性配置。

---

① 邢福义:《毛泽东著作语言论析》,湖北教育出版社1993年版,第1页。

黑龙江省哈尔滨市 A 级景区语言景观调查报告
——以南岗区、香坊区为调查对象*

殷树林 杨 帅**

内容提要：本文在对景区进行实地调查的基础上，统计分析了室内景区和室外景区语言景观总量和密度的差异。对语言景观进行了功能类型和语种类型划分，将调查范围内的语言景观划分为九个功能类型和四个语种类型，并对语言景观的功能类型和语种类型进行了多角度考察。调查发现，景区语言景观存在大量失范现象，文中对失范现象进行了分类统计，并提出了相应的整改建议。

关键词：语言景观；功能类型；语种类型；语码取向

一 调查对象

黑龙江省哈尔滨市地处中国东北部，是黑龙江省省会、副省级城市。根据哈尔滨市人民政府网站（http：//www.harbin.gov.cn/col/col24/index.html）公布的哈尔滨市行政区划图，截至 2021 年 10 月，哈尔滨市共辖 18 个县级行政区，包括 9 个市辖区、2 个县级市和 7 个县。

---

* [基金项目] 2020 年度国家语言文字推广基地建设项目"黑龙江省 A 级景区语言景观的优化升级"（20JDYB05）。
** [作者简介] 殷树林（1978— ），男，黑龙江大学文学院教授、博士生导师、副院长，研究方向为现代汉语语法；杨帅（1988— ），男，黑龙江大学文学院汉语言文字学专业博士研究生，研究方向为现代汉语语法。

南岗区和香坊区是哈尔滨市的两个中心城区，我们选取这两个区作为本次调查的区域范围，对区域范围内 A 级景区的语言景观情况进行了实地调查。根据黑龙江省文化和旅游厅资源开发处 2021 年 1 月发布的《2020 年 A 级旅游景区名录表》，哈尔滨市南岗区和香坊区共有 A 级景区 12 个，详情见表 1：

表 1　　哈尔滨市南岗区、香坊区 A 级旅游景区名录

序号	景区名称	等级	所在区
1	伏尔加庄园	AAAA	香坊区
2	龙塔	AAAA	南岗区
3	普罗旺斯薰衣草庄园	AAAA	香坊区
4	松松小镇	AAAA	香坊区
5	文化公园	AAAA	南岗区
6	永泰世界主题乐园	AAAA	香坊区
7	哈尔滨市南岗博物馆	AAA	南岗区
8	哈军工文化园	AAA	南岗区
9	黑龙江省博物馆	AAA	南岗区
10	黑龙江省红旗农场都市农业园	AAA	南岗区
11	黑龙江省民族博物馆（文庙）	AAA	南岗区
12	中国亭园	AAA	香坊区

在本次调查中，我们仅选取了伏尔加庄园、龙塔、文化公园、黑龙江省博物馆、黑龙江省民族博物馆（文庙）、中国亭园 6 个景区进行了实地调查，抽样比为 50%。

二　语言景观总体面貌

（一）语言景观密度

在本次调查的 6 个景区中，我们共采集到 2763 条语言景观。其中，伏尔加庄园 609 条，占比 22%；龙塔 415 条，占比 15%；文化公园 224

条，占比 8%；黑龙江省博物馆 782 条，占比 28%；黑龙江省民族博物馆（文庙）610 条，占比 22%。详见图 1：

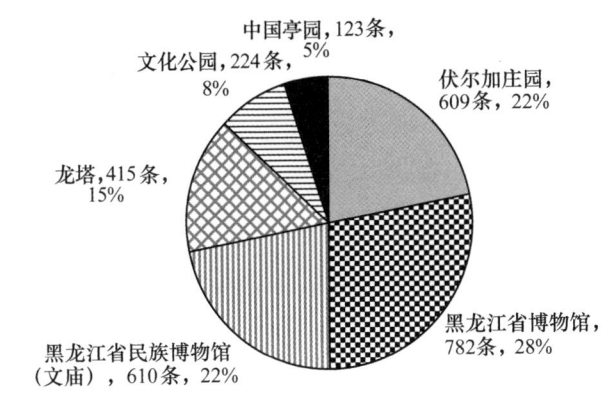

图 1　语言景观数量的景区分布饼状图

由各景区统计数据和图 1 可以直观看出，在本次调查的 6 个景区中，黑龙江省博物馆语言景观的数量最多，其次是黑龙江省民族博物馆（文庙）和伏尔加庄园。如果按照景区主体物景所处室内或室外的不同将景区分为室内景区、兼有室内和室外的景区以及室外景区三类的话，则黑龙江省博物馆、龙塔当属室内景区，黑龙江省民族博物馆（文庙）、伏尔加庄园当属兼有室内和室外的景区，中国亭园、文化公园当属室外景区。见图 2：

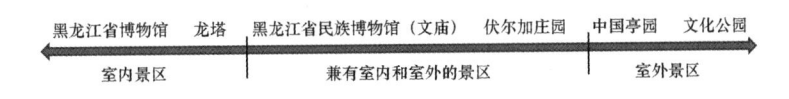

图 2　三类景区分类示意图

由此可见，我们调查的 6 个景区中，语言景观数量最多的一个景区为室内景区，语言景观数量最少的一个景区为室外景区。而且，室内景区（黑龙江省博物馆、龙塔）语言景观总数占比为43%，远超室外景区（中国亭园、文化公园）13%的比重。另外，据我们统计，黑龙江省博物馆和龙塔的总的语言景观密度①为520.43条/万m^2，而中国亭园和文化公园的总的语言景观密度为3.63条/万m^2。可见：

室内景区的语言景观总量 > 室外景区的语言景观总量
室内景区的语言景观密度 > 室外景区的语言景观密度

由此我们可以初步得出这样一条倾向性规律（规律1）：一般而言，除有特殊需求的情况外，室内景区的语言景观需求度高于室外景区。

(二) 语言景观功能类型

经统计归纳，6个景区的2763条语言景观可归为9个功能类型，分别为：路标指示类、景区宣传类、物景名称介绍类、游客提醒类、商业宣传类、书法艺术类、公共宣传类、服务设施设备介绍类、其他类。6个景区中各个类别语言景观的具体数量见表2：

表2　　　　　　　　　语言景观功能类型数量　　　　　　　单位（条）

	路标指示类	景区宣传类	物景名称介绍类	游客提醒类	商业宣传类	书法艺术类	公共宣传类	服务设施设备介绍类	其他类
伏尔加庄园	194	25	162	77	17	0	24	6	104
龙塔	58	2	124	107	16	3	10	22	73
文化公园	52	4	36	61	12	0	39	13	7
黑龙江省博物馆	20	0	638	56	1	27	12	25	3

① 景区语言景观密度指单位面积内语言景观出现的数量，其公式为：景区语言景观密度 = 语言景观数量/景区面积。黑龙江省博物馆面积（建筑面积）为0.7万m^2，龙塔面积为1.6万m^2，中国亭园面积为72.9万m^2，文化公园面积为22.8万m^2。四组数据来源于百度百科。

续表

	路标指示类	景区宣传类	物景名称介绍类	游客提醒类	商业宣传类	书法艺术类	公共宣传类	服务设施设备介绍类	其他类
黑龙江省民族博物馆（文庙）	11	11	466	17	0	4	17	18	66
中国亭园	9	7	47	23	1	8	6	5	17
总计	344	49	1407	341	47	42	174	89	270

横向看，伏尔加庄园数量最多的前三个语言景观功能类型①分别为路标指示类、物景名称介绍类和游客提醒类，数量分别为 194 条、162 条和 77 条；龙塔数量最多的前三个语言景观功能类型分别为物景名称介绍类、游客提醒类和路标指示类，数量分别为 124 条、107 条和 58 条；文化公园数量最多的前三个语言景观功能类型分别为游客提醒类、路标指示类和公共宣传类，数量分别为 61 条、52 条和 39 条；黑龙江省博物馆数量最多的前三个语言景观功能类型分别为物景名称介绍类、游客提醒类和书法艺术类，数量分别为 638 条、56 条和 27 条；黑龙江省民族博物馆（文庙）数量最多的前三个语言景观功能类型分别为物景名称介绍类、服务设施设备介绍类和游客提醒类（公共宣传类），数量分别为 466 条、18 条和 17 条；中国亭园数量最多的前三个语言景观功能类型分别为物景名称介绍类、游客提醒类和路标指示类，数量分别为 47 条、23 条和 9 条。

对于一个景区来讲，不同的语言景观功能类型的内部数量稳定性并不相同。一般来说，路标指示类、物景名称介绍类相对稳定；而受对外开放（营业）状况、商业活动、政策宣传等机动性因素的影响，游客提醒类、商业宣传类、公共宣传类容易出现数量浮动；景区宣传类、书法艺术类、服务设施设备介绍类则处于中间状态。例如，在我们考察期间，文化公园由原哈尔滨游乐园改造成开放式城市公园不到一年，园中游乐

---

① 由于"其他类"中语言景观功能混杂，因此横向比较中暂时不计其他类。

设施尚未拆除,所有游乐设施外围都张贴了"设备停运,禁止攀爬"的警示牌,这导致景区内游客提醒类语言景观数量增多。再例如,在我们考察期间,正值中国共产党建党一百周年之际,很多景区增设了一些与庆祝活动有关的标语,使得公共宣传类语言景观数量短时间内骤增。如果我们排除机动因素引起的一段时间内景区语言景观功能类型数量的浮动,只考察数量相对稳定的语言景观功能类型,则路标指示类>物景名称介绍类的景区数量占调查景区总数的1/3,物景名称介绍类>路标指示类的景区数量占调查景区总数的2/3。

从纵向看,物景名称介绍类数量最多,为1407条;其次是路标指示类,为344条;第三是游客提醒类,为341条。这三种功能类型的语言景观数量占到了语言景观总数的75.71%。由此可见,旅游景区语言景观的主要功能集中于介绍物景、指示道路和提醒游客。见图3:

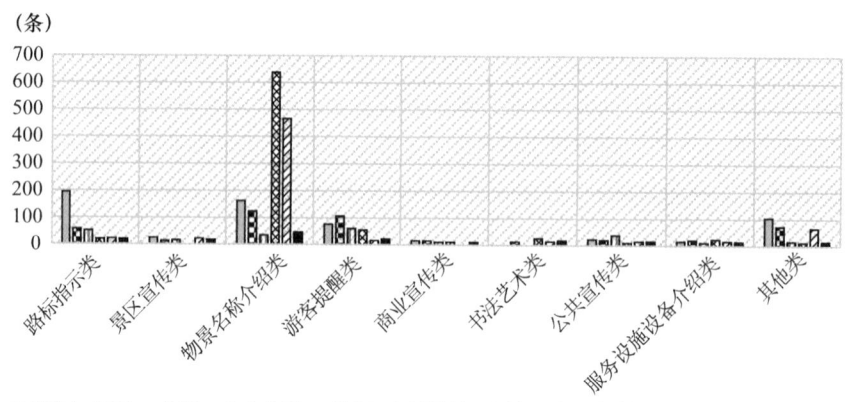

图3 语言景观九个功能类型在不同景区的分布情况柱状图

我们仍然继续从路标指示类和物景名称介绍类这两类数量相对稳定的语言景观功能类型着眼,考察二者在6个景区中的纵向分布情况。由表2和图3可以看出,路标指示类的数量序列为:伏尔加庄园>龙塔>文化公园>黑龙江省博物馆>黑龙江省民族博物馆(文庙)>中国亭园;

物景名称介绍类的数量序列为：黑龙江省博物馆＞黑龙江省民族博物馆（文庙）＞伏尔加庄园＞龙塔＞中国亭园＞文化公园。

伏尔加庄园为兼有室内和室外的景区，但室外语言景观数量多于室内。中国亭园为室外景区，但其路标指示类语言景观较为特殊，用的是在景区全览图中标注当前所在位置的形式，设置密度较小，因此景区内路标指示类语言景观数量并不多。排除这两个因素我们可以看到，似乎室外景区和室内景区与路标指示类和物景名称介绍类存在着一定的对应关系。但是，为了结论的准确性，我们还要排除景区语言景观绝对体量的干扰。

黑龙江省博物馆路标指示类的数量为20条，物景名称介绍类数量为638条；龙塔路标指示类的数量为58条，物景名称介绍类数量为124条。因此室内景区路标指示类总数为78条，物景名称介绍类总数为762条，室内景区语言景观总数为1197条。因此：

室内景区路标指示类百分比：（路标指示类总数/室内景区语言景观总数）×100% = 6.52%

室内景区物景名称介绍类百分比：（物景名称介绍类总数/室内景区语言景观总数）×100% = 63.66%

文化公园路标指示类的数量为52条，物景名称介绍类数量为36条；中国亭园路标指示类数量为9条，物景名称介绍类数量为47条。因此室外景区路标指示类总数为61条，物景名称介绍类总数为83条，室外景区语言景观总数为347条。因此：

室外景区路标指示类百分比：（路标指示类总数/室外景区语言景观总数）×100% = 17.58%

室外景区物景名称介绍类百分比：（物景名称介绍类总数/室外景区语言景观总数）×100% = 23.92%

由此我们可以得出两组数量比重关系：

路标指示类数量百分比：室外景区＞室内景区
物景名称介绍类数量百分比：室内景区＞室外景区

由此，我们可以得出这样一条倾向性规律（规律2）：路标指示类和物景名称介绍类之间的数量对比存在室外景区和室内景区的差异，一般而言，室外景区比室内景区更倾向于使用较多路标指示类，室内景区比室外景区更倾向于使用较多物景名称介绍类。

（三）语言景观语种类型

考察结果显示，6个景区的2763条语言景观使用了汉语、英语、俄语、拉丁语四个语种，语种使用上可分为三种情况：单语、双语和三语。其中，单语又可分为汉语和英语；双语又可分为"汉语＋英语""汉语＋俄语"和"汉语＋拉丁语"；三语为"汉语＋英语＋俄语"。各语种类型在6个景区的分布情况见表3：

由表3中的数据我们可以得到如下有关7个景区语言景观语种类型的调查结论：

Ⅰ. 单语语言景观为主要类型。由表3的数据可以得出，单语语言景观共计1975条，占语言景观总数的71.48%；双语语言景观共计759条，占语言景观总数的27.47%；三语语言景观共计29条，占语言景观总数的1.05%。三种类型的语言景观形成数量等级序列：单语语言景观＞双语语言景观＞三语语言景观。

Ⅱ. 单语语言景观中汉语语言景观占绝对优势。由表3的数据可以得出，单语语言景观共计1975条。其中，汉语语种的有1970条，英语语种的有5条。单语语言景观中，汉语的占99.75%，占有绝对优势。

Ⅲ. 双语语言景观中以"汉语＋英语"语种组配类型为主。由表3的数据可以得出，双语语言景观共计759条。其中，"汉语＋英语"语种组

表3 语言景观语种类型分布①

	路标指示类			景区宣传类			物景名称介绍类			游客提醒类			商业宣传类			书法艺术类			公共宣传类			服务设施设备介绍类			其他类		
	1	2	3	1	2	3	1	2	3	1	2	3	1	2	3	1	2	3	1	2	3	1	2	3	1	2	3
伏尔加庄园	37	157	0	24	1	0	100	60+	2	55	22	0	12	0	3	0	0	0	23	1e	0	6	0	0	62	42	0
龙塔	18	40	0	1	1	0	107	17	0	73	34	0	9	7	0	3	0	0	8	2	0	11	11	0	45+	28	0
文化公园	11+	41	0	3	1	0	23+	11+	2	48	13	0	10+	2	0	0	0	0	38	1	1	4	9	0	0	0	0
黑龙江省博物馆	1	19	0	0	0	0	426	190+	22	46	10	0	1	0	0	27	0	0	11	1	1	15	10	0	3	0	0
黑龙江省民族博物馆(文庙)	9	2	0	10	1	0	465	1	0	17	0	0	0	0	0	4	0	0	16	1	1	9	4	0	66	0	0
中国亭园	2	7	0	7	0	0	47	0	0	22	1	0	1	0	0	8	0	0	6	1	0	1	0	0	17	0	0
小计	78	266	0	45	4	0	1102	279	26	261	80	0	33	11	3	42	0	0	168	6	3	46	43	0	200	70	0
百分比	22.67%	77.33%	-	91.84%	8.16%	-	78.32%	19.83%	1.85%	76.54%	23.46%	-	70.21%	23.40%	6.38%	100%	-	-	96.55%	3.45%	-	51.69%	48.31%	-	74.07%	25.93%	-
总计	344			49			1407			341			47			42			174			89			270		

① 表3中各功能类型下的次类"1、2、3"分别代表单语、双语和三语。数据中,"汉语+俄语"和34条"汉语+英语"构成,其中伏尔加庄园的路标指示类1由44条"汉语"和34条"汉语+俄语"构成,其中伏尔加庄园的物景名称构成不唯一,其中伏尔加庄园的物景名称介绍类2由26条"汉语+俄语"和34条"汉语+英语"构成,龙塔的其他类1由22条"汉语"和1条"英语"构成;文化公园的路标指示类1由9条"汉语"构成,文化公园标示类2由10条"汉语+英语"和1条"汉语+俄语"构成;文化公园的物景名称介绍类1由22条"汉语"和1条"英语"构成,文化公园的物景名称介绍类2由10条"汉语+英语"和1条"汉语+俄语"构成;黑龙江省博物馆的物景名称介绍类2由185条"汉语+英语"和5条"汉语+俄语"构成。数据中,数字后面加"e"代表加"英语"或只有"俄语"或只有"汉语+俄语"(类别中只有"汉语+英语"为无标记的情况),伏尔加庄园的公共宣传类2由1条"汉语+俄语"构成,中未出现一个类别加"英语"的情况),伏尔加庄园的公共宣传类2由1条"汉语+俄语"构成。

配类型共计 718 条，占 94.60%；"汉语+俄语"语种组配类型共计 40 条，占 5.27%；"汉语+拉丁语"语种组配类型有 1 条，占 0.13%。因此，双语景观中"汉语+英语"语种组配类型占绝对优势。

Ⅳ. 伏尔加庄园和龙塔各个功能类型语言景观语种使用类型最为丰富，中国亭园各个功能类型语言景观语种使用类型最为单一。表 3 的数据显示，语言景观 9 个功能类型和 3 个语种组合类型组成的 27 项组合类型中，伏尔加庄园具 17 项，龙塔具 17 项，文化公园具 16 项，黑龙江省博物馆具 14 项，黑龙江省民族博物馆（文庙）具 13 项，中国亭园具 12 项。由此，6 个景区可以形成所具组合类型项目数等级序列：伏尔加庄园＝龙塔＞文化公园＞黑龙江省博物馆＞黑龙江省民族博物馆（文庙）＞中国亭园。

之所以呈现这样的结果，与各个景区功能定位和游客构成有很大关系。伏尔加庄园和龙塔是黑龙江省的优质旅游资源，是哈尔滨市的旅游城市名片，游客构成中不乏外籍游客，因此语言景观的语种类型更为丰富。中国亭园是以市民休闲娱乐为主要功能的城市公园，游客多为哈尔滨市当地市民，因此语言景观语种类型较为单一。

Ⅴ. 物景名称介绍类和商业宣传类具有 3 类语种组合类型。由表 3 可以看出，9 个语言景观功能类型中只有物景名称介绍类和商业宣传类全部具有单语、双语、三语 3 类语种组合类型。其余功能类型只具有两类或一类语种组合类型。

Ⅵ. 路标指示类中双语类多于单语类。由表 3 可以看出，路标指示类中双语类占 77.33%，单语类占 22.67%，双语类数量明显高于单语类。9 个语言景观功能类型中只有路标指示类出现了双语类多于单语类的情况；服务设施设备介绍类单语类和双语类各占 51.69% 和 48.31%，较为平均；其余各类单语类数量均多于双语类数量。

Ⅶ. 书法艺术类语言景观只有单语类，没有双语类和三语类。表 3 的数据显示，我们考察的 6 个景区中有 4 个景区有书法艺术类语言景观，共 42 条。42 条书法艺术类语言景观都是单语语种的语言景观。

（四）语言景观语码取向（code preference）

在我们调查的6个景区的2763条语言景观中，共涉及汉语、英语、俄语、拉丁语四个语种。从单语类语言景观来看，如（三）中结论Ⅱ所述，汉语的占99.75%。从双语类语言景观来看，主要有"汉语+英语""汉语+俄语""汉语+拉丁语"三种类型，汉语的使用率为100%，且一直占据场所符号学所认定的优势语码位置。三语类语言景观只有"汉语+英语+俄语"一种类型，汉语的使用率为100%，同样占据绝对的优势语码位置。在单语类语言景观中，英语的有5条，英语是单语类语言景观的唯一外语语种。在双语类语言景观中，如（三）中结论Ⅲ所述，"汉语+英语"的语码组合类型最多，占双语类语言景观总数的94.60%。在三语类语言景观中，英语的出现率为100%，且往往处于较俄语更为凸显的位置。

我们对语言景观语码取向的分析主要参考了两项指标：语码频次取向和语码位置取向。如果按照不同类型语码出现的频次单独计算，在我们调查的6个景区的2763条语言景观中，汉语共计出现2758次，英语共计出现752次，俄语共计出现69次，拉丁语共计出现1次。四者在坐标系中形成一个语码频次取向斜坡，见图4：

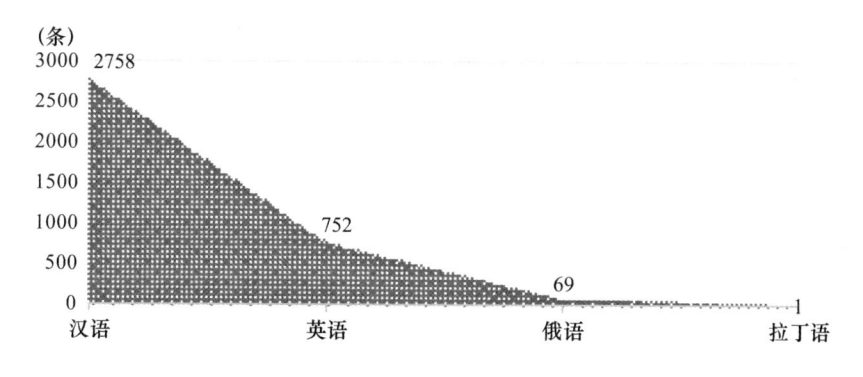

图4　语码频次取向斜坡示意图

图 4 中，位置越高的语码使用频次越高，同时意味着该语码在调查区域的地位往往也越高；位置越低的语码使用频次越低，同时意味着该语码在调查区域的地位往往也越低。四种语码的使用频次形成一个坡面梯度序列：汉语 > 英语 > 俄语 > 拉丁语。另外，从我们的调查结果来看，当汉语和英语或俄语共现时，一般汉语占据优势语码位置；当汉语、英语、俄语三者共现时，一般汉语仍占据优势语码位置，且英语占据的语码位置往往比俄语的语码位置更为凸显。综上我们认定：汉语是我们调查的 6 个景区的第一优势语码，英语是第二优势语码。

三 语言景观失范现象

据我们考察，6 个景区的 2763 条语言景观中存在 454 例语言失范现象（不包括非语言文字方面的失范现象）。具体分为如下几类：

（一）拼音失范现象

我们判定是否存在拼音失范现象的主要依据为《汉语拼音正词法基本规则》（GB/T 16159 - 2012）、《中国人名汉语拼音字母拼写规则》（GB/T 28039 - 2011）和《中国人名汉语拼音字母拼写规则（汉语地名部分）》。据统计，拼音失范现象共出现 7 例。例如：

1. 原文（图 5）：XuanJiaoBu office[①]

修改建议：Xuanjiaobu Office

2. 原文（图 6）：ZHE HE DAI DANG

修改建议：DANG DAI HE ZHE

---

① 如无特殊说明，例子里"原文"和"修改建议"中加在文字上的符号都为笔者添加，以标记失范之处或修改之处。另外，例中"原文"存在除所属失范现象类型外其他错误的，在"修改建议"中已一并修改。每种失范现象的子类都举两个例子，如子类较多或某一子类只存在一个例子，则只举一个例子。

图5 黑A-07-3A-1-7①　　　图6 黑A-08-3A-3-197

（二）汉字失范现象

我们判定是否存在汉字失范现象的主要依据为《国家通用语言文字法》。据统计，汉字失范现象共出现31例，失范类型分为"滥用繁体字""文字缺漏""文字赘余"等。例如：

1. 原文（图7）：黑龍江歷史文物陳列

修改建议：黑龙江历史文物陈列

2. 原文（图8）：中國亭園景區導視圖

修改建议：中国亭园景区导视图

3. 原文（图9）：由于东北部气候寒冷，一般城市一定有两个教堂，一个是冬天教堂、一个夏天教堂，差别在于冬天教堂可以生火取暖。

修改建议：由于东北部气候寒冷，一般城市一定有两个教堂：一个是冬天教堂，一个<u>是</u>夏天教堂。差别在于冬天教堂可以生火取暖。

4. 原文（图10）：俄罗斯面包师带您一起做面包，现场烘焙，让您品尝到自己制作<u>做</u>的美味面包。

修改建议：俄罗斯面包师带您一起做面包，现场烘焙，让您品尝到自己制作的美味面包。

---

① 我们对采集到的全部语言景观图片进行了编码储存，图片编码分为5个字段，字段中间用"-"连接。五个字段从前到后的顺序分别为："地区段""景区段""景区级别段""图片功能类别段""数量段"。其中，"地区段"用各地区车牌代码充任，"景区段"使用提前编好的景区编号，"景区级别段"指的是景区的A级类别，"图片功能类别段"指的是语言景观的功能类别划分。例如，"黑A-01-5A-1-1"指的就是哈尔滨市编号为01的5A级景区路标指示类语言景观的第1张图片。

图7　黑A-07-3A-3-65　　　　　图8　黑A-19-3A-1-2

图9　黑A-18-4A-3-17　　　　　图10　黑A-18-4A-5-1

(三) 词汇失范现象

据统计，词汇失范现象共出现21例，失范类型分为"用词不当""赘余""虚词错用"等。例如：

1. 原文 (图11)：渤海男子辫发，穿唐装或窄袖长袍。妇人皆悍妒，以致渤海无女倡、无小妇、无侍婢。

修改建议：渤海男子辫发，穿唐装或窄袖长袍。妇人皆<u>刚毅</u>，以致渤海无女倡、无小妇、无侍婢。

2. 原文 (图12)：只要将它投入坦克脆弱的发动机排气口里，这些不可一世的德国钢铁巨兽就马上起火趴窝了。

修改建议：只要将它投入坦克脆弱的发动机排气口里，这些不可一世的德国钢铁巨兽就<u>会</u>马上<u>变为一堆废铁</u>。

3. 原文 (图13)：<u>以</u>普希金和后来的高尔基等诗人和作家大量的作品为俄罗斯诗歌和文学留下了一笔笔丰厚的文化遗产。

修改建议：普希金和后来的高尔基等诗人和作家大量的作品为俄罗斯诗歌和文学留下了一笔笔丰厚的文化遗产。

4. 原文（图14）：1904年，日本与俄罗斯为了争夺辽东半岛和朝鲜半岛的控制权，<u>而</u>在中国东北的土地上进行的一场帝国主义列强之间的战争。

修改建议：1904年，日本与俄罗斯为了争夺辽东半岛和朝鲜半岛的控制权，在中国东北的土地上进行了一场帝国主义列强之间的战争。

5. 原文（图15）：他的作品淋漓尽致<u>的</u>展示了"冷文化"冷逸之美的精神内涵，具有鲜明的地域风格。

修改建议：他的作品淋漓尽致<u>地</u>展示了"冷文化"冷逸之美的精神内涵，具有鲜明的地域风格。

6. 原文（图16）：民间幽默<u>的</u>说，是持有无尽伏特加的俄军战胜了白兰地酒瓶见底的法军。

修改建议：民间<u>有一种</u>幽默<u>的说法</u>：是持有无尽伏特加的俄军战胜了白兰地酒瓶见底的法军。

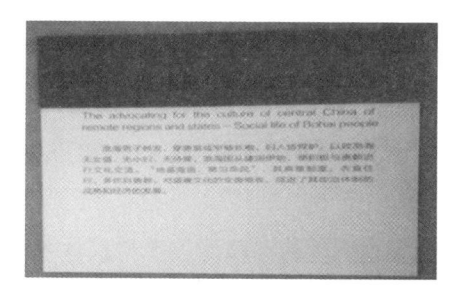

图11　黑A-07-3A-3-183

图12　黑A-18-4A-3-64

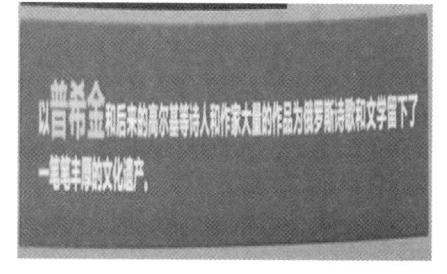

图13　黑A-18-4A-3-113

图14　黑A-18-4A-3-57

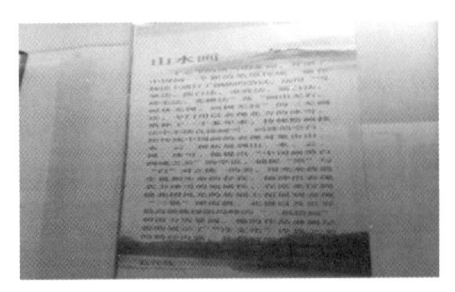

图15　黑 A-07-3A-3-44

图16　黑 A-18-4A-3-55

图17　黑 A-07-3A-3-53

图18　黑 A-18-4A-3-108

(四) 语法失范现象

据统计，语法失范现象共出现 39 例，失范类型分为"搭配不当""主语缺失""句式杂糅""偷换主语"等。例如：

1. 原文（图17）：求偶期一过，雌性黑嘴松鸡<u>得到交配</u>后，便立即去筑巢、产卵、孵化，孕育新一代。

修改建议：求偶期一过，雌性黑嘴松鸡<u>交配完成</u>后，便立即去筑巢、产卵、孵化，孕育新一代。

2. 原文（图18）：退休后的 2017 年 5 月参加了"俄罗斯红色之旅"活动，他们一起流连在"红场、冬宫和阿天乐儿"边……①

修改建议：<u>父母退休后，</u>在 2017 年 5 月参加了"俄罗斯红色之旅"活动，他们一起流连在"红场""冬宫"和"阿天乐儿"……

---

① 此句为第二段段首句，上段段末无指称性成分，零形主语回指较为困难。

3. 原文（图 19）：高尔夫乡村酒店拥有不同房型的客房 20 余间、餐厅、活动室以及多功能厅为您提供专属服务。

修改建议：高尔夫乡村酒店拥有不同房型的客房 20 余间，还包括餐厅、活动室以及多功能厅等，致力于为您提供优质的服务。

4. 原文（图 20）：伏特加酒堡建于 2009 年，其原型是俄罗斯的"毕普"城堡，是俄罗斯历史上著名的古城堡，现为中国首个伏特加主题酒堡。

修改建议：伏特加酒堡建于 2009 年，现为中国首个伏特加主题酒堡，其原型是俄罗斯的"毕普"城堡，是俄罗斯历史上著名的古城堡。

5. 原文（图 21）：……同时使高尔夫运动从城市精英贵族走向大众，是一项老少皆宜运动的新选择。

修改建议：……同时使高尔夫运动从城市精英贵族走向大众，成为一项老少皆宜的运动项目。

6. 原文（图 22）：磨坊主要是通过风能来磨小麦生产面粉，对俄罗斯人来说，是俄罗斯人的主食——面包的创造者。

修改建议：磨坊主要是通过风能磨小麦来生产面粉，而面粉是面包的主要原料。因此，对俄罗斯人来说，磨坊也是他们的主食——面包的创造者。

图 19　黑 A - 18 - 4A - 3 - 128　　图 20　黑 A - 18 - 4A - 3 - 18

图 21　黑 A-18-4A-3-129　　　图 22　黑 A-18-4A-3-8

(五) 语篇失范现象

据统计，语篇失范现象共出现 1 例，是语篇层面的语句顺序安排不当造成的。例子如下：

原文（图 23）：在巴甫洛夫斯克市（距离圣彼得堡 25 公里）斯拉维扬卡河和特兹瓦河的河叉上，矗立着"毕普"要塞的塔楼遗址，要塞于 1941 年至 1944 年期间被损毁，它的轮廓，高墙和塔楼的垛口，使人想起中世纪的骑士城堡。要塞建于 1798 年。

修改建议：在巴甫洛夫斯克市（距离圣彼得堡 25 公里）斯拉维扬卡河和特兹瓦河的河叉上，矗立着"毕普"要塞的塔楼遗址，要塞建于 1798 年，1941 年至 1944 年期间被损毁。它的轮廓、高墙和塔楼的垛口，使人想起中世纪的骑士城堡。

图 23　黑 A-18-4A-3-125

(六) 表述失范现象

据统计,表述失范现象共出现 29 例,主要为表达逻辑混乱、意思不合常理、用词用语不恰当等导致的表述不当或表述含混不清。例如:

1. 原文(图 24):普希金的祖先阿布拉姆.汉尼拔,原本出身于埃塞俄比亚的王公贵族,他虽然不是被彼得大帝买来的,至少也是用一瓶酒换来的一个小黑奴。

修改建议:普希金的祖先阿布拉姆·汉尼拔,原本<u>是</u>出身于埃塞俄比亚的王公贵族,<u>后</u>被彼得大帝用一瓶酒换来做了一个小黑奴。

2. 原文(图 25):……严禁乱扔垃圾、随地吐痰和摘口罩打喷嚏等不文明行为。

修改建议:删掉"和摘口罩打喷嚏"。①

3. 原文(图 26):……把那种艰苦卓绝的日日夜夜里的坚守,撼动得波澜壮阔,地动山摇……

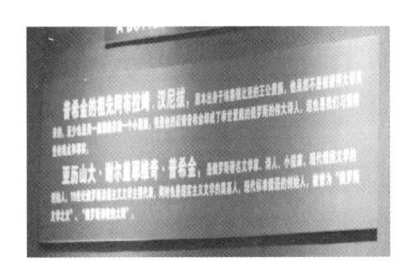

图 24　黑 A -18 -4A -3 -84　　图 25　黑 A -18 -4A -7 -2

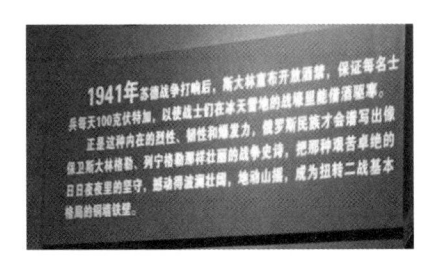

图 26　黑 A -18 -4A -3 -62

---

① "打喷嚏"是一种不受个人控制的正常生理现象,要求戴着口罩打喷嚏不合常理,游客很难真正执行。

修改建议：语义表述不清，建议删除或重新表述。

（七）标点符号失范现象

我们判定是否存在标点符号失范现象的主要依据为《标点符号用法》（GB/T 15834-2011）。据统计，标点符号失范现象共出现63例，失范类型分为"误用""赘余""缺漏""格式有误"等。例如：

1. 原文（图27）：……制作材料从木质到金，银，各种各样。

修改建议：……制作材料从木质到金、银，各种各样。

2. 原文（图28）：……历史文献中曾有"鱼皮国"、"鱼皮部"的称谓。

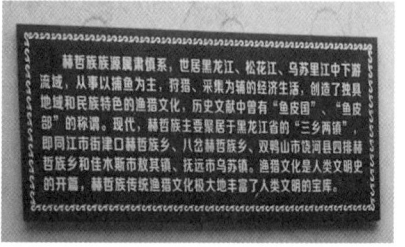

图27　黑A-18-4A-3-90　　　图28　黑A-08-3A-3-417

修改建议：……历史文献中曾有"鱼皮国""鱼皮部"的称谓。

3. 原文（图29）：章显辉煌

修改建议："章"显辉煌

4. 原文（图30）：钟楼距教堂56米，平面呈凹字型，主体顶部为八面体陡尖"帐篷顶"。

图29　黑A-18-4A-3-106　　　图30　黑A-06-4A-1-29

修改建议：钟楼距教堂56米，平面呈凹字型，主体顶部为八面体陡尖"帐篷顶"。

（八）格式失范现象

据统计，格式失范现象共出现27例，失范类型分为"语码混排""空格赘余""断句空格缺失"等。例如：

1. 原文（图31）：IN 東北 Northeast

修改建议：在东北

2. 原文（图32）：在巴甫洛夫斯克市（距离圣彼得堡25公里）斯拉维扬卡河__和特兹瓦河的河叉上……

图31 黑A-05-4A-9-16　　图32 黑A-18-4A-3-125

修改建议：在巴甫洛夫斯克市（距离圣彼得堡25公里）斯拉维扬卡河和特兹瓦河的河叉上……

3. 原文（图33）：着力建设"六个强省"科学擘画现代化新龙江

图33 黑A-08-3A-7-5

修改建议：着力建设"六个强省"——科学擘画现代化新龙江

（九）外语失范现象①

我们判定是否存在外语失范现象的主要依据为《公共服务领域英文译写规范》（GB/T 30240.1 - 2013）。据统计，外语失范现象共出现 236 例，失范类型分为"格式有误""翻译不当"等。例如：

1. 原文（图 34）：HONEy STORM

修改建议：Honey Storm

2. 原文（图 35）：CHILDREN PLAY AGAIN NEED PARENTAL ESCORT

图 34　黑 A - 06 - 4A - 3 - 8　　　　图 35　黑 A - 18 - 4A - 4 - 12

修改建议：Children Must Be Accompanied by Their Parents When Playing Here

四　对策和建议

针对发现的语言景观失范现象，我们对景区未来的语言景观规范化工作提出如下对策和建议：

（一）探索景区和高校合作模式。有条件的景区可以将语言景观的设置工作交由高校语言学相关专业的专家负责。不具备条件的景区可以先

---

① 报告中考察的外语失范现象仅包括英语一个语种。

安排语言文字功底相对扎实的工作人员负责语言景观的设置工作,设置完成后联系高校语言学相关专业的专家帮助审定。

(二)提高语言景观规范化意识。考察发现,部分语言景观失范现象并非是专业水平造成的,而是景区管理人员语言景观规范化意识相对薄弱,粗心大意造成的。因此,景区在未来的管理当中应当着力提高语言文字使用规范化的意识。

(三)确保语言景观的设置和维护责任到人。在景区日常管理中,语言景观的设置和日常维护工作应当有专门的管理部门负责,确保责任落实到人。

多语背景作为策略：
语言竞争中的非洲中文教育[*]

曾广煜 官 品[**]

内容提要：世界正经历百年未有之大变局，我国日益走近世界舞台中央，中文的国际竞争力也日益增强。非洲中文教育事业面临着与其他强势语言良性竞争的挑战。本文通过对卢旺达大学孔子学院中文课堂的观察和10名学生的深度访谈，研究非洲多语环境下学生如何利用已掌握的语言辅助中文学习并将多语作为策略的过程，结果表明中文学习者的多语背景在辅助完成课堂活动、促进中文理解和表达、帮助同学更好理解中文以及辅助完成作业和记忆四个方面可以作为策略发挥正向作用。借助并利用学生的多语背景也是多语竞争环境下发展非洲国际中文教育事业的一种策略。

关键词：语言竞争；多语；学习策略；国际中文教育

一 引言

习近平总书记多次指出"当今世界正经历百年未有之大变局"。"当

---

[*] [基金项目] 教育部中外语言交流合作中心国际中文教育研究课题"多语环境下东非共同体中文教育研究"。重庆市研究生教育教学改革研究项目"汉语国际教育专业硕士研究生国际传播能力培养路径研究"（22YH14B）。

[**] [作者简介] 曾广煜（1983— ），重庆师范大学文学院副教授，博士，研究方向为汉语国际教育；官品（1972— ），重庆师范大学国际合作与交流处副教授，硕士，研究方向为第二语言习得和比较教育。

前,世界百年未有之大变局加速演变,和平与发展仍然是时代主题,但国际环境不稳定性不确定性明显上升,新冠肺炎疫情大流行影响广泛深远。我国不断发展壮大,日益走近世界舞台中央。"① 与综合国力相匹配,中文在国际领域的影响力也不断提升,尤其是在非洲,得益于多年的中非友好关系和持续增长的中非经贸往来,国际中文教育事业发展势头良好。然而,近年来,一些西方发达国家担忧中国在非洲的影响力日益强大,提出了旨在遏制中国的"重返非洲"战略。体现在语言文化领域,中文在非洲的广泛传播和教育也受到了其他强势语言的冲击,面临着与当前存在于非洲的强势语言相竞争的挑战。例如,中断多年的法语文化中心随着 2021 年法国总统访问卢旺达将于 2021 年 10 月重新开放。如何处理中文与非洲国家地区其他外语的竞争合作关系,是新时代非洲中文教育事业发展面临的问题。

学习策略是第二语言习得研究中的重要领域,学者们运用多种方法从学习者的不同背景和不同类型分析了不同学习策略的类型。汉语作为第二语言的学习策略研究也得到了越来越多学者的重视。徐子亮以 60 名来自不同国家,汉语水平也不相同的学生为考察对象,详细分析了留学生汉语学习时使用的 7 种策略,其中,借助母语是留学生学习汉语时常见策略②。江新对留学生的汉语学习策略进行了量化排序,研究结果表明留学生使用汉语学习策略的多寡依次为:社交策略、元认知策略、补偿策略、认知策略、记忆策略和情感策略③。这些策略的使用跟学习者的母语和汉语学习时间有密切关系。李强等以 109 名留学生为调查对象,探讨了学习者性别、母语、汉语水平、年龄、汉语学习时间五个因素与学习策略之间的相关性,其实验结果表明母语与学习策略之间没有

---

① 《习近平谈治国理政》(第四卷),外文出版社 2022 年版,第 296 页。
② 参见徐子亮《外国学生汉语学习策略的认知心理分析》,《世界汉语教学》1999 年第 4 期。
③ 参见江新《汉语作为第二语言学习策略初探》,《语言教学与研究》2000 年第 1 期。

显著的相关性①。随着研究的深入与细化，对少数民族和不同国别的学生汉语学习策略的研究也逐渐兴盛起来。除了对来华留学生汉语学习策略的关注，也有学者将视角转向了非目的语环境下学生的汉语学习策略②。

以上研究都充分证明了学习者的母语在中文学习策略中有一定影响，然而上述成果多以目的语环境下的中文习得为研究内容，非目的语环境下的中文学习策略较少受到关注。在非目的语环境下的中文教学成为国际中文教育主体的现实情况下，学习者在中文学习时如何处理母语和外语？在多语并存的非洲国家，学习者又是如何处理中文学习过程中的其他语言？非洲学生的多语背景能否转变为中文教育中的优势？这些问题也值得研究。

本研究以非洲卢旺达大学孔子学院的中文学习者为对象，考察他们在非目的语环境下如何利用其他语言（卢旺达语、英语、法语和斯瓦希里语等）来辅助中文学习，以期为非洲多语竞争环境下的中文教育与传播提供策略建议。

二 研究背景

非洲在用的语言有 2000 多种，多数国家独立后普遍执行多语政策③。卢旺达便是其中一个典型的多语国家。卢旺达人几乎全部以卢旺达语为母语，但卢旺达语并不是卢国境内唯一使用的语言。据卢旺达 2002 年的统计报告，卢旺达人中有 3% 的人使用斯瓦希里语（Swahili）这一东非区域交际语，3.9% 的人使用法语，1.9% 的人使用英语作为第二语言。卢旺达的语言政策历史是造成目前这一现状的主要因素。1890 年至 1962 年间，卢旺达被比利时殖民，比利时人将法语定为卢国的官方语言。1994

---

① 参见李强、姚怡如、刘乃仲《汉语学习策略与个体因素的相关性研究》，《语言教学与研究》2011 年第 1 期。
② 参见陈天序《非目的语环境下泰国与美国学生汉语学习策略研究》，《海外华文教育》2013 年第 1 期。
③ UNESCO, *Intergovernmental Conference on Language Policies in Africa*, 2002, p. 10.

年之前,卢旺达一直是法语国家组织的成员。尤其是 1979 年,卢旺达政府实施的教育改革,规定卢旺达从小学四年级开始使用法语教学,中学全部使用法语教学,法语一度盛行①。2008 年卢旺达将英语作为唯一的教学语言,这就要求学生从小学一年级开始学习英语,英语成为升学考试的必需条件,英语才开始大规模使用起来。

据卢旺达 2005 年的统计报告,卢旺达人中有 3% 的人使用斯瓦希里语(Swahili)这一东非区域交际语,3.9% 的人使用法语,1.9% 的人使用英语作为第二语言②。(详见表 1 卢旺达语言使用比例统计)

表1　　　　　　　　　卢旺达语言使用比例统计

语种	城市人口	农村人口	青年人群	老年人群	总计
卢旺达语	98.4%	99.6%	99.4%	99.6%	99.4%
法语	12.2%	2.3%	7.2%	2.7%	3.9%
英语	6.0%	1.1%	3.3%	0.8%	1.9%
斯瓦希里语	12.2%	1.3%	6.4%	4.4%	3.0%

(本表数据源于卢旺达政府报告)

城市人口中有 12.25% 人使用法语和斯瓦希里语,英语仅有 6%。2002 年时,以英语为第二语言的人数明显少于以法语和斯瓦希里语为第二语言的人。但即便如此,我们对比卢旺达政府于 1991 年和 1996 年的统计数据,依然可以看出英语的使用人口比例明显上升了③。(详见表 2 卢旺达语言使用人口比例变化)

---

① 参见颂文《卢旺达的教育改革》,《比较教育研究》1982 年第 3 期。
② Rwanda, *3ème recensement général de la population et de l'habitat du Rwanda au 15 août 2002*, p. 38.
③ Rwanda, *3ème recensement général de la population et de l'habitat du Rwanda au 15 août 2002*, p. 40.

表2　　　　　　　　卢旺达语言使用人口比例变化

语种	1991年	1996年	2012年
卢旺达语	—	88.8%	99.4%
法语	5.1%	3.6%	3.9%
英语	0.8%	0.4%	1.9%
斯瓦希里语	2.3%	2.0%	3.0%

（本表数据源于卢旺达政府报告）

目前可以参考的官方数据是卢旺达多个部门2005年发布的统计数据，其中1991年并未统计卢旺达语的使用人口。这期间，英语和法语的使用人口发生了比较明显的变化。斯瓦希里语的使用现状也与卢国所处的政治、经济环境有一定关系，由于斯瓦希里语是东非共同体的标志语言，2017年卢国议会将斯瓦希里语列为官方语言之一，以便卢国广泛参与到东非各国的经济活动之中。

2009年，卢旺达大学孔子学院开始运行，并于2009年4月15日正式开始教授汉语。目前卢旺达的中文教学规模已经较大，但缺乏本土教师，而派往卢旺达的教师和志愿者都是以英语作为外语，教学中也以英语作为媒介语。然而，卢旺达英语教育实施并不久，很多学生的英语水平并不足以应付课程学习，也无法完全听懂汉语课堂中教师的媒介语[①]。因此，本文拟以卢旺达大学孔子学院的中文学习者为例，研究多语竞争环境下学生如何处理中文学习中遇到的困难，以及该环境下中文与其他语言的关系。

三　研究方法

我们采用课堂观察和深度访谈的方法来研究上述问题。课堂观察是

---

① Kagwesage, A. Marie, "Higher Education Students Reflections on Learning in Times of Academic Language Shift", *International Journal for the Scholarship of Teaching and Learning*, Vol, .2 No.6, 2012.

以卢旺达大学孔子学院初级班的汉语教学为对象，课堂内 20 名大学生被分为 4 组，每组 5 个学生，分组完成汉语交际任务"购买生日礼物"，然后每组选出一名同学汇报该组的结果。班内 10 个学生是课后深度访谈的对象。

"购买生日礼物"交际任务，共有信息是商品的图片和价格以及每组固定金额的人民币，信息差为给定组内学生不同的饮食偏好和禁忌，任务是为组内某个同学的生日准备一个晚会并购买物品。我们仅记录了一组同学的讨论过程，并转写为文字。

在取得学生的同意后，有 10 名学生愿意接受我们的访谈，访谈围绕他们如何处理中文学习中遇到的困难以及使用其他语言辅助中文学习的策略展开。访谈时访谈者和被访谈者均使用英语，本文一律翻译成汉语，被访谈者使用的卢旺达语或法语则保留原文，以汉语的形式括号注明。学生姓名在本文中以 S1、S2 等代替，访谈问题以 Q1、Q2 等标记。

四　研究结果

根据课堂观察的记录和访谈的结果，我们发现卢旺达学生的确利用多种语言来辅助中文学习，具体体现在以下几个方面：

（一）使用多种语言辅助中文课堂活动

当教师使用目的语（中文）或媒介语（英语）布置中文学习任务时，小组内同学并不是全部都能准确理解或确定准确理解老师所说的，这时候学生倾向于使用其他语言来辅助理解。

S1：当我们被分成小组后，我们的注意力就不再是中文交流了，大家对如何完成任务有不同的意见，但我们的中文不足以让我们讨论这个。所以，我们有时会使用卢旺达语，因为大家都懂这个。

从学生 S1 的回答我们看出，为了中文学习的顺利进行，涉及非语言练习的内容，卢旺达语是首要的选择，毕竟卢旺达语是学生都会的语言。也有学生认为是因为他们掌握的外语并不相同，只有卢旺达语才能满足沟通的需求。

S2：我们使用语言的目的是为了相互理解，如果你使用英语，有些说法语的就听不懂，如果你说法语，有些说英语的就听不懂。

Q1：当其他同学用卢旺达语解释后，你是否觉得更理解老师的要求了？

S3：对，如果有人用我熟悉的语言我肯定会理解得更好，所有人应该都是这样的。

Q2：这样说，你们变换语言是为了更好地理解而采用的一种策略？

S2：对，这样是为了更好地理解内容。尤其是我们的中文教材都是英语注释，有时候我们需要转换为法语才能更好地理解。

从学生 S2、S3 的访谈，我们得知，为了更好地理解教师所说，减少误解，他们常常借助语码转换这一手段，借助多种语言来辅助中文学习。尤其是在教师和学生之间的语言沟通并不顺畅的时候，借助法语和卢旺达语是常见的策略。

Q3：中文老师在课堂中常使用中文以外的语言吗？

S4：不同老师使用频率不同。有的中文老师英语水平较高，有时候需要做游戏或课堂活动的时候，他就用英语说明或指导。

Q4：那你们能听懂中文老师的英语解释吗？

S4：能听懂。可能中文老师也不会我们的卢旺达语或法语，而且老师的英语词汇一般用的都是简单的，肯定比中文好懂。

根据学生 S4 的访谈，我们可以看到，中文课堂中使用其他语言也很常见，尤其是为了讲解知识性内容或发布指令时，这些都是为了更好地理解中文或指导中文练习。也可以说，中文课堂中使用多种语言是辅助学习中文的策略之一。

> S5：多种语言并存对我们来说是一个优势，不仅因为我们的中文课程需要，我们学习自己的专业也需要，而且我们的老师来自中国、印度、肯尼亚、乌干达等，这都需要我们能说多种语言。

学生 S5 认为多种语言既是他们国家教育现实的需求，也是一个优势。他们有主动利用多种语言完成其他学习任务的需求和经验。使用多语辅助中文课堂活动是很自然发展出来的学习策略。

(二) 利用多种语言促进中文理解和表达

学生 S6、S7、S8 和 S9 对问题"你们是如何完成这次中文课老师布置的任务的？"的回答表明了他们是如何利用多种语言来促进中文理解和表达的。

> S6：首先，我们得用中文问"你喜欢吃什么，不喜欢吃什么？"之类的问题，因为这是中文课堂。其次，我们要看我们的钱够不够，但是中国的钱单位不一样，要在纸上计算。计算过程使用的当然是法语。

> S7：我们看到老师给的图片里有一些东西，中文我们不太清楚，不知道要不要买。所以我们先要弄明白那些都是什么。比如，Sambusa（卢旺达语，相当于汉语的"春卷"）中文怎么说？

学生 S6 和 S7 的回答体现出了他们利用母语或熟悉的语言进行思考，以便更好地理解中文。利用已有知识建构新的知识，利用已知语言理解新的语言是他们常用的策略。

S8：买什么都可以，小组很容易完成，每人平均分55美元（此处应该为元，学生使用了"dollars"代替），然后想买什么。较难的是汇报，所以我们先用法语写提纲，然后翻译成中文。

S9：我们在努力使用中文进行练习，但是你知道这对我们还有点儿难，所以，有时候我们说的中文夹杂着卢旺达语和法语单词，但这样有利于我们讨论。最后才能完成课堂上老师布置的任务。

学生S8和S9的回答则表明了他们直接使用其他语言翻译成中文或者使用中文和其他语言混合的方式完成表达。另外，使用语码转换也是小组内成员相互促进理解的一种方式，通过解释、问答，越来越多的小组成员在使用哪些中文词汇和句子上逐渐达成共识，最终形成小组汇报内容。

（三）同学使用多种语言帮助他人

除了自己使用其他语言辅助完成中文课堂活动和中文理解以外，有的学生也会主动使用其他语言帮助别的同学。

S10：我们也常使用这种策略。有时候，他（指S3）会用卢旺达语解释老师用中文或英语讲的内容，因为他是英语教师，英语比我们好，更能理解老师的意思。我们的教材虽然也有语法解释，但那些英语解释的内容我们根本看不懂。

S3：对，有时候老师说了很多英语，但我知道有的同学可能不太懂。因为当老师布置一个任务或让我们做题的时候，我看到很多同学不知道要做什么。这时候，我觉得我可以帮他们翻译一下。

Q5：除了中文课，其他课上这种情况也常见吗？

S3：其他课也是，有时候是老师不在的时候，班里有些学得较好的同学会站在教室前面用卢旺达语或法语讲。

S8：我觉得中文课上，能够跟上老师课程的只有5个学生左右，其他的都不太懂。我觉得有同学用我们懂的语言解释，是非常有必要的。

Q6：为什么不直接用卢旺达语讲，有时候还要用法语呢？

S3：卢旺达语是生活中常用的语言，但很多课程的名词卢旺达语都没有，以前都是用法语，而且很多人以前都会法语，所以有时候需要用法语。

S6：这个也要看情况。有时候遇到的生词刚好跟法语相近，我们就用法语，如果卢旺达语能说清楚，就用卢旺达语。总之，我们什么语言都用，只要能弄懂意思。

这几名同学的陈述表明了在中文学习过程中，存在一种学生自发地使用多种语言帮助别的同学理解中文或完成中文学习任务的情况。而对于那些英语水平不太高的学生，接受那些水平较高的同学的帮助也是很平常的事情。

（四）利用多种语言辅助完成作业和记忆

已掌握的多种语言在中文学习中还有完成作业和辅助记忆的作用，也是学习中文时使用的策略。

Q7：你们平时怎么完成老师布置的作业的，比如背中文生词？

S3：有些生词，课堂上老师用了很多次，不用课下记。但有些生词只是课本中出现过，老师用的很少，我们就需要自己背。我一般根据课本上的英语注释背，因为我也教英语，有时候遇到了学过的单词，我看到英语的时候就想一下中文，想不起来了就看看。

S2：我有的时候用卢旺达语，我觉得中文和卢旺达语有很多相似的地方，但有时候又跟法语很像，所以我背生词的时候想到卢旺达语就用卢旺达语记，想到法语就用法语记。

S7：作业基本上都是课本后面的，但是课本上作业都是汉字和英语，有时候必须先找同学翻译成法语，我们才能自己做。否则的话，根本不知道怎么做。但是，做完作业的确对中文学习很有帮助。

上面三名同学提到的完成老师布置的作业的方法也普遍借助了多种语言。学生 S3 本身是英语教师，接触英语较多，加之我们用的中文教材也是英语注释的，所以常使用英语辅助记忆。而学生 S2 则认为中文和卢旺达语和法语都有相近的地方，事实上，这可能只是他使用卢旺达语或法语辅助记忆时的选择性注意。学生 S7 则代表了很多英语水平不是很高的学生，需要借助其他外语来完成中文作业时使用的策略。他们共同表现出使用多种语言是辅助完成中文作业和记忆汉语生词时的学习策略。

五　讨论

通过对卢旺达大学孔子学院 20 名学生的中文课堂观察和 10 名学生的访谈，我们了解到了他们在多语环境下是如何完成中文学习任务的，也发现了中文学习过程中的多语辅助策略有哪些方面。综合来看，多种语言对非目的语环境下的中文学习起到了辅助作用，具体体现在辅助完成课堂活动、促进理解和表达、帮助同学更好理解以及辅助完成作业和记忆四个方面。

本研究是以使用多种语言辅助中文学习的策略为内容，多种语言也包括学生的母语。而使用母语作为学习策略已经被学者证实是很普遍的现象。徐子亮的调查表明 16% 的学生借用母语注音，24% 的学生使用母语记忆词语，在听或读时，翻译成母语再理解的学生占调查总数的 75%，在表达时，先用母语构思再翻译成汉语的占 85%[①]。借助母语在汉语要素学习和汉语技能习得中都有很高的比例，这与本研究访谈的结果相吻合。

在卢旺达的多语环境下，其母语卢旺达语被广泛地使用在中文学习中。但是卢旺达语只是生活中普遍使用的语言，在文化、政治、经济领

---

① 参见徐子亮《外国学生汉语学习策略的认知心理分析》，《世界汉语教学》1999 年第 4 期。

域使用较少。因此，在中文学习过程中，学生的母语卢旺达语也只是作为多种语言辅助学习策略的一种，并无特殊之处。卢旺达的语言教育政策与其政治变化密切相关。殖民时代的语言教育政策以殖民者的政治需求为转移，独立之后以本土语言为主，1994 年之后英语逐渐取得官方语言和教学语言的地位，直至成为唯一的教学语言。（详见表 3 卢旺达语言教育政策变革情况）

表 3　　　　　　　　卢旺达语言教育政策变革情况[①]

不同时期不同年级的教学语言		小学低年级	小学高年级	中学	大学
殖民时期	德国殖民时期（1907—1916）	斯瓦希里语	/	/	/
	比利时殖民时期（1916—1962）	卢旺达语	卢旺达语 法语	法语	/
独立后到大屠杀之前	1962—1994	卢旺达语	法语 卢旺达语	法语	法语
大屠杀之后	1994—1996	卢旺达语	卢旺达语	法语	法语
	1996—2008	卢旺达语	法语 英语	法语 英语	法语 英语
	2009—	卢旺达语 英语	英语	英语	英语

（本表数据源于前述文献总结）

从表 3 中可以看出，卢旺达的语言教育政策，除了早期的斯瓦希里语，主要体现在卢旺达语、法语和英语之间的切换与选择上。而这三种语言与卢旺达的民族构成，民族冲突与身份认同又有着千丝万缕的关系。

像卢旺达一样，非洲多数国家是多语并存的，这种多语并存的语言景观并不限于非洲国家或地区境内广泛存在着多种语言，还体现在其官方语言是多种语言，其教学语言是多种语言。在外语学习过程中，借助

[①] 表中"/"表示当时无对应层次的教育或暂未找到数据。

其他外语学习另一种外语是常见的学习策略。Praxton 以南非的英语作为第二语言学习为例,考察了南非学生在学习英语时借助本地语言或其他语言的情况,认为在南非这种多语环境下,借助学生已经懂的语言来辅助英语学习是很自然的,也是难以避免的情况①。多语环境是历史原因造成的,也是一个不可更改的现实。如何处理中文教学中的多语问题是不可避免的现实问题。正如本文研究所揭示的,在非目的语环境下,多种语言可以辅助中文学习,而且体现在中文学习的各个方面。

六 总结

本文是基于国际中文教育中非目的语环境下的中文教学的数量增多的情况下,除了中文、英语还有学生的母语、区域通用语等多种语言并存时,研究多种语言在中文学习时的辅助作用。研究结果表明,多种语言可以同时辅助中文学习,形成了非目的语环境下的多语辅助策略这一特殊现象。本文的研究旨在给海外尤其是多语环境下的中文教学提供一个如何看待或利用多语的视角。但是本文的研究仍有很大的局限性,只是从多种语言是否能辅助汉语学习以及如何辅助汉语学习方面做了课堂观察和访谈。本研究需要在以下几个方面进一步讨论:

(一) 中文教学中媒介语的使用

汉语作为第二语言教学借鉴了不少外语教学法的理论,其中关于教学中媒介语的使用问题争论已久。现在研究较多的沉浸式教学法则提倡不使用外语,只用目的语。崔永华认为这种教学介于母语教学和外语教学之间,分析了美国小学沉浸式汉语教学的特点②。但是在非目的语环境

---

① Paxton, M. I. Jane, "It's Easy to Learn When You Using Your Home Language but with English You Need to Start Learning Language Before You Get to the Concept: Bilingual Concept Development in an English Medium University in South Africa", *Journal of Multilingual & Multicultural Development*, Vol. 30, No. 4, 2009.

② 参见崔永华《美国小学汉语沉浸式教学的发展、特点和问题》,《世界汉语教学》2017年第1期。

下，很多孔子学院仅开设一些中文兴趣班和选修课，学生每周学习中文的时间非常少，课堂之外又完全用不上。这种不使用任何媒介语的教学方法在推广时难度很大，对教师的要求也非常高。因此，非目的语环境下，中文学习中的多语使用是有益的策略还是阻碍，仍须进一步的研究。

（二）多语中的优先顺序

多种语言都在中文学习中发挥了作用，不同的学生因对多种语言掌握的程度不同所选择的语言也不同。但是有没有一种可能是学生在使用这些语言辅助中文学习时有自己的优先顺序或共同的优先顺序呢？Kagwesage 关于卢旺达大学生使用英语的动机调查表明，卢旺达大学生倾向于使用英语辅助其他课程的学习，是因为英语作为国际性语言的适用范围更大，因此即使英语不是他们熟悉的语言，他们也愿意使用[1]。Kagwesage 的研究没有考虑到卢旺达的政治和语言政策等因素。Samuelson 和 Freedman 的研究认为，1994 年之后，卢旺达政府提出了"卢旺达人"的概念，不再区分胡图族和图西族。政府也禁止谈论民族问题。当这种区别不能公开表明时，语言就成了身份和民族的象征，成为社会精英阶层之间的区别标识[2]。新的精英阶层是说英语的，普通民众若想在社会地位、经济、政治上获得优势，就必须使用英语。因此，优先选择英语可能并不是基于策略选择的结果。

（三）文化因素的影响

卢旺达学生的中文学习策略中，有一种是来自同学使用多语辅助理解的现象，无论是有学生主动给别的同学讲解，还是有同学主动求助别的同学用其他语言讲解，这种课堂文化应该不是普遍的。有些文化背景

---

[1] Kagwesage, A. Marie, "Higher Education Students Reflections on Learning in Times of Academic Language Shift", *International Journal for the Scholarship of Teaching and Learning*, Vol, .2 No. 6, 2012.

[2] Samuelson, Beth Lewis & Sarah Warshauer, Freedman, "Language Policy, Multilingual Education, and Power in Rwanda", *Language Policy*, Vol. 9, No. 3, 2010.

下的学生可能不愿意公开或主动展示自己的优势,在其他同学面前讲解。有些文化背景下,学生不愿意暴露自己的弱点,即使遇到困难也不愿求助于其他同学。这种情况下,多语辅助中文学习的策略可能需要重新评估。

  以孔子学院为主要平台的国际中文教育经过了 18 年的快速发展,已经进入到了"提质增效"阶段,国际中文教育也面临着"百年未有之大变局"的外部环境。伴随着中国日益走近世界舞台中央的客观事实,中文的国际竞争力也必然日益增强。然而,现有的强势语言,如英语、法语等不会主动退出竞争的舞台,如何与这些目前的主导语言良性竞争并利用这些语言扩大中文使用场域是当下需要思考的问题。本研究对多语环境下的国际中文教育和传播或许有一定的启示。

基于认知语境的中国特色经典理论话语
——习近平总书记"七一"重要讲话特色语词举隅*

张春泉**

内容提要：习近平总书记《在庆祝中国共产党成立100周年大会上的讲话》在话语建构上充分体现了中国特色，是中国特色经典理论话语。该理论话语内容与形式有机结合的重要枢纽之一是认知语境及其语用逻辑，这从"七一"讲话特色语词的适当运用可以看出，至少表现为：科技术语审美化运用，文化语词的日常型使用，日常语词的综合性配置。

关键词："七一"重要讲话；认知语境；中国特色；经典理论话语

习近平总书记《在庆祝中国共产党成立100周年大会上的讲话》（以下简称"七一"讲话）在话语建构上充分体现了中国特色，是中国特色经典理论话语。该理论话语内容与形式有机结合的重要枢纽之一是认知语境及其语用逻辑，这从"七一"讲话特色语词的适当运用可以看出。

---

* ［基金项目］国家社会科学基金项目"中文科技术语的语域传播研究"（17BYY212）的阶段性成果。

** ［作者简介］张春泉（1974— ），男，文学博士，西南大学文学院教授、博士生导师，主要从事修辞学、术语学研究。

我们所说的语用逻辑，学界也有论者称其为语用学，语用逻辑以形式逻辑为基础但不囿于形式逻辑，注重主体与语符之间的关联，重视语符与认知语境的共生（认知语境常做缺如省略的前提），尤重主体的可接受性和主体间的互动。"认知语境作为一个心理建构体与心理学上的建构一样，都强调了主体基于原有的知识和经验对新信息意义的建构，它是新输入的环境信息与大脑中的已有信息相互作用、相互整合而'凸现'的结果。"① 一定意义上说，认知语境与话语建构互动共生，习近平总书记的"七一"讲话引领创设认知语境，同时基于认知语境构建中国特色理论话语。作为经典的理论话语语篇，"七一"讲话由语句、语词构成，从这个意义上说，语词是该理论话语的基本单位，语词的运用，由语词而语句，再由语句而语篇，建构了该理论话语语篇。其中特色语词的语用价值尤须关注，这里所说的特色语词至少包括科技术语、文化语词和不寻常运用的日常语词。

一　科技术语的审美化运用

"七一"讲话中得体运用了一定量的科技术语，但丝毫不影响普通群众的理解和接受。之所以如此，一个很重要的原因是其中科技术语的合语用逻辑创新性运用，是对认知语境的充分利用、得体适应和有效创设，某种意义上即科技术语的审美化运用。

比较专门的、一般不附带主体"特色"的科技术语如果具有一定的特色，则语篇整体上的特色往往会更容易得到凸显。"七一"讲话中的科技术语接地气，普通群众喜闻乐见。例如，"和平、和睦、和谐是中华民族5000多年来一直追求和传承的理念，中华民族的血液中没有侵略他人、称王称霸的基因。"② 其中的"基因"是比喻的用法，准确而新颖。"基

---

①　黄华新、陈宗明：《描述语用学》，吉林人民出版社2005年版，第66页。
②　习近平：《在庆祝中国共产党成立100周年大会上的讲话》，《求是》2021年第14期。（本文"七一"讲话的语例均出自《求是》2021年第14期。为行文简便，本文未直接注明出处的语例均出自习近平总书记"七一"重要讲话）

因，英语 gene 的音译。指生物体携带、传递和表达遗传信息的基本单位。……生物的一切性状都是基因与环境相互作用的结果。"① 相对于百科类辞书，语文类中型工具书《现代汉语词典》的解释要简略一些，《现代汉语词典》（第7版）对"基因"的解释是："生物体遗传的基本单位，存在于细胞的染色体上，呈线性排列。［英］gene。"② 这里审美化运用的"基因"由生命科学领域转至社会历史等领域，认知域和认知语境有一定的变化，在特定认知语境里，"基因"强调中华民族"与生俱来"的和平、和睦、和谐理念。

类似的，"加强思想政治引领，广泛凝聚共识，广聚天下英才，努力寻求最大公约数、画出最大同心圆，形成海内外全体中华儿女心往一处想、劲往一处使的生动局面，汇聚起实现民族复兴的磅礴力量！"其中的"最大公约数"和"最大同心圆"也都是借喻，十分贴切生动。"公约数，亦称'公因数'。如果一个数同时是几个数的约数，则称这个数为他们的'公约数'；公约数中最大的称为'最大公约（因）数'。"③ 同心圆，"圆心相同的一些圆。"④ "七一"讲话中的这两个术语并不难懂，且"同心圆"自身即带有一定的形象性，恰当地运用在这里既庄重又不失生动。

再如，"一百年来，中国共产党弘扬伟大建党精神，在长期奋斗中构建起中国共产党人的精神谱系，锤炼出鲜明的政治品格。"其中的"谱系"也是科技术语的有效转域使用。据全国科学技术名词审定委员会于2016年5月创办上线的术语在线（termonline.cn）：谱系，英文形式 lineage 或 pedigree，又称"系谱"。其定义：随时间推移产生的所有后代和祖

---

① 夏征农、陈至立主编，杨雄里等编著：《大辞海·生命科学卷》，上海辞书出版社2012年版，第118页。
② 中国社会科学院语言研究所词典编辑室编：《现代汉语词典》（第7版），商务印书馆2016年版，第604页。
③ 夏征农主编，李大潜等编著：《大辞海·数理化力学卷》，上海辞书出版社2005年版，第55页。
④ 夏征农主编，李大潜等编著：《大辞海·数理化力学卷》，上海辞书出版社2005年版，第90页。

先种群。通常指单一正在进化的物种，但可能包括从一个共同祖先进化出的多个物种。所属学科：植物学，系统与进化植物学。其来源：《植物学名词》（第二版）（https://www.termonline.cn/index，2021年9月1日查阅）。另据《现代汉语词典》（第7版）：谱系，①家谱上的系统。②泛指事物发展变化的系统。① 《现代汉语词典》（第7版）同时收有"系谱"一词：系谱，关于物种变化系统的记载，也指关于某动植物的世代的记载。② 显然，后者"系谱"更接近于科技术语意义上的"谱系"。类似地，《大辞海·生命科学卷》暂未收"谱系"，收有"系谱"，系谱，"亦称'家谱'。一个家族各世代成员的数量、亲缘关系、特定基因和遗传标记在家族内的传递、表达知分布的记载。"③ 再据《辞源》："谱系，记述宗族系统或物类系统等的书。《隋书·经籍志》二：'氏姓之书，其所由来远矣。……今录其见存者，以为谱系篇。'所录除帝王、世族家谱、姓谱之外，并有竹谱、钱谱等。"④ 不难看出，作为日常语词的"谱系"（通过语文工具书《现代汉语词典》了解其意义）和作为术语的"谱系"在语义上仍是有交叉的，且通过《辞源》不难看出该词自身还有一定的中华文化特色。"谱系"在这里准确贴切地改变了认知域，适应和创设了新的认知语境，十分恰当地呈现了百年来党一代又一代的接续奋斗史及奋斗过程中的精神接力，精准而鲜明。

又如，"坚决清除一切损害党的先进性和纯洁性的因素，清除一切侵蚀党的健康肌体的病毒，确保党不变质、不变色、不变味，确保党在新时代坚持和发展中国特色社会主义的历史进程中始终成为坚强领导核心！"其中"病毒"也是一个典型的科技术语，在这里亦为暗喻用法，适

---

① 中国社会科学院语言研究所词典编辑室编：《现代汉语词典》（第7版），商务印书馆2016年版，第1018页。

② 中国社会科学院语言研究所词典编辑室编：《现代汉语词典》（第7版），商务印书馆2016年版，第1407页。

③ 夏征农、陈至立主编，杨雄里等编著：《大辞海·生命科学卷》，上海辞书出版社2012年版，第154页。

④ 何九盈、王宁、董琨主编：《辞源》（第三版）（四册本），商务印书馆2018年版，第3842页。

切而精警。病毒,"一类没有细胞结构但有遗传、复制等生命特征,主要由核酸和蛋白质组成的微小生物"①。另据《现代汉语词典》(第7版),"①比病菌更小的病原体,多用电子显微镜才能看见。没有细胞结构,但有遗传、变异等生命特征,一般能通过阻挡细菌的过滤器,所以也叫滤过性病毒。天花、麻疹、牛瘟等就是由不同的病毒引起的。②指计算机病毒。"② 以上两部工具书虽因认知域的不尽相同而释义有所不同,但都有共同的义素,如"微小"。病毒虽"微小",但我们党零容忍一切侵蚀党的健康肌体的病毒,可见我们党确保党不变质、不变色、不变味的决心和魄力。

再有,"坚持合作、不搞对抗,坚持开放、不搞封闭,坚持互利共赢、不搞零和博弈,反对霸权主义和强权政治,推动历史车轮向着光明的目标前进!"其中"零和博弈"是一个经济学术语(广义的科技语),据《大辞海》,零和博弈,"亦称'严格竞争博弈'、'常和博弈'。指博弈参与人相互竞争,且整个博弈中所有人总收益为常数的博弈,在零和博弈中,一个人的所得恰是其他人的所失,参与人的利益是完全对立的。例如打牌、下棋和体育比赛等都属于零和博弈。"③ "七一"讲话旗帜鲜明地否定(即"不搞")这种非合作博弈,且在话语形式上也非常易于认知:一方面"零和博弈"与日常语词"不搞"直接组合;另一方面"不搞零和博弈"与"坚持互利共赢"成对使用,严整完备,"坚持"和"不搞"掷地有声。以上科技语均不在其原领域使用,而是运用于理论论域,均通过隐喻,激活认知语义,适应了普通党员干部群众的认知语境,从而提高了可接受度。

陈望道先生指出语言文字"尽职"即为美,"文章在传达意思的职务

---

① 夏征农、陈至立主编,杨雄里等编著:《大辞海·生命科学卷》,上海辞书出版社2012年版,第214页。

② 中国社会科学院语言研究所词典编辑室编:《现代汉语词典》(第7版),商务印书馆2016年版,第95页。

③ 夏征农、陈至立主编,谈敏、丛树海编:《大辞海·经济卷》,上海辞书出版社2015年版,第276页。

上能够尽职就是'美',能够尽职的属性就是'美质'。这个美质,也并不一定要显现在文章上,如显现在言语上也未始不可能,单就显现在文章上的而说,就是'文章的美质'。"① 习近平总书记的"七一"讲话既是"文章"也是"言语",语词的运用都是"尽职"的,是审美化运用。蒋孔阳先生认为美在创造中,"我们应当把美看成是一个开放性的系统,不仅由多方面的原因与契机所形成,而且在主体与客体交相作用的过程中,处在永恒的变化和创造的过程中。美的特点,就是恒新恒异的创造。"② "七一"讲话中所运用的科技术语是一个开放性的系统,也属多个领域多个方面,"七一"讲话中的科技术语是"尽职"地创造,是审美化运用,在运用中适应并同时营造了中华民族的认知语境,彰显了中国特色。

二 文化语词的日常型使用

除了科技术语,"七一"讲话也使用了一定量的文化语词。这里所说的文化语词,可直接体现中国特色:或者出自文化典籍;或者承载文化基因;或者标记文化成果或现象;或者自身蕴含文化。

中国文化典籍浩如烟海,是我们当今十分重要的人文资源,在某种意义上也是建构中国特色话语体系的重要源头活水。"七一"讲话中有的文化语词即出自文化典籍,例如"小康"见于《诗经·大雅·民劳》和《礼记·礼运》等文献。"1979年12月6日,邓小平同志在会见日本首相大平正芳时提出,中国现代化所要达到的目标不是你们那个样子,而是小康状态。1984年3月25日,邓小平同志会见日本首相中曾根康弘时指出,'翻两番,国民生产总值人均达到八百美元,就是到本世纪末在中国建立一个小康社会。这个小康社会,叫做中国式的现代化。翻两番、小

---

① 陈望道:《陈望道全集》(第四卷),浙江大学出版社2011年版,第56页。
② 蒋孔阳:《美学新论》,人民文学出版社2006年版,第149页。

康社会、中国式的现代化,这些都是我们的新概念。'"① 不难看出,"小康"这个文化语词作为一个新术语的中国特色。"小平同志借用中国古代术语,赋予其新的内涵,作为中国现代化的目标提出来,进而领导我们党制定了'三步走'发展战略。党的十六大、十七大、十八大、十九大对全面建设(成)小康社会均作出系统部署,即到建党一百年时建成经济更加发展、民主更加健全、科教更加进步、文化更加繁荣、社会更加和谐、人民生活更加殷实的小康社会。"② 也就是说当代语境下,"小康"已是一个重要的名词术语,是一个典型的中国特色名词术语,正如沈国舫院士所言,"比如'小康'这个词,国际上本来没有,是我们在改革和发展中创造出来并赋予其内容。"③ "七一"讲话虽然不是首次使用"小康",但"小康"于"七一"讲话中特别有意义,在此习近平总书记郑重宣布,"实现了人民生活从温饱不足到总体小康、奔向全面小康的历史性跨越,为实现中华民族伟大复兴提供了充满新的活力的体制保证和快速发展的物质条件。"显然,"小康"已经走出书斋,奔进了寻常百姓家。

有的文化语词承载文化基因。例如,"打江山、守江山,守的是人民的心。"还有,"人民军队为党和人民建立了不朽功勋,是保卫红色江山、维护民族尊严的坚强柱石,也是维护地区和世界和平的强大力量。"其中的"江山",《现代汉语词典》的解释是"江河和山岭,多用来指国家或国家的政权",④ 另据《辞源》:江山,"一山川,山河。《庄子·山木》:'彼其道远而险,又有江山,我无舟车,奈何?'二指国土,国家。《文选》三国魏锺士季(会)《檄蜀文》:'(太祖)拯其将坠,造我区

---

① 谢伏瞻:《加快构建中国特色哲学社会科学学科体系、学术体系、话语体系》,《中国社会科学》2019 年第 5 期。
② 谢伏瞻:《加快构建中国特色哲学社会科学学科体系、学术体系、话语体系》,《中国社会科学》2019 年第 5 期。
③ 叶艳玲.沈国舫:《搞学问的人须重视科技名词》,《光明日报》2008 年 4 月 7 日第 10 版。
④ 中国社会科学院语言研究所词典编辑室编:《现代汉语词典》(第 7 版),商务印书馆 2016 年版,第 644 页。

夏，……然江山之外，异政殊俗。率土齐民，未蒙王化。'"① 可见"江山"至少在《文选》问世的时代（南朝）就已经指"国家或国家的政权"了，虽然那时"国家"的概念形式未必有，且"国家"对应物的内涵与现代也不尽相同，其文化意义自不待言。在特定认知语境下习近平总书记的随文解释是"江山就是人民、人民就是江山"，如"江山如此多娇"（毛泽东《沁园春·雪》）和上例中的"打江山"，前后一脉相承，既有浓郁的文化气息又平易近人，——哪个老百姓没有跟江山打过交道呢？另从话语形式上看，"江山就是人民，人民就是江山"是典型的回文，"江山"和"人民"二者是逻辑上的完全等值，充分体现了以人民为中心的理念，完全贴合民心。话语形式的回环往复，既给人以审美愉悦，同时又大气磅礴。此外，类似的"血脉"之适用（适当使用）也极富特色，"我们要继续弘扬光荣传统、赓续红色血脉，永远把伟大建党精神继承下去、发扬光大！""中国共产党根基在人民、血脉在人民、力量在人民。"其中"血脉"，《现代汉语词典》给出的解释是：①中医指人体内的血管或血液循环：~流通。②血统：~相连。②《辞源》给出了较早问世的语例，"一体内流通血液的脉络。即血管。《史记·乐书》：'故音乐者，所以动荡血脉，通流精神而和正心也。'又一〇五《扁鹊传》：'扁鹊复见曰：'君有疾在血脉，不治恐深。'二血统。《梁书·刘杳传》：'王僧孺被敕撰谱，访杳血脉所因。'也作'血脉'。唐罗隐《甲乙集》七《寄酬邺王罗令公》诗之三：'敢将衰弱附强宗，细算还缘血脉同。'"③ 还可参《辞海》的解释：血脉，"①中医学名词，指血液流通运行的脉道。《吕氏春秋·达郁》：'血脉欲其通也，筋骨欲其固也。'血脉与心关系密切。《素问·痿论》：'心主身之血脉。'通过心气的推动，使血液循着脉道运行全身而营养脏器组织。②犹血统。《梁书·刘杳传》：'王僧孺被敕撰

---

① 何九盈、王宁、董琨主编：《辞源》（第三版），商务印书馆2018年版，第2285页。
② 中国社会科学院语言研究所词典编辑室编：《现代汉语词典》（第7版），商务印书馆2016年版，第1491页。
③ 何九盈、王宁、董琨主编：《辞源》（第三版），商务印书馆2018年版，第3685页。

谱，访杳血脉所因。'"① 语例表明，"血统"意义上的"血脉"古已有之，此情形正如"国家或国家的政权"意义上的"江山"。有意思的是，"江山"和"血脉"的语义引申关系也是相似的，均由表示具体对象的语义引申出相对抽象的所指对象。了解认知域及认知语境的改变，可以更全面地理解其话语义，不难看出，这里的"血脉"用的是其引申义，也有很深的文化意味。另如，"必将在14亿多中国人民用血肉筑成的钢铁长城面前碰得头破血流！"据《汉语大词典》"长城"：①供防御用的绵亘不绝的城墙。春秋战国时各国出于防御目的，分别在边境形势险要处修筑长城。②喻指可资倚重的人或坚不可摧的力量。《宋书·檀道济传》："道济见收，脱帻投地曰：'乃复坏汝万里之长城。'"《新唐书·隐逸传·秦系》："长卿自以为五言长城，系用偏师攻之，虽老益壮。"宋陆游《书愤》诗："塞上长城空自许，镜中衰鬓已先斑。"柳亚子《寄朱玉阶总司令延安》诗歌："武力由来属民众，中华民族此长城。"② 其中的"长城"的文化意蕴和中国特色也不难理解。

有的文化语词标记文化成果或现象。如"推动共建'一带一路'高质量发展，以中国的新发展为世界提供新机遇。"又如，"过去一百年，中国共产党向人民、向历史交出了一份优异的答卷。现在，中国共产党团结带领中国人民又踏上了实现第二个百年奋斗目标新的赶考之路。"其中"一带一路"和"赶考之路"，在一定意义上是历史符号，是中华文化某种要素的镜像，映照或标记了特定历史文化现象，颇具中国特色。一带一路，是"丝绸之路经济带"和"21世纪海上丝绸之路"的简称，建设"新丝绸之路经济带"和"21世纪海上丝绸之路"的倡议于2013年9月和10月由中国国家主席习近平分别提出。当今，"一带一路"成为置身于其中的各方主体对话的最重要的语境之一。"一带一路"作为一个概念术语，其外延在地理上，贯穿欧亚大陆，东边连接亚太经济圈，西边

---

① 夏征农主编：《辞海》（1999年版普及本），上海辞书出版社1999年版，第5385页。
② 汉语大词典编辑委员会编：《汉语大词典》（第十一册），汉语大词典出版社1993年版，第610页。

沟通欧洲经济圈；在历史上，陆上丝绸之路和海上丝绸之路就是我国同中亚、东南亚、南亚、西亚、东非、欧洲经贸和文化交流的大通道。就其内涵而言，"一带一路"倡议是对古"丝绸之路"这一历史符号的传承和提升，一带一路上的国家和地区颇具认同感。丝绸之路经济带和21世纪海上丝绸之路倡议具有深厚历史渊源和人文底蕴。① 赶考，"前往应试。多指赶赴科举考试。《儿女英雄传》第三五回：'魁星是管念书赶考的人中不中的。'《文明小史》第十五回：'学院按临，别人家也要动身去赶考。'蔡东藩《情史通俗演义》第五七回：'为了读书赶考，更弄得两手空空。'"② 在新时代"考试"中，时代是出卷人，我们是答卷人，人民是阅卷人。

有的文化语词自身蕴含文化。例如，"敢于斗争，善于斗争，逢山开道、遇水架桥，勇于战胜一切风险挑战！"据《汉语大词典》：逢山开道，形容不畏艰险，在前开路。常与"遇水叠桥"连用。元关汉卿《哭存孝》第二折："三千鸦兵为先锋，逢山开道，遇水叠桥。"元康进之《李逵负荆》第三折："我今日同你两个来这杏花庄上呵，倒做了逢山开道。"亦作"逢山开路"。元纪君祥《赵氏孤儿》楔子："傍边转过一个壮士，一臂扶轮，一手策马，逢山开路，救出赵盾去了。"《三国演义》第五十回："操（曹操）大怒，叱曰：'军旅逢山开路，遇水叠桥，岂有泥泞不堪行之理！'"《水浒传》第一〇七回："回文再说卢俊义这支兵马，望西京进发，逢山开路，遇水填桥。"③ 类似的还有"主心骨"，"确保我们党在世界形势深刻变化的历史进程中始终走在时代前列，在应对国内外各种风险挑战的历史进程中始终成为全国人民的主心骨！"据《汉语大词典》，主心骨是指：①可依靠的核心力量。老舍《月牙集·新时代的旧悲剧一》："父亲是他的主心骨，象个活神仙似的，能暗中保佑他。"淘尔夫

---

① 张春泉：《"一带一路"语境下的宏观语言博弈》，《社会科学家》2016年第4期。
② 汉语大词典编辑委员会编：《汉语大词典》（第九册），汉语大词典出版社1992年版，第1138页。
③ 汉语大词典编辑委员会编：《汉语大词典》（第十册），汉语大词典出版社1992年版，第914页。

《伐木者的旅行》："他是好人，也是我们这棚子里的主心骨。"① "七一"讲话这里使用"主心骨"十分妥帖。再有"打铁必须自身硬"，"新的征程上，我们要牢记打铁必须自身硬的道理，增强全面从严治党永远在路上的政治自觉，以党的政治建设为统领，继续推进新时代党的建设新的伟大工程……"和"主心骨"一样接地气，"打铁必须自身硬"比"打铁还需自身硬"语气更强，"打铁还需自身硬，指做任何事，首先要靠自己有过硬的作风和本领。也作'打铁要靠本身硬''打铁全靠身板儿硬'。"② 以上各例中的"逢山开道、遇水架桥""主心骨""打铁必须自身硬"是老百姓耳熟能详的惯用语，可接受性强，可以说，这些语词自身即中华文化的某种结晶。以上文化语词的附加义也都适当营造了认知语境，提升了自身可接受度，并有助于标记和凸显中国特色。

三　日常语词的综合性配置

这里所说的"综合性配置"至少有两层意思：其一，是缩略语，如"两个""四个"等，是日常语词形式和内容上的自身综合；其二，是日常语词与前文所述及之科技术语、文化语词有效配合使用。例如数字数词是较为典型的日常语词，"七一"讲话对某些数字数词类日常语词进行了一定的综合性配置，具有很强的表现力。

与此前的一些重要文献里相应概念术语所建构的认知语境一脉相承，"七一"讲话用了"第一个百年奋斗目标"和"第二个百年奋斗目标"等重要表述，便于普通干部群众理解和接受，并与前文所述及之"小康社会"等综合性地配置在一起。例如"在这里，我代表党和人民庄严宣告，经过全党全国各族人民持续奋斗，我们实现了第一个百年奋斗目标，在中华大地上全面建成了小康社会，历史性地解决了绝对贫困问题，正在意气风发向着全面建成社会主义现代化强国的第二个百年奋斗目标迈

---

①　汉语大词典编辑委员会编：《汉语大词典》（第一册），汉语大词典出版社1986年版，第696页。
②　马建东、温端政主编：《谚语辞海》，上海辞书出版社2017年版，第149页。

进。"党的十五大报告提出"两个一百年"奋斗目标,党的十六大、十七大均对两个一百年奋斗目标作了强调和安排。党的十八大向中国人民发出向实现"两个一百年"奋斗目标进军的时代号召,"两个一百年"自此成为一个固定关键词,成为全国各族人民共同的奋斗目标。"七一"讲话时"两个一百年"中的第一个百年奋斗目标业已实现,故在话语形式上分开表述,即分出"第一个百年奋斗目标"和"第二个百年奋斗目标",分别进行表述,切合人们的认知语境,同时也建构了新的认知语境。类似地,"新的征程上,我们必须坚持党的全面领导,不断完善党的领导,增强'四个意识'、坚定'四个自信'、做到'两个维护',牢记'国之大者',不断提高党科学执政、民主执政、依法执政水平,充分发挥党总揽全局、协调各方的领导核心作用!"其中"四个意识""四个自信""两个维护"等数量短语与"国之大者"综合起来使用,可谓顶天立地。再如,"为了实现中华民族伟大复兴,中国共产党团结带领中国人民,自信自强、守正创新,统揽伟大斗争、伟大工程、伟大事业、伟大梦想,创造了新时代中国特色社会主义的伟大成就。"另如,"中国共产党和中国人民以英勇顽强的奋斗向世界庄严宣告,改革开放是决定当代中国前途命运的关键一招,中国大踏步赶上了时代!"显然,其中的"梦想"和"一招"都是日常语词,这些日常语词便于普通党员干部群众理解和接受。类似地,"协同推进人民富裕、国家强盛、中国美丽。"其中,"中国"与"美丽"直接组合,既新鲜又日常。这些都适应了特定认知语境,有利于提高理论话语的接受度,有助于主体间有效互动。

日常语词的综合性配置,极富表现力。例如,"1840年鸦片战争以后,中国逐步成为半殖民地半封建社会,国家蒙辱、人民蒙难、文明蒙尘,中华民族遭受了前所未有的劫难。"其中,"国家蒙辱、人民蒙难、文明蒙尘"由三个四音节的主谓结构排比而成,主语"国家""人民""文明"分别与表被动的"蒙"直接组合,"蒙"间隔反复出现,精警有力。类似地,"我们经过北伐战争、土地革命战争、抗日战争、解放战争,以武装的革命反对武装的反革命,推翻帝国主义、封建主义、官僚资本主义三座大山,建立了人民当家作主的中华人民共和国,实现了民族独立、人民解放。新民主主义革命的胜利,彻底结束了旧中国半殖民地半封建社会的历史,彻底结束了旧中国一盘散沙的局面,彻底废除了列强强加给中国的不平等条约和帝国主义在中国的一切特权,为实现中华民族伟大复兴创造了根本社会条件。"上例"北伐战争、土地革命战争、抗日战争、解放战争"及"帝国主义、封建主义、官僚资本主义"等系列历史概念术语群与日常语词"三座大山"综合配置,紧接着,三个"彻底"间隔反复出现,气势磅礴,气壮山河。

据我们初步统计,"七一"讲话全篇的一个高频词语是"实现",全篇共出现33次,日常语词"实现"多与其后的宾语综合配置形成动宾结构,宾语多含术语专名,如"第一个百年奋斗目标""中华民族伟大复兴""中华民族有史以来最为广泛而深刻的社会变革""新中国成立以来党的历史上具有深远意义的伟大转折"等。"实现"后加表示完成体的助词"了",则"实现了"其后可接谓词性成分,如"从生产力相对落后的状况到经济总量跃居世界第二的历史性突破"等。"实现"是已经完成,是"使成为事实"。① 这是崇实、求实、务实的文风的体现,也是党和全体人民自豪、自信的体现。从语用逻辑(语用学)的角度看,实现了的事实信息往往是可以内化为接受者认知语境的共有信息,这更有助于表达者与接受者的互动。类似的还有"人民"等高频词,特色鲜明,完美地适应了认知语境,充分体现了党以人民为中心的理念。

总之,以上特色语词的恰当运用,语符和语符使用者、主体和主体之间有效关联互动,认知与审美逻辑地交响,② 充分体现了话语建构的继承性、民族性、创新性、时代性,凸显了中国特色。习近平总书记"七一"讲话是典范的理论话语,是经典的马克思主义文本,必将对马克思

---

① 中国社会科学院语言研究所词典编辑室编:《现代汉语词典》(第7版),商务印书馆2016年版,第1186页。

② 张春泉:《认知与审美交响的术语修辞:钱锺书〈围城〉中的科技术语管窥》,《西南大学学报》(社会科学版)2020年第1期。

主义中国化和中国特色话语体系建设产生重要而深远的影响，需反复研读，需不断进行文本细读，研究和考据文本。习近平总书记《在哲学社会科学工作座谈会上的讲话》指出，"我看过一些西方研究马克思主义的书，其结论未必正确，但在研究和考据马克思主义文本上，功课做得还是可以的。相比之下，我们一些研究在这方面的努力就远远不够了。"①我们这里只是就经典文本中的特色语词从语用逻辑角度基于认知语境谈了一些学习心得，期待学界有更为深入的研究。

---

① 习近平:《在哲学社会科学工作座谈会上的讲话》,《人民日报》2016 年 5 月 19 日第 2 版。

区域文化与地名用字研究

主持人语

主持人：周文德

主持人语：

地名是传统文化遗产，也是非物质文化遗产。地名用字是地名文化遗产的重要组成部分，在世界地名文化大观园里，中国地名的用字是一道最为独特的文化景观。地名用字与常规的语文用字有所不同，首先是通行范围有限，特别是地名专用字，地域差异比较明显，有些地名专用字仅仅通行于某些地域或某个区域，甚至通行范围很窄。其次是生僻字、自造字、方言字、异体字、异读字较多，在地名中的识读与常规语文中的音义有别。最后是一些地名专用字，与当地方言土语纠缠在一起，写法与读音比较独特。本辑所收两篇文章，周文德、黄小英以单个地名用字为个例，对江苏省宿迁市泗洪县地名专用字"圾"的形、音、义进行辨识，古今通行的字典辞书均未收录这个字。陈诗雨以特定地域为案例，对重庆市万州区地名中的特殊用字作全方位整理与扫描。在高度信息化的当下，地名用字已与我们的日常生活分不开了，不经意间我们难免要遇上地域色彩浓厚的地名用字，多角度多视野搜集整理并研究地名用字，是当今信息化建设与地名治理现代化的迫切需要。

重庆万州地名特殊用字研究*

陈诗雨**

内容提要：我国地域辽阔、历史悠久、民族众多，语言文字使用复杂，地名用字情况纷繁复杂。从其音来说，存在"古读""训读""异读""俗读"等现象；从其形来说，存在"一地多名""一名多写""重名""特殊（疑难）用字"等现象，使得地名"书同文"的工作道路艰难曲折。本文是对重庆市万州区地名中的特殊用字进行的一次摸底式研究，对其进行逐一考证，可为用字审音定义，实现疑难用字的概念普及，进一步促进语言文字工作，推动地名标准化工作的开展。

关键词：万州；地名；特殊用字

地名作为基础地理信息，对其进行严格管理与深入研究，有利于维护国家主权和领土完整、巩固国防建设，有利于我国经济社会协调发展，以及社会交流交往，方便人民群众生产生活，对提高行政部门管理水平和公共服务能力具有十分重要的意义。今天，我国地名用字中依然大量存在认读困难的一批特殊用字，对行政管理和群众使用都造成了一定困

---

* ［基金项目］2018年国家社会科学基金重大项目"地名用字搜集整理、形音义研究与基础信息平台建设"（18ZDA294）。

** ［作者简介］陈诗雨（1991— ），女，重庆三峡学院文学院讲师，研究方向为地名用字与地名文化。

扰。"自 2000 年 4 月起,民政部、教育部、国家语委组织审定全国政区名称的用字和读音,将重点审定的生僻字界定为两级:未被收录于 1988 年 1 月发布的《现代汉语常用字表》(3500 字)者为'次生僻字',未被收录于 1988 年 3 月发布的《现代汉语常用字表》(7000 字)者为'生僻字'。"[①] 2013 年 6 月《通用规范汉字表》发布,收字 8105 个,且依据字的通行程度分为三级。此表整合优化了我国近 60 年来的汉字规范,其数据内容在覆盖前面两表的基础上加以补充修正;同时又以多个语料库数据作为研究支撑,具有权威性和科学性,因此该表在地名用字研究中常用作汉字的甄别判断。

在本作研究中可见重庆万州地名特殊用字虽然在地名总量中占比较少,但在局部地方有特殊用字凸显的情况。处于山地丘岭的农村居民点名称和自然地理实体名称因受到外界影响较小,是其集中生存的区域。此类用字分三种情况:一、生僻字:即人们不常见、不熟悉的汉字,难认且含义晦涩,在本文中特指《通用规范汉字表》中的三级字,作为不常用字满足专门领域(地名)的用字需要;二、非通用汉字:指未被收录进《通用规范汉字表》中的汉字。这类字多为一定区域内流行的异体字和自造字(方言字),仅于少部分现代字书、方言字(词)典中收录,往往由随意改动其偏旁或字体结构而成;三、使用不明确的用字,即字形混用、方音改写、一名多写等,此类情况往往成组(对)出现。具体如下:

一 生僻字

【瀼】

"瀼"字万州方音读作[zaŋ42]。《通用规范汉字表》中属于三级字(序号 8258)。万州地名中共计出现 23 次,如:瀼渡桥、瀼王宫、瀼柱路等,见于瀼渡镇、太白街道、柱山乡。其中以瀼渡镇最多,为 21 次,占

[①] 商伟凡:《中国地名标准化的解析与展望》,社会科学文献出版社 2015 年版,第 15 页。

比91.3%。瀼渡镇，位于万州区西南部，是三峡库区移民重镇之一。瀼渡古称"瀼涂"，始见于《水经注·江水》中"江水东迳儴涂而历和滩"，儴涂即瀼涂。明代《正德夔州府志》记载设驿站"瀼涂驿"，后渐成集市。后又因此地设有"渡口"，因此自民国起便谐音衍变为"瀼渡（场）"。

《说文新附·水部》："瀼，露浓貌。"《玉篇·水部》（p.354）："瀼，露盛皃。"此字本义为露水茂盛之意，多叠用，音ráng，《广韵》汝阳切。如《诗·郑风·野有蔓草》："野有蔓草，零露瀼瀼。"除此之外还有二义，一是读作nǎng，波浪开合貌，即水波涌动之意。二是读作ràng，指流入江河的山溪水《汉语大词典》（p.215）。《正字通·水部》（p.1275）："瀼，夔州涧水横通山谷间，市人谓之瀼。"西南官话中，蜀地称通江的山涧溪流为"瀼"，并分其左右称之为瀼东和瀼西。今天重庆市部分区县：万州区、云阳县、奉节县等地区以"瀼"为水名、地名者甚多，此用法和读音于今天也大体为共识。

此外，"瀼"字还有另一种民间说法，即其原字应写作"獽"。

"獽"字音ráng，《广韵》汝阳切。《说文》无，《字汇·犬部》收录了该字，但仅注音"汝羊切"，无释义。《类篇》（p.360）《康熙字典》（p.1724）《中华大字典》（p.1289）等字书中均释义"獽"为兽名，实则还有另一含义，即少数民族名称。《汉语大字典》（p.1478）："古代对西南一少数民族的蔑称，该少数民族多分布于今四川省和重庆市。"《华阳国志·巴志》："涪陵郡……土地山险水滩，人多戆勇，多獽、蜑之民。"《隋书·南蛮传》："南蛮杂类，与华人错居，曰蜒，曰獽……随山洞而居，古先所谓百越是也。"综上，"瀼"本字也有作"獽"一说，为我国"西南少数民族名称，而瀼渡（驿）则为獽人聚居之城邑"（陈勃，2011）。

【坉】

"坉"字音tún，《广韵》徒浑切，万州方音读作［tʻuən21］，《通用规范汉字表》中属三级字（序号6574）。万州地名中共计出现2次：斑竹圫、偏达圫，两地均属郭村镇农村居民点名称。据地名资料记载，"斑竹圫"因其主要植被"斑竹"和具体地形地貌而得名；"偏达圫"因其较偏远的地理位置和具体地形地貌而得名。但以上均未对"圫"字所指地形地貌单独释义。

《说文》无。现今"圫"字读音有二，一为 tún，《集韵》（p.142）："圫，田陇。"表示田垄。读此音时，"圫"字还有"用草裹土筑城或填水（《康熙字典·土部》p.525）"和"寨子（《汉语大字典》p.453）"的意思，郭村镇地处平坝，地势南部较北部略高，耕地面积较大，但"斑竹圫""偏达圫"所指并非田垄，而是指村落，这与"寨子"一说大同小异。

另外，"圫"字音 dùn 时为填塞；混沌之意。《康熙字典·土部》（p.525）："填塞也。"《集韵》（p.142）："圫，塞也。"另外，《汉语大词典》（p.2782）："同沌，混沌。"即亦有形容词用法。

综上，"圫"读音有二，含义众多。归结起来，作动词：①表用草裹土筑城或填水，读 tún。②填塞，读 dùn。作名词：①田陇②寨子。作形容词：①混沌，模糊不清。②水流湍急貌。但在万州地名中，作为自然村落名称使用。

【楒】

"楒"字音 sī，万州方音读作 [si55]，见于万州龙驹镇农村居民点的名称：楒栗树。《通用规范汉字表》属于三级字（序号7639）。

该字出于《集韵》（p.52）："相楒木名，通作'思'。"《广韵》（p.59）"息滋切"，以为"楒"即"相楒木"之意。《说文》无。《龙龛手鉴·木部》（p.313）："音思，相楒，木名。"在今天看来，"楒"为豆科类植物，即"相思树"（《汉语大字典》p.1340）。叶为羽状复叶，花为蝴蝶状，籽为红色，亦可称作"红豆树"。

其字形虽然简单，但作为木名并不常见。分两种情况：其一，部分知晓"楒栗树"者，仅知其音，不知其形，且在写读过程中以"思"为本字。其二，人们通常在认识该字时，单取其偏旁"思"进行认读，虽读音相同但对该字实质并未真正掌握。

【梗】

"梗"字音 pián，万州方音读作 [pʻian21]。见于罗田镇的农村居民点名称之中：方家梗、肖家梗。《通用规范汉字表》属于三级字（序号 7641）。

《说文》无，《广韵》（p.139）："木名。"《集韵》（p.168）："梗，木名，似豫樟。""豫樟"同"豫章"，《神异经》中曾写道"东方有豫章树，高千丈"，是枕木和樟木的并称（《汉语大词典》p.14007）。又如《史记·司马相如列传》："其北则有阴林巨树，梗枏豫章"，颜狮古注：梗，即今黄梗木也。《类篇》（p.203）、《康熙字典》（p.1290）、《中华字海》（p.765）、《汉语大字典》（p.1341）、《中华大字典》（p.1199）等释义同。

"梗"，作为古书上的一种南方大木，现难以考证其具体信息，但此树高而厚重，质地坚密，因此常被百姓所用，或为棺椁，或为柱梁。"宗溟虽圳浍，成厦必梗枏"，其品种树木之优良特性也随后引申出"栋梁之材"的比喻意思。

万州两处含有"梗"的地名，皆以清初时期有方姓、肖姓居民住于此处的缘由而命名。"梗"字体现了特有的自然植被，但由于其生疏少见，外乡人对该字往往选择部分偏旁进行认读；或在口口相传中读准其音，但无法辨识和书写正确用字。

【堖】

"堖"字音 nǎo，万州方音读作 [lau42]，见于万州恒合土家族乡的纪念地名称之中：余古堖黄氏墓。在《通用规范汉字表》中属于三级字（序号 6826）。

《说文》无。此字于万州表示"小山头"之意，《汉语大字典》（P.474）释义该字多存在于方言之中，表"山冈、丘陵较平的顶部"，一般于地名中出现。例如：河北省的"坛唐堖"、江西省的"高虎堖"等。《中国地名通名集解》（P.96）："堖，＜方＞山丘，山岗，山坡的最高处。"在地名中既可以指具体的山峰，也用作山名和丘陵名，甚至在自然村落名称中也有使用。《汉语方言大词典》（p.3820）中也有土堆、山丘、山顶之意。

"垴"作为"堖"的类推简化字，部分字词书存在交叉收录的情况。《广韵》（P.302）："堖，头脑。奴皓切。"在《汉语大字典》（第一版）（P.469）中"堖"除上述"小山头"之意以外，还等同于"脑"。考证"脑"字，《广韵》（p.302）："脑，同堖。"《汉语大字典》（P.2252）"脑"字除了表示"头脑"相关释义外，也指"物体的中心部分"。《中国地名通名集解》（P.96）："脑，物体的中心部分；自然地理实体的顶部。"在地名中也用作山峰名称分布于我国众多省份，其中特指山峰顶部、山头含义的地名比比皆是。如此一来，也反向印证了"垴"字所指含义。即表示山或丘陵的顶部，如：山头、山岗。"余古垴"也正是此类地形，后有黄姓先祖葬于此处，故名"余古垴黄氏墓"，其地理选址及设计纹饰对考证当地清代时期的丧葬文化有一定价值。

【溁】

"溁"字音 yíng，《集韵》维倾切，万州方音读作［yn21］，见于万州李河镇的公路名称之中：溁溪路。《通用规范汉字表》属于三级字（序号7556）。

"溁"字为"濴"字的类推简化字，一般多见于地名之中，如湖南长沙的溁湾镇。大部分工具书收录了"濴"字。《说文》无。《集韵》（p.241）及《类篇》（p.405）中"濴""滎""瀯""濚"四字同，指水回貌和流水的回波，并谓之重音字；其中"濚"为"濴"字的俗写。此结论为大部分字词书之共识。① 此部分以"溁"字为主要考察对象，但对其余相关字亦逐一考释，以把握其关联：

"溁"字共有二义。其一《康熙字典·水部》（P.1560）同"瀯"，表示流水回旋貌。其二《玉篇·水部》（p.357）"溁""濴"同指"水泉

---

① 参见《集韵》第241页，《字汇》第577页，《康熙字典》第1560页，《中华字海》第578页，《汉语大字典》。

貌",表示水泉向上涌动之态。

"濙"字音 yíng,共有三义。《说文》无。《字汇·水部》(p. 574)"濙"与"濙"同,《玉篇》(p. 357):"濙,音营,水洄。"《集韵》(p. 241):"濙濙,水回貌。"其一是特指水流回旋的样子。其二为"小水"意,即池水,如:渟濙。其三,柳宗元《永州八记》:"濙濙之声与耳谋",指水声。

"濴"字音 yíng,《广韵》余倾切,《说文》无。《类篇·水部》(P. 405):"回波曰濴。"《广韵》(P. 191):"波势回貌"。也指水波回旋的意思。常以"瀴濴"形式出现,表示细小的水流。

"濚"字音 yíng,共有二义。其一,《玉篇》乌迥切,音莹,与"濴"同(《康熙字典》p. 1571)。指代小水,即池水。其二,《集韵》维倾切,音营,与"濙"同,表示水流回旋的样子。

综上,"濙""濴""濙""濚"四字意思基本一致,均有水流弯曲,水波荡漾的含义,同读作 yíng。万州李河镇的"濚溪路",因穿过濚溪而命名。濚溪由北向南,濚洄曲抱,因溪水呈现出颇有特色的回旋貌而命名。其具体地形地貌结合上述字书含义考证,"濚"既为流水曲折回旋的样子,也特指水波涌动之态。

二 非通用汉字

【卝】

"卝"字音 guàn,《广韵》古患切,万州方音读作 [kuan215]。《通用规范汉字表》中未收录此字。见于万州甘宁镇:"冠丰(卝峰)",相关地名有:冠丰村、冠丰大队、冠丰村民委员会、冠丰水库等。此地名原为"卝峰",后因"卝"字生僻少见,故谐音为"冠峰",后又进一步谐音为"冠丰"。

《说文》无。《诗·齐风·甫田》:"总角卝兮"。毛传曰:"总角,聚两髦也。卝,幼稚也。"《康熙字典·丨部》(p. 167):"音惯。同卝。"该字本义为古代儿童头发束成两角的样子。《字汇·丨部》(p. 76):"束发如两角貌。"《中华字海》（p.27）："音惯，儿童束的上翘的两只角辨。"《汉语大字典》（p.60）："旧时儿童束发如两角之貌。"众多韵书、字书释义同，"丱"为象形字，可谓地名汉字中形义贴合性特征之典范。

究其地名用字缘由，只源于此镇中有座大山，外形酷似小孩子高高扎起的羊角辫，因此用字为"丱"；无论其意、其形均为小儿发辫貌，也即最早时期为此地命名的原因。但由于"丱"字生僻少见，不仅许多外地人，甚至本地人对此字读音都十分陌生，进而在随后的流传中用"冠"字代替。一为"冠"字谐音，不改变读音的情况下在书写和认读时较为便利；二为"冠"字有顶端、向上之积极含义，"丰"又增添丰收、丰富之吉祥色彩，故更名。但笔者认为此举不妥，"丱"字从含义来说表儿童发辫，"冠"字多指头上的发饰、帽子；从字形来说，"丱"像儿童两只上翘的发辫，且与山峰外形一致，体现此地以自然地理实体为命名之由。"冠"虽易读写，但违背了此地命名的初衷，古老地名的含义由此割断。二者"形有异"且"义有别"，从历史文化传承角度看盲目更名弊大于利。

【塥】

"塥"字音 piǎn（亦有方音为 biǎn），万州方音读作 [pʻian42] / [pian42]，在万州地名中共计出现 7 次，遍布万州 6 个乡、镇，均是作为通名使用。例如：黄泥塥（共 4 个）、大河塥、小河塥、汪家塥。"塥"字为典型的方言字，《说文解字》《康熙字典》《通用规范汉字表》中均未收录此字，即使大部分字词书有所收录，也仅是举例部分地名，并无详细释义。

《中国通名集解》（p.12）："塥音 biǎn，傍山临沟较平缓的狭长地带，一般为山间小径所经处。用作山的名称，亦用作自然村落名称。"经考察"塥"字于万州地名所指有两种含义，读音均为 piǎn，不读 biǎn。一种是长条形的低矮平地。如：分水镇"黄泥塥"、李河镇"黄泥塥"、分水镇"黄泥塥"、九池乡"黄泥塥"，因该地土壤系黄泥粘土而得名。此含义的地名亦多出现于川渝一带，有的甚至特指为"沿河"的长条形平地。例如：走马镇"小河塀"即是指小河边的一片低矮平地；余家镇"大河塀"，是因此处有河水流经。类似情况还有重庆市境内的"长河塀"（《汉语大字典》p.502），四川省境内的"铜河塀""长河塀"（《中华字海》p.235）等。

另一种含义为山坡。《汉语方言大词典》（p.5884）："塀，山坡，多用于地名。"在田野走访中发现未收录进万州地名资料的还有众多称"塀塀"的小地名，意思为小山坡上坡度较缓，较平坦的地方，龙驹镇、白羊镇、长岭镇等都有此类情况。

综上，"塀"字使用范围不广，以川渝地区居多，这与独特的自然地理实体相关联。万州属于长江上游下段，山脉居多，河流横贯。"塀"字于万州指长条形的低矮（沿河）平地，也指山坡上的小块平地。"塀"字从土，从扁，笔者认为其应属形声字；"土"表类，"扁"表声，展示地貌同时亦反映了地名汉字形义贴合的特征。

【垉】

"垉"字音"páo"，万州方音读作［pau42］，在万州地名中出现4次：转垉圪、棉花地垉、大峰垉、大垉佬，其中有2次是作为通名使用。分别位于万州区走马镇和新田镇，两镇相接位于万州区南部。《说文解字》《康熙字典》《通用规范汉字表》《辞海》等皆未收录此字。

此字于万州地名中为山丘、山包之意。《龙龛手鉴·土部》（p.191）："步交反。"《中华字海》（p.223）："音袍，义未详，见《龙龛》。"绝大多数工具书仅注音，未释义。在万州方言音中此字读bǎo，《中国地名通名集解》（p.9）："方言。山头；山丘。作为自然村落名称，主要分布于我国华东、西南等地区的部分省。"其中就以四川省万县（今万州区）"寨垉"为例。

"垉"仅在方言中出现，可基于其具体地形地貌，以及收录该字工具书释义情况综合讨论。走马镇和新田镇两镇相连，位于万州南部。新田镇地处深丘浅山地带，其地势南高北低，境内地形以低山丘陵众多，山峦交替。走马镇则地处老屋山山脉，地势为西高东低，地形也主要以山丘为主。"圫"字仅出现于这两个镇的地名之中，字形构造与其具体自然地理实体有所关联。

论"圫"字地名由来，走马镇"转圫坵"，是因为此地地处一块包地；走马镇"棉花地圫"，因为此地有较多山包种植棉花；走马镇"大峰圫"，因为此地有较多山包，"峰圫"实为"峰包"，即山峰上端突出部分，也可叫作山包；新出镇"大圫佬"，也是因此地有一土圫。四个地名从命名依据看均以其所处地区地形地貌命名，有较大的共通之处；且其地貌皆是由于此地有山头、山包类型的自然地理实体。至此，印证了《中国地名通名集解》中关于"圫"字为山头，山丘之意的说法。

李如龙《地名与语言学论集》（1993，p.202）："有些俗字本字未明，而且已经广泛通行，有的还收入字典，这类地名专用俗字（或称方言字）看来应该保留，其注音可按方言语言和普通话标准音的对应规律折合。"辽僧行均所撰《龙龛手鉴》，多收佛书俗字，亦是最早收录"圫"字者。笔者认为"圫"字于各字词书中无详细释义是因为该字属于人们在日常生活中使用的土俗字，在某一时期或具体社会环境中使用普遍，但不合乎汉字规范，仅流行于民间。不但一般字书上释义未详，甚至没有收录，就连方言韵书都无法查询。百姓根据自身对其生活环境的认识和经验，认为此处为"由泥土而筑成的山包"。"土"表意，"包"表声，故而在随后的沿用和记录中将该地形称为"圫"，读作 bǎo。

【礅】

"礅"字音 dūn，万州方音读作[tən55]，在万州出现于走马镇和熊家镇的农村居民点和纪念地名称之中，如：石礅庙、石礅寺、礅石桩。《通用规范汉字表》未收录。

《说文》无。《集韵》（p.141）："礅，石可踞者。"《汉语大字典》（p.2630）中"礅"与"礅"同"，即可供人蹲踞的厚而粗大的整块石头。《康熙字典》（p.2003）、《中华字海》（p.1035）《现代汉语词典》（p.332）等释义同。万州具体地名"石礅寺""石礅庙""礅石桩"三地均有巨大整石，因此同以自然地理实体为命名依据。该字反映出万州多山石泥土的自然环境，但根据汉字整理与规范，"礅"在《现代汉语通用字表》有所收录，但未收录到《通用规范汉字表》中。由此可见其已不属于现今通用的规范汉字，多由"墩"字替代，例如"石礅"改为"石墩"。

【灢】

"灢"字音"nǎng"，万州方音读作[laŋ21]，在万州见于甘宁镇的公路名称：灢河路。《通用规范汉字表》未收录。

《说文》无。《广韵》（P.314）："奴浪切。泱灢，水不净。"《集韵》（P.417）及《类篇》（P.411）《正字通》（P.1280）《康熙字典》（P.1580）皆引此说。"灢"字本义为水浊貌。《字汇·水部》（P.518）："泱灢，浊也。"该字为非通用字，较为生僻，使用时多以词组出现，如：泱灢。因其字形复杂，且与"瀼"字相似，故人们认读时不免误读为"瀼"字，或就其偏旁"囊"字认读。万州区甘宁镇的"灢河路"因途径"灢河"而命名，"灢"字反映了该河流含泥沙量大，水质浑浊的水文特征。

【墱】

"墱"字单用时读作 dèng，《集韵》丁邓切，万州方言读作[tən215]，《通用规范汉字表》未收录。该字在万州地名中共出现106次，分布于32个乡、镇、街道中。作为通名用字出现78次，其中以白羊镇最多为10次，占比12.82%。在工具书中释义有三：一为小坎。《玉篇·土部》（p.31）："墱，都俊切。小坎也。"二为台阶。《集韵》（p.252）："墱，飞陛谓之墱。"三为泄水之处。晋左思《魏都赋》："墱流十二，周源异口。"李周翰注："墱，级次，泄水之处，言有十二也。""墱"字于万州地名中有两种意思，一是自低处向高处的坡道，二是台阶，读作 dèng。根据《万州区志》记载，万州区境地貌多丘陵、低山、中山，山脉和山岭面积占地区总面积约91.5%，地势垂直且立体，自然形成的层级地貌众多。此外出于生活需要，人们在山岭丘陵上由低向高建造石级、阶梯的平整地块，以供通行或是劳作亦是必然之举，土地利用也呈现出显著的垂直性特征。"磴"用字之多，涉及区域之广泛，也恰好反映了万州地形地貌特色，体现了山区人民生活及劳作方式。"墱"字用作叠音"墱墱"时读为 dēng，《集韵》："都腾切，音登，表筑墙声。"因在万州地名中不涉及，此处只讨论其单用时的含义。

"墱"与"磴"音义俱近，为同源字，表示台阶或梯级。段玉裁《说文解字注》："隥，登陟之道曰隥。亦作墱。"《集韵》（p.610）中"隥""墱""磴"同。《正字通·阜部》（p.304）中"隥"亦作"墱"。《汉语大字典》（p.4476）："隥，同'磴'，阶梯，石级。"现今万州地名中的"磴"与"墱"所指皆有"台阶""层级"之意。由于万州地形沟壑纵横，平行岭谷相间，先民自古借山而居，在生活劳作过程中开凿了犹如台阶状的石阶或土坡。一般此类地形较为平坦，视野开阔，符合居住或农耕的条件，故二字反映了独特的地貌特征。"磴"作为形声兼会意字，与石紧密相关，"墱"则与土相关。因此在万州区地名通名用字中，表现的自然地理实体也略有差异。例如：罗田镇"下二磴"，地势海拔约 500 米，地形分为两层，远观犹如台阶（石磴）一般，故名；郭村镇"长磴"，因此地曾经有共四十几步的石磴子而得名。再如：新田镇"割草墱"，此土墱植被茂盛，曾常有人于此处割草而得名；长滩镇"青杠墱"，此处原泥土肥沃，生长青杠树较多而得名。百姓历来重视宗族血缘关系，因此也常将姓氏文化与地形地貌结合：龚家磴、张家磴、汪家磴；王家墱、金家墱、下黎家墱等。"磴""墱"二字不仅体现出万州地貌特点，也将人们的居住劳作习惯、思维认知情况反映于其中。

三　使用不明确的用字

【圮】【丘】

"圮"字音"qiū"，万州方音读作［tɕʻiəu55］。在万州主要出现于罗田镇、走马镇、高峰镇、五桥街道的农村居民点名称之中，如：千圮塝、罗盘圮、转坳圮、当圮。《通用规范汉字表》未收录。

《说文》无。《集韵·尤韵》（P.255）："北，或作丘，亦书作圮。"

《正字通》（P.390）《康熙字典》（P.529）《中华字海》（P.223）皆曰"坵，俗丘字"二者意同。"丘"为象形字，《说文·一部》："北，土之高也，非人所为也，从北，从一。一，地也，人居在丘南，故从北……一曰四方高中央低为丘。古文从土，坒。"根据上述意，"坵"为"丘"之俗字，且本字写作"北"。《汉语大字典》（P.18）《汉语大词典》（P.510）《中华字海》（P.17）等字书对于"丘"的释义繁多，按意义类型分，除了有"自然形成的土山""高地"；还有外观类似于小山状的隆起物，如"废墟""坟墓"等；以及形容词意义，如"大""空"等含义。《龙龛手鉴·土部》（P.190）还谈到："坵，<玉篇>云：小渚也。"即水中小块陆地。《汉语大字典》（P.18）："丘，古代区划田地、政区的单位名。"即一块田地为一坵。可见"丘"的含义还有划分了区域的田地，小洲。另外还有"村落"的意思。

"丘"含义众多，但根据万州地名实际情况，"丘（坵）"含义为两类：一是高度小于山的隆起地貌（《中国地名通名集解》P.110），如：走马镇的"转垉坵"，因此处有一包地，故名；二是田地，如：高峰镇有一地名为"当坵"，只因此处曾有一块约二十八亩的大田地，故名；罗田镇"千坵塝"，也因此处远观良田众多且排列有序，故名。

万州地名中"丘"字出现80次，36次是作为通名出现；"坵"字出现共6次，3次是作为通名出现。根据《第一批异体字整理表》规定，"坵"作为"丘"的异体字应淘汰。但目前万州"坵"字仍在继续使用，常与"丘"字互为通用。这部分地名主要出现于地名标准化未全面普及的农村居民点名称中。因为长期以来受外界影响不大，该地古老地名得到较好的"保留"，且有"千丘榜""千坵塝""千丘塝"等同音地名共存，极易造成混淆。我们可以在看到其用字不规范的同时，亦可瞥见我国文字发展的演变过程，也找到日后地名规范工作的重点领域。

【家】【窖】【告】【高】

自夏朝分封制开始，以血缘为纽带的宗族制度就根深蒂固于中国人脑海中，因此以宗族姓氏为地取名颇为常见。万州以宗族姓氏命名的原因有很多，除了百姓一般意义上的以同姓氏者聚居以外（如白羊镇"姜家湾"、甘宁镇"晏家院子"、罗田镇"轩家坪"等），另有重要原因，即与"移民"有关。无论是明末清初的"湖广填四川"，还是20世纪九十年代的"三峡库区移民"，万州地名中无处不存在着厚重的移民文化。人们在浩浩荡荡的"迁徙"过程后扎寨定居，多以自身宗族姓氏为该地命名。万州以"姓氏+家+通名"形式的地名，一半以上都与"湖广填四川"关系密切，且这类名称多见于农村居民点名称中。例如：长岭镇"熊家湾"、分水镇"龚家咀"、太白街道"宋家祠堂"等均是因熊姓人家、龚姓人家、宋姓人家在明末清初的湖广入川时期，于此地落户而形成的地名。"家"在普通话中读［tɕia55］，万州方言中部分读［tɕia55］，也有部分读［ka55］。

除此之外，在万州方言中"家"还有不同的表达形式。

首先是"窖"字，其篆文写作，为洞穴，为告，即向神灵祝祷，造字本义为将贡品放入地穴以祭告神灵。《说文·穴部》（p. 264）："窖，地藏也。从穴，告声。"为储藏物品的地穴，后有引申为动词"埋藏"之意（《汉语大字典》p. 2292）。中国人从古至今都有在房屋下建地窖以存放食物或器皿的习惯，甚至作为地下室供人居住，尤其农村更为常见。"窖"在普通话中读［tɕiau51］，万州方言中读［tɕiau215］／［kau215］，表示"家"的含义时一般读［kau215］。地名构词形式为"姓氏+窖+通名"或"姓氏+窖"，此类型地名共计有87例，遍布29个乡镇街道，据地名志记载均是因有该姓氏的人家居住而得名。长滩镇有一处唐姓人家居住的院子称"唐窖包"，因其地处山包而得名。据《唐氏族谱》记载，唐国衿为湖广填四川时迁入，其玄孙唐发春之子迁居到唐窖包，修建大院供唐氏子孙居住。另外，响水镇"张告弯"，因清代有张姓人家居住此弯而得名，后经规范改为"张家弯"。类似地名还有"毛窖""江窖""陈窖""杨窖""钟窖""刘窖湾""李窖湾""杜窖槽坊""汪窖院子""翟窖湾""牟窖大坪""付窖院子"等。笔者认为，"窖"本指地窖，从而泛指地窖以上的整座房屋，或整个家族生活的地方；再加上其读音在万州方言中与"家"相似，故两者表达同一含义。"窖"字另一个有特色的用法为：长滩方言读作［tɕiau215］，与"校"同，表示瞄准。长滩镇"窖靶石"，因此院子清朝时期为安置靶场以供骑马射箭之地，又由石板铺成，"窖靶"即瞄准靶子。

其次是"告"字，地名构词形式为"姓氏＋告＋通名"或"姓氏＋告"；"告"在普通话中读［kau51］，万州方言中同"窖"，读［kau215］。白羊镇"陈告弯"，据地名志记载是因明末湖广人入川时，有陈姓人家在此居住，并在一石岩上刻有"陈告弯"三字，故名；响水镇"王告沟"，因清代王姓人家居住在此沟而得名，后经规范改为"王家沟"；分水镇"李告院子"，因此地有李姓人家修房居住。类似地名还有黄柏乡"马告坪"、甘宁镇"王告院子""牟告沟"、恒合土家族乡"金告"等。根据地名志资料，凡上述形式的地名，均指某一姓氏人家所居住之地，因此笔者认为万州地名方言中"告"通"家"。

最后是"高"字，地名构词形式为"姓氏＋高＋通名"或"姓氏＋高"，"高"在普通话中读［kau55］，万州方言中也读［kau55］，与"窖""告"相似。地名构词形式同样为"姓氏＋高＋通名"或"姓氏＋高"，此类型地名共计有10例，遍布5个乡镇街道。双河口街道"潘高塆""潘高梁""何高塆"；燕山乡"阎高包""胡高坪""汪高包"；长岭镇"蔡高包"；长坪乡"江高"；长滩镇"杨高塆"；陈家坝街道"崔高包"等等。根据地名资料统计，"高"同样指某一姓氏的人家所居住的地方。

虽《汉语方言大词典》《现代汉语方言大词典》《中国民间方言词典》《四川方言词典》等方言辞典中没有明确记载，但本文认为"家""窖""告""高"四字作为地名在万州方言中都表达"家"的含义。原因有五：其一，无论是二普地名资料还是万州地名志对于四字的释义都相同，地名普查和地方志编写都是经过政府部门参与，可见从权威层面讲此地名释义较为可靠。其二，从方言读音看，四字分别为"家［ka55］／［tɕia55］""窖［kau51］""告［kau51］""高［kau55］"，极为相似。尤其万州话中四字若处于第二个音节，在连读时会由四声变为一声，即在地名中四字读为"家［ka55］／［tɕia55］""窖［tɕiau215］／［kau55］""告［kau55］""高［kau55］"，读音就几乎一致了。因此在口口相传中，百姓（尤其是文化教育普及度不高的农村地区）在书写地名时会出现误用、混用等现象。尤其在80年代的地名审音定字工作中，基于"从俗从众"原则，有关部门也会将此类地名现象纳入地名录中继续沿用。其三，"告""高"与"家"意思上本无直接关联，但"告"在方言中也有藏东西的地洞的含义（《汉语方言大词典》p. 2705）；"高"在万州方言中指农村土坡土坎，有"以此为界"之意，用于姓氏后可表示为某姓氏人家居住而划定的区域；由此看来"告""高"意思与读音极其相近，因此应是作为"方言通假"现象的混用书写；"窖"则是由具体地窖而泛指整个家族，与"家"同指。其四，在地名标准化的趋势下，地名的不规范现象得到纠正，响水镇"张告弯"改为"张家弯"就是很好的例子，从"告"改写为"家"，所谓正字即正音、正义，纠正不规范的同时也从另一方面证明了两字含义一脉相承。其五，在走访过程中，政府相关部门专家、当地居民、族谱资料以及湖广填四川时刻在石头上的名字，都可以较好的证明以上说法。

方言地名用字"圳"字考*

周文德　黄小英[**]

内容提要： 江苏省宿迁市泗洪县地名用字"圳"，字典、辞书中均无收录。本文通过查找文献资料，方言佐证等方法，对地名用字"圳"进行了梳理和考察，得出结论："圳"的本字为"捖"，"捖"在书写过程中误写为"圳"。

关键词： 地名用字；圳；捖；本字

一　引言

"圳头村"位于江苏省宿迁市泗洪县孙园镇，地名用字"圳"应为泗洪县人自造字，不仅在字典辞书中均无收录，且无法在计算机中显示，故县乡两级就此村在文字材料上要么将"土只"相拼，以"土只头村"的形式表示，要么使用音近的"拽头村"表示，《中华人民共和国地名大词典》："圳头：zhuǎitóu"。① 另，人民群众书信往来中也有写作"拐头""甩头"的，其使用十分混乱，有悖于语言文字的规范化。

---

* [基金项目] 国家社会科学基金重大项目"地名用字搜集整理、形音义研究与基础信息平台建设"（18ZDA294）、重庆市研究生科研创新项目"《中华人民共和国地名大词典》中地名疑难字研究"（CYS19277）。

** [作者简介] 周文德（1964—　），男，四川外国语大学教授，硕士研究生导师，研究方向为地名与地名用字研究；黄小英（1995—　），女，重庆市綦江中学教师，硕士研究生，研究方向为地名与地名用字研究。

① 崔乃夫：《中华人民共和国地名大词典》，商务印书馆2002年版，第1528页。

"土只头"原先隶属泗洪县芦沟公社（乡），1984 年，在"撤乡并镇"大潮中，芦沟乡被撤销。当时"土只头"村的 10 个村民小组，目前有 8 个村民小组被划入孙园镇，2 个村民小组被划入青阳镇，现在的"土只头村"隶属孙园镇，在其西北 9 千米处，与大盛村、张塘村、崔集村相邻。土只头村附近有洪泽湖湿地公园、淮北抗日民主根据地纪念馆、穆墩岛景区、洪泽湖湿地观鸟园、稻米文化馆等旅游景点，有泗洪大闸蟹、泗洪大枣、泗洪大米、双沟大曲、天岗湖银鱼等特产。其历史文化悠久，底蕴深厚。

商伟凡（2015）《天地经纬·地名纵横谈》载："几年前，我接到一个陌生的长途电话：'我是苏北泗洪县孙元镇一个乡村小学的语文教师。多少年来，每逢新生入学第一课，我都要教他们认识家乡的名字—zhuǎi 头村。这个 zhuǎi 字，笔画并不多，左为土，右为'只'。'学会之后，孩子们总要问：'咱村儿这么大，当年又是新四军的抗日根据地，为什么《新华字典》没有这个字，连《辞海》里都找不到？'现在，我就要退休了。离开讲台之前，只有这件心事未了……"①

由此，"土只"字音究竟从何而来，又为何义，有待考究。

二 "圵"在文献中的使用情况

在江苏地名中，除泗洪县孙园镇村名用字有"圵"字外，江苏全省使用过"圵"字的地名共有三处：

（1）圵头大队：《江苏省泗洪县地名录》："圵头大队：驻圵头"。

（2）圵头：《江苏省泗洪县地名录》："圵头，原名拐头，后读谐音圵头"。《中华人民共和国地名大词典》："圵头：因位于河道拐弯处得名拐头，后人称为圵头。"②

（3）维桥乡：《盱眙县志》："维桥乡：维桥，原名圵头桥，1956 年

---

① 商伟凡：《天地经纬·地名纵横谈》，社会科学文献出版社 2015 年版，第 106 页。
② 崔乃夫：《中华人民共和国地名大词典》，商务印书馆 2002 年版，第 1528 页。

12月,因"圩"字生僻,以当地烈士周维才的'维'字命名'维桥'"。①《中国乡镇·江苏卷·第三卷》:"维桥原名圩头桥,简称圩桥。清乾隆《盱眙县志》记载,圩头桥河"从来安古城发源,上皆山涧,至圩头桥而成河,由董家渡、申家渡入湖……"兴集时即以圩桥命名。清时属怀德乡。1982年为区。1931年属第二区,区署设穆店。1940年4月,建立抗日民主政权,圩桥属一区。同年九月,盱城被日伪军占领,区署迁至圩桥,称圩老区。新中国成立后仍为区,1956年12月,因"圩"字生僻,以本乡烈士周维才的"维"字代替"圩"字,改名维桥,1957年撤区并乡为维桥乡。"②

地名用字"圩"的来由,众说纷纭,主要有以下几种意见:

(1)"拐"是"圩"本字说。《中华人民共和国地名大词典》:"圩头:因位于河道拐弯处得名拐头,后人称为圩头。";③《江苏省泗洪县地名录》:"圩头,原名拐头,后读谐音圩头"。④ "土只头"依濉河而立,村民多饮濉河之水。发源于河南伏牛山区的濉河,绵延2000多公里,河水蜿蜒东下,经洪泽湖入海。泗洪县城所在地青阳镇到"土只头"的濉河,是东西方向。从"土只头"向东,濉河拐向东南入洪泽湖,"土只头"地理位置正好处于该拐弯处。因此,最早就有人把"土只头"叫作"拐头"(拐弯头)。因濉河水路在"土只头"拐弯,陆路也在"土只头"拐弯,现在,从青阳镇到临淮镇的青临路,从"土只头"穿境而过,"土只头"正好是一个拐弯点。此种说法认为,"拐"与"圩"关系密切,"拐"是"圩"本字。在江淮方言区中,"拐"和"圩"虽语音相近,却极少出现混用的情况。故"拐头"如何演变成"圩头"?难以考证。

(2)"甩"为"圩"本字说。秦末时,项羽和刘邦进行了四年的楚

---

① 盱眙县县志编纂委员会:《盱眙县志》,江苏科学技术出版社1993年版,第94页。
② 中国乡镇·江苏卷编辑委员会编:《中国乡镇·江苏卷·第3卷》,新华出版社1997年版,第726页。
③ 崔乃夫:《中华人民共和国地名大词典》,商务印书馆2002年版,第1528页。
④ 泗洪县地名委员会编:《江苏省泗洪县地名录》,泗洪县地名委员会编1983年版,第101页。

汉战争。最后，刘邦采用了韩信的计谋，在垓下设下十面埋伏。项羽和爱妾虞姬感情深厚，虞姬怕连累项羽逃亡途中拔剑自刎，项羽遂将其头颅带在身边，逃至芦沟乡附近，仓皇中，项羽不得已将其头颅甩在地上，由此称当地为"甩头"，"圫"与"甩"语音相近，年长日久，人们误将其名说成"圫头"，沿用至今。但我们以为垓下之战的战场地点位于安徽省灵璧县境内，其与江苏泗洪县相距较远。"甩头"一说或许是人们对大英雄项羽及大美人虞姬的一种敬仰之情，"甩"和"圫"实为音近而误。

（3）"圫"为当地生造字说。据传说，洪武年间，有一官员路过"圫头"，因为这个地方生疏便派人问路，得知所经之处叫"zhuai 头"。该官员搜遍肚中四书五经，也不知"圫"这个字该怎样写，便找当地人询问。当地有一位贫困潦倒的读书人告知，"土"旁加一"只"字便是"zhuai"。官员问这个字是何意？读书人称："无实义，仅为地名而已。"此故事不胫而走，"土"旁加一"只"字就由此产生，读作"zhuai"字，"zhuai 头"这个地名由此而定，延续至今尚未更改。

（4）"圫"为方言字说，与"跩"字同音同义。"圫桥，本是盱眙县一个乡间小镇，在它的南头有一条季节性小河流过，为了方便，人们在小河上用木棒搭了一座简单的小桥。这样的小桥人们通行非常困难，连个老母猪走上去都一走一晃、一摇一摆，人们就创造了一个'圫'字，来表示这个意思，方言就说走这个桥'一圫一圫'的。于是，这座桥就叫圫桥，这个桥名就延用下来。"圫"，读 zhuǎi（与"跩"字同音同义）。"①

以上几种意见，我们以为有失审谛，佐证材料严重不足。下文通过查找文献资料，方言佐证等方法考证"圫"的本字为"扻"，两字因形近而误。

三 "圫"字形考证

"圫"部首"土"，"扻"部首"扌"，二者在字形上极为相近，草书

---

① 王耀华：《命途纪行》，中国文联出版社 2014 年版，第 239 页。

扌：扌、草书土：土

历史上，"土"和"扌"在文献中常常出现混用或讹误的情况，如：

埏—捳：《篇海》卷四土部引《俗字背篇》："埏，音旋。"（19）此字疑即"旋"的讹俗字。"旋"字俗作"捳"（《龙龛手鉴》210），"扌""土"二旁形近易误，故"捳"又讹变作"埏"。①

埽—扫：《隶变·上声·皓韵》："扫，修华岳碑彗－顽凶，按说文埽从土从彗，彗从又持巾，又即手也。碑復变土从手"。《广韵·皓韵》："扫，同埽。"

坯—抔："坯""抔"皆从"不"得声，字形亦近，古代往往通用不别。如宋林景熙《梦中作四首》之二："一坯自筑珠丘土，双匦犹传竺国经"。此"坯"即"抔"。②

披—披：敦煌写本中，伯2845号刘商《胡笳十八拍》之五："孤襟貉袖復氊，画披形兮夜披卧。"③此处可见，"扌"和"土"字形不清，极易混用。

此外，在传世文献资料中，"坝头"常写作"挩头"：

光绪十七年（1891年）《盱眙县志稿·山川》："挩头桥河：治东，乾隆志，河从来安古城发源，上皆山涧，至挩头桥而成河，出董家渡，申家渡入湖，又水利条河长三十里宽，十丈深，一丈五尺，因两岸田高数丈，水迅不留，难以灌溉，若相地形建石坝，一座则可蓄水五里灌田六百顷至下流董家渡……"④

光绪十七年（1891年）《盱眙县志稿·山川》："挩头桥神墩涧，治东。乾隆志涧，自残塘起，由冷饭李家桥神墩湾船塘马指挥入挩头河。"⑤

光绪二十九年（1903年）《盱眙县志稿·建置》："挩头桥，东二十

---

① 张涌泉：《敦煌俗字丛考》，中华书局2000年版，第242页。
② 张涌泉《敦煌俗字研究》，商务印书馆2010年版，第383页。
③ 张涌泉《敦煌俗字研究》，商务印书馆2010年版，第98页。
④ 《光绪盱眙县志稿》，江苏古籍出版社1891年版，第31页。
⑤ 《光绪盱眙县志稿》，江苏古籍出版社1891年版，第32页。

五里。"①

武斌《戊戌初秋重访维桥》："三十四春犹梦中，悠悠往事岂朦胧。几多朋辈成阴鬼，那只猿猴变悟空。白发青丝新月异，维乡穆店一家同。扻头桥畔风光美，堪比西湖碧玉容。"②

《江苏省盱眙县地名录》（1984 年）："维桥公社位于县城东部，相聚16 公里……一百年前，这里被洪水冲刷，切成东西两段，隔断交通，人们在这里建桥，因桥架在圳（音 zhuǎi 也写作'扻'字）头河上，名叫圳头桥，兴集时以桥命名。"③

由以上文献可知，"圳"常写作"扻"。民国（1936 年）《盱眙县志略》载："初办理自卫时，计分城区、附城区、穆家店等三十一个自卫区，共有一百零八堡，第二区辖穆店区、圳头桥区、都管塘区、古桑树区、旧铺区、区公所设在穆家店镇。"④ 可见，清光绪之前"圳"写作"扻"，民国 25 年后，"扻头"逐渐写成"圳头"。综上，我们以为"圳"的本字为"扻"，二字在书写过程中，因形近而误。

四 "扻"字音考证

"扻"，《说文解字·手部》："開也。从手只聲。讀若抵掌之抵。"⑤《康熙字典》："唐韵，诸氏切，集韵类篇，掌氏切，夶音纸，说文开也，又集韵，遣尔切，音跂又犬癸切，音跬，义夶同，又仄蟹切，上声，击也。"⑥

据此可知，"扻"共有两个读音，一读"zhǐ"、一读"zhǎi"。而"圳"音"zhuǎi"，我们以为正是来源于"扻""zhǎi"这一读音。二者

---

① 《光绪盱眙县志稿》，江苏古籍出版社 1903 年版，第 18 页。
② https://www.sohu.com/a/251030327_674796.
③ 盱眙县地名委员会编：《江苏省盱眙县地名录》，盱眙县地名委员会 1984 年版，第 27 页。
④ 《民国盱眙县志略》，盱眙县政府 1936 年版，第 3 页。
⑤ （汉）许慎撰；（宋）徐铉校定：《说文解字》，中华书局 2013 年版，第 254 页。
⑥ （清）张玉书等：《康熙字典》，中华书局 1958 年版，第 369 页。

区别仅在于有无合口介音"u"。郑张尚芳（2003）认为上古汉语除声母有垫音 w/j/r 外，韵母应该非常简单，没有任何元音性介音。严格意义上的介音是中古才产生的。李方桂也谈到合口介音有的是后起的，汉方言中的任何声母都有可能会产生这样的合口化，尤其是对方言来讲更为普遍。故我们以为随着语音的变化发展，"zhǎi"变成"zhuǎi"具备上述语音条件。

4.1 介音 u 增生与声母有关

"韵头的转化是具有普遍规律的。开口可以变为齐齿，齐齿可以变为开口；开口可以变为合口，合口可以变为开口；撮口可以变为合口，也可以变为开口。齐齿和合口、撮口的关系比较不密切，但也有齐齿变合口、撮口的特殊情况。除了零星的例外，凡是转化，都是有条件的，主要是受了声母的影响。"① "本来有韵头 y（iw、iu）或全韵为 y（iu），后来变为韵头 u，或全韵为 u。这是撮口变合口。这个发展规律是和齐齿变合口的发展规律同一类型的：都是基本上由于受卷舌声母（tʂ、tʂʰ、ʂ、ʐ）的影响。因为 y 的发音部位和 i 的发音部位是相同的，只是一个圆唇，一个不圆唇罢了。"② 故撮口字普通话里读合口是较为普遍的现象，声母的卷舌性质使得韵母带上合口［u］，当主要元音是一个后、半低元音，在与舌尖前音 zh、ch、sh 相拼比较费力时，声母和韵母之间就会产生一个过渡音 u，使其变为合口呼。

《汉语大字典》："扠：zhǎi，［《集韻》仄蟹切，上蟹，莊。］击打"。③ 可知，中古时期，"扠"属于"莊母"，蟹摄，其具备上述撮口变合口的语音规律。韵书中也有类似的例子，如下表：

---

① 王力：《汉语史稿》，中华书局 2015 年版，第 135 页。
② 王力：《汉语史稿》，中华书局 2015 年版，第 137 页。
③ 汉语大字典编辑委员会：《汉语大字典》，四川辞书出版社、湖北辞书出版社年 1988 版，第 1989 页。

表1　　　　　　　　韵书韵母合口化（撮口变合口）

汉字	韵书	反切	普通话
搋	广韵	丑皆切	chuai
缀	广韵	陟劣切	zhui
岁	集韵	苏卧切	sui
嘴	集韵	组委切	zui

4.2　汉语方言中的合口化现象

在汉语方言中，韵母合口化的现象是比较普遍的。如下表：

表2　　　　　　　　方言韵母合口化（撮口变合口）

汉字	方言区	普通话	方言音
删	西南方言（重庆）	shan	shuan
爪	吴方言（扬州）	zhao	zhua
斋	湘方言（娄底）	zhai	zhua
眨	湘方言（涟源）	zha	zhua
茶	湘方言（衡阳）	cha	chua
踩	吴方言（泰州）	cai	cuai
仓	湘方言（衡阳）	chang	chua
洒	湘方言（武溪）	sa	sua
谁	西南方言（重庆）	shei	shui

五　结语

综上所述，我们以为，"圳"为"坝"本字，"坝"字虽在民间长久使用，广为流传，但因其书写不便，且无古籍文献佐证，对当地的生活造成了极大不便，故我们以为"坝头"应还名为"圳头"。

放眼全国，地名生僻字数量大，分布范围广，用字复杂。"坝"应属于地名生造字、方言字一类，此类地名生僻字多出现在使用范围较小的地名中，多为当地居民造字，其形、音、义均未收录在字书和通用字库中，在造成交流不便的同时，也给语言文字领域正音、正形的规范化研究带来了极大影响。针对此类地名生僻字，我们以为对其形、音、义的考证思路为：从已经整理出的地名生僻字所在地名出发，借助地方文献、字书韵书，实地考证，多方比对，得出确切的形音义信息。在此过程中，我们发现不少地名用字使用混乱，比较随意，同一个字有多个写法或者多个读音。具体到每一个地名用字上，在不同地区的地名生僻字音、义皆不相同。

本文以地名用字"圫"为研究对象，是对地名生僻字考证的一次尝试。我们建议社会信息系统应尽快对自造字进行规范，也希望相关部门、专业人士能够收集整理各方地名中所出现的生僻字，以使得通用的输入法、字库、针式打印机以及各种信息系统在进行生僻字支持改造时能够有章可循，用较低的成本满足社会应用需要。

稿　约

《区域文化与文学研究集刊》诚约稿件

《区域文化与文学研究集刊》是一本专门研究区域文化与文学的纯学术刊物（书代刊）。本刊以"区域"为理论视角审视文学及文化的构成和发展，展示推介相关研究成果；以促进文化学术的繁荣为宗旨，为当下的文学与文化研究提供新思维和新方向；坚持"双百方针"，强调社会责任，服务学术事业和区域经济文化发展建设。本刊暂定一年两期，由中国社会科学出版社出版，全国发行。

为此，本刊向学界同仁诚约稿件，欢迎选题独特精当、内容充实、思想深刻、观点新颖、具有前沿性和前瞻性的学术论文。敬请关注，不吝赐稿，并予以批评指正。

为联系方便和技术处理，来稿要求如下：

（一）论文篇幅最好不超过15000字。书评不超过3500字。

（二）论文若系课题阶段性成果，请在标题后添加脚注，说明课题来源、名称及编号。

（三）作者名后请以脚注方式添加作者简介，说明作者姓名、出生年月、职称（或学位）、研究方向及工作单位等信息。

（四）论文请附300字以内的中文提要，并附3—5个中文关键词。

（五）注释格式及规范

1. 一律采用脚注，注释序号用123格式标示，每页重新编号。

2. 中文注释具体格式如下列例子：

例1：

余东华：《论智慧》，中国社会科学出版社2005年版，第35页。

同上书，第37页。

同上。

《马克思恩格斯选集》第2卷上册，人民出版社1972年版，第25页。

刘少奇：《论共产党员的修养》，人民出版社1962年第2版，第76页。

例2：

[美]弗朗西斯·福山：《历史的终结及最后之人》，黄胜强等译，中国社会科学出版社2003年版，第7页。

例3：

刘民权等：《地区间发展不平衡与农村地区资金外流的关系分析》，姚洋主编《转轨中国：审视社会公正和平等》，中国人民大学出版社2004年版，第138—139页。

例4：

茅盾：《记"孩子剧团"》，《少年先锋》第1卷第2期。

杨侠：《品牌房企两极分化　中小企业"危""机"并存》，《参考消息》2009年4月3日第8版。

例5：

费孝通：《城乡和边区发展的思考》，转引自魏宏聚《偏失与匡正——义务教育经费投入政策失真现象研究》，中国社会科学出版社2008年版，第44页。

参见江帆《生态民俗学》，黑龙江人民出版社2003年版，第60页。

例6：

赵可：《市政改革与城市发展》，博士学位论文，四川大学，2000年，第21页。

任东来：《对国际体制和国际制度的理解和翻译》，全球化与亚太区域化国际研讨会论文,天津,2006年6月,第9页。

《汉口各街市行道树报告》,1929年,武汉市档案馆藏,资料号:Bb1122/3。

例7:

陈旭阳:《关于区域旅游产业发展环境及其战略的研究》,2003年11月,中国知网(http://www.cnki.net/index.htm)。

李向平:《大寨造大庙,信仰大转型》(http//xschina.org/show.php?id=10672)。

例8:

《太平寰宇记》卷36《关西道·夏州》,清金陵书局线装本。

姚际恒:《古今伪书考》卷3,光绪三年苏州文学山房活字本,第9页a(指a面)。

(汉)班固:《汉书》,中华书局1983年标点本,第xx页。

《太平御览》卷690《服章部七》引《魏台访议》,中华书局1985年影印本,第3册,第3080页下栏。

乾隆《嘉定县志》卷12《风俗》,第7页b。

《旧唐书》卷9《玄宗纪下》,中华书局1975年标点本,第233页。

3. 外文注释如下列例子:

例1:

Seymou Matin Lipset and Cay Maks, *It Didn't Happen Hee: Why Socialism Failed in the United States*, New York: W. W. Norton & Company, 2000, p. 266.

例2:

Christophe Roux-Dufort, "Is Crisis Management (Only) a Management of Exceptions?", *Journal of Contingencies and Crisis Management*, Vol. 15, No. 2, June 2007.

(六)来稿一律采用电子版,请在文末注明作者联系电话、电子邮件、详细通信地址及邮编,以便联系有关事宜。

（七）切勿一稿多投。

本刊同意被中国知网（CNKI）收录，并许可其以数字化方式复制、汇编、发行、网络传播本刊全文，文章作者版权使用费和稿酬本刊将一次性给付。如作者不同意文章被收录，请在来稿时向本刊声明，本刊将作适当处理。

本刊地址：重庆市沙坪坝区大学城重庆师范大学文学院《区域文化与文学研究集刊》编辑部

邮政编码：401331

电子邮箱：qywxjk@163.com

重庆师范大学区域文化与文学研究中心

《区域文化与文学研究集刊》编辑部